新版
Stargazer
で体験する パソコン占星学

小曽根秋男
Akio Kosone

技術評論社

最愛の妻、里美に贈る

必ずお読みください

———

本書付属の CD-ROM の使用により生じたいかなる結果についても、技術評論社および著者は責任を負いかねますのでご了承ください。

Stargazer for Windows by Delphi（別称 SG、SGWD）は、小曽根秋男が著作権を持つフリーウェアです。

本書付属 CD-ROM をご利用の際は、P.437〜438 に掲載しています「Stargazer ご利用の注意」を必ずお読みください。

はじめに

　この本は、占星術支援ソフトウェア Stargazer（スターゲイザー）の解説書です。Stargazer を使いこなすのは大変に難しいことです。作ったわたくしが言うのだから間違いありません。なぜならば、それぞれ機能として搭載しているものは、それぞれの占星術の方法論やその体系についての理解がなければ、使いようがないからです。もちろん、使っているうちにできるようになるなどということはあり得ません。逆に言えば、使える人にとっては「使える」ツールになるのです。

　Stargazer には大きな特徴が 2 つあります。1 つ目は一般の占いソフトのような判断文が出ないことです。占星術の構造の誤った理解から、定型パターンの文章を用意して出力すれば占断できると思う人が何時もいて、そのようなプログラムは容易ですから世にいくつも出てきます。しかし、結局は使えないということで、それらが消えていくのを見てきました。便利そうに見えるのですが、出生図の解読をソフトにやってもらっても、占星術の総合作業がたいして楽にならないことが、実際にやってみればすぐにわかってきます。つまり、占星術はそう一筋縄でいくようなものではないのです。そもそも、人がどうやって生きていくべきかを問い問われる分野です。答えを他人や機械に任せようということでは、占星術以前に問題があると考えます。まず自分の感覚器官で事態を捉えることが大前提です。その上に自分で判断する。それが基本です。自身を占断するには、自分というものをしっかりと自分で把握し認識していることが求められるのです。

2つ目の特徴は、占星術を使う者がプログラムしているということです。使う側の視点で作られており、実占のために必要な機能を、選り抜いて搭載しています。多くの方々の要望を吸い上げてきた Stargazer がどれだけの機能とノウハウを持っているか、そしてそれを使うとどれだけのことができるのか、それは後のページのお楽しみとしましょう。

　本書は今まで占星術の学習に重点を置いた作りで初版、改訂版と編成しましたが、現時点で一番求められているものは、Stargazer の操作法を見つめ直すという原点に立ち戻ることではないかと思います。一番欲しいものは Stargazer のマニュアルだというユーザーの声もありました。今回は、逐一動作を見ながら占星術の技術的評価とともにチェックというやり方で、ソフト内容の曖昧なところを洗い直しました。当然ですが Stargazer は最新版として構成し付属 CD-ROM に収めてあります。

　この本により Stargazer を使いこなし、占星術を的確に修得して占星道を邁進していただくことができるだろうと考えています。よりよい人生の開拓に占星術が実際に役立つことを実感いただき、少しでも占断の手助けができれば幸いです。

2006年　9月吉日

小曽根秋男

Stargazer

目次

はじめに 3

本書の構成 12

第I章
Stargazerのインストール 13

Stargazerについて 14
  占星術の計算が大変だったこと 14
  パソコンにやらせようとしたこと 15
  Stargazerの特徴 16
  著作権利について 16

付属CD-ROMからのインストールと初期設定 17
  Stargazer2006のインストール 17
  基本設定の初期操作 22
  Stargazerの削除と再インストール 24

Stargazerのアップデート 27

第2章
Stargazer for Windows
by Delphi 2006 公式マニュアル 29

StargazerWD システムの共通操作 32
  基本設定 32
  出生データ選択 34
  出生データメンテナンス 36
  各ホロスコープ面での時刻変更 41
  各ホロスコープ面でのヘルプ機能（チャーツ以外） 42
  時期表データの読み込み 44
  印刷 46

ホロスコープ・プログラム 47
  1重円 47
  3重円 53

5重円	74
チャーツ	76

時期表プログラム ... 82
    進行経過時期表 ... 82
    進行経過時期表2 ... 85
    ボイドタイム時期表 ... 88
    YOD時期表 ... 89
    ハーフサム時期表 ... 90
    サビアン時期表 ... 90
    回帰時期表 ... 91
    時期表データの印刷 ... 93

その他 ... 95
    ハーフ・サム ... 95
    セントリック・チャート（Planets） ... 97
    相性座相 ... 98
    日蝕計算 ... 102
    プラネタリウム ... 103
    四柱推命／紫微斗数／宿曜 ... 105
    SGユーティリティ――外字変換 ... 107
    SGユーティリティ――バックアップ ... 109

Stargazer操作についてのFAQ ... 111

第3章 占星術概論 ... 117

ホロスコープとは何か ... 118
    天の状況を表す図 ... 118
    ホロスコープの要素 ... 119

感受点 ... 124
    10感受点のイメージ ... 124
    占星・太陽系小天体 ... 156

座相 ── アスペクト　164
- アスペクトとは　164
- アスペクトの種類による影響と効果　167
- 許容度（オーブ）　169
- 特殊なアスペクト　170
- アスペクト一覧　175

星座宮 ── サイン　184
- 12サインについて　184
- サインの歴史　187
- 現代は水瓶座宮の時代　188
- サインをどう勉強するか　189
- サインの意味と伝承　190
- サインのその他の事項　228
- サインと感受点について　229
- 支配星配列（ディスポジター）　232
- サインの発展物、サビアン　233

室 ── ハウス　237
- 12ハウスについて　237
- ハウスの代表点、カスプ　239
- ハウスのグループ　240
- ハウスの区分　241
- さまざまなハウス分割法　242
- ハウスと感受点について　249
- ハウス座標系 ── ナチュラル・ハウス　253
- ハウス内天体の意味一覧　255

解読の基本技法　267
- 感受点の配置パターンを見る　267
- 運進法（1）── 進行法　272
- 運進法（2）── 経過法　276
- 運進法（3）── レボリューション・メソッド　278

ハーフサム（ミッド・ポイント）技法　279
- ハーフサムの導き方　279

ハーフサムを使った解読手順 281
　　　3感受点の組合せの意味一覧 284
　ハーモニック（調波）技法 292
　　　ハーモニックの導き方 293
　　　その他の調波法 296
　コラム　術と道と学 298

第4章
時と場の知識と、天文暦 299

原子時と天体観測による時の関係 300
暦と日付について 302
　　　日付の吟味 302
　　　暦の歴史 302
時刻の表し方 304
　　　時刻の解釈 304
　　　日本独自の時刻表現 305
　　　現在の日本の時刻系 307
位置について 308
　　　地上の位置 ── 緯度・経度 308
　　　天上の位置 ── 黄道・赤道 309
　　　天体の位置表現 312
　コラム　ホロスコープは地上の移動を見にくい 313
天文暦について 314
　　　天体の動き 314
　　　運行する天体位置の推算 317
惑星の発見 ── 古い時代の天体の扱い 319
　　　天王星の発見 319
　　　海王星の発見 321
　　　冥王星の発見 322
　コラム　惑星の新しい定義 323

第5章
実占の手順 ... 325

実占の流れ ... 326
出生図の解読 —— 1重円を使って ... 327
　［用意］—— 事象・時刻・場所の評価 ... 327
　［作業］—— 判断資料の作成・占星術的解読 ... 329
進行・経過の判断 —— 3重円を使って ... 337
　［評価］—— 展開する運命の判断 ... 337
　運進法の基本的な考え方 ... 338
まとめ —— 整理・解読・判断のポイント ... 340
コラム　運命学雑考 その1 ... 342

第6章
占星術ワーク ... 343

ワーク［1］—— 個人の運命判断 ... 344
　チャップリンの人となり —— 出生解読 ... 345
　チャップリンの人生 —— 進行・経過 ... 352
　応用への入口 —— 出生時間の修正（レクチファイ）... 360
相性（コンパリズン）の判断 ... 361
　運命的な相性を読む ... 361
　一般的な相性判断のポイント ... 362
　相性のアスペクト例 ... 364
マンディーンとホラリー ... 366
　マンディーンとは何か ... 366
　マンディーンの判断方式 ... 367
　始源図とは何か ... 367
　始源図が使えない場合の「時の選定」... 369
　ホラリーとは何か ... 374
　ホラリーの判断方式 ... 374

ワーク［2］──マンディーン・東京始源図 377
  解読の用意 377
  始源図解読──判断資料の整理 385
  判断（1）──本来備わったもの 391
  判断（2）──展開する運命 396
ワーク［3］──東京の進行・経過判断 402
  回帰図の使い方 402
  日本における、明治から昭和期の事件 404
 コラム　運命学雑考 その2 427
索引 428
ネットワークの窓口 433
あとがき 434
Stargazerご利用の注意 437

本書の構成

本書は、以下の全6章立てとなっています。

第1章『Stargazer のインストール』
　占星術支援ソフト・Stargazer の経歴や特徴をご紹介し、インストール方法について解説しています。インストーラは、本書付属の CD-ROM に収録されています。巻末の「ご利用の注意」（P.437）もお目通しの上、利用の準備を行ってください。

第2章『Stargazer for Windows by Delphi 2006　公式マニュアル』
　SGWD2006 について、その全機能を紹介します。基本設定、出生データの登録、ホロスコーププログラムの起動など、Stargazer の基本的な使用法に開眼できるよう順を追って解説してありますので、大筋の手順について参照してください。

第3章『占星術概論』
　ホロスコープによる占いには、そこに出てくる記号の意味・内容がわかっている必要があります。何事も基礎がいちばん大切です。感受点、座相、星座宮、室は、基礎の基礎ですから、十分に習得して下さい。

第4章『時と場の知識と、天文暦』
　どんな占いにも、占う時刻や日付、そして場所が必要になります。普段の生活の中で当たり前のように使っているこれらの捉え方ですが、より精密な占断のためには、設定の歴史や背景、そして精度についての知識が不可欠です。また、占星術の道具である天文暦（天体の運行表）のしくみについても解説します。

第5章『実占の手順』
　この章では、ホロスコープによる個人の運命の解読と展開の判断を行う手順について解説します。第3、4章の基礎事項の習得が多少不十分でもかまいませんから、まずはトライしてみましょう。

第6章『占星術ワーク』
　解読の手順がわかっても、実際の判断はなかなかできないものです。実例にあたり、実占の感触をつかむことがこの章の目的です。
　この章ではホロスコープを使って、個人の解読だけでなく、応用も試みます。個人と個人の関係（相性）や人間集団、土地の運命などに関しても解読が可能です。

Stargazer

第1章
Stargazerのインストール

Stargazer について

占星術支援ソフト Stargazer とはどのようなものか？ 開発の経緯をここに振り返ってみます。

占星術の計算が大変だったこと

　その昔、わたくしは本屋さんで占星術の本を見つけました。日月惑星の位置を使って占うという占術を知ったのです。本のタイトルは並でしたが、中身はかなり専門的で、現在でも通用するレベルのモノです。書いてあることを、やってみようとすると資料が足りません。天宮図（ホロスコープまたはチャート）を作るには最低限、天文暦と室項表が必要なのです。今も状況は変わっていませんが、並の本屋さんに置いてあるようなものではありません。外国の書籍を扱うところへ注文して船便で輸入する時代でした。届くまでの半年、惑星の位置を決めるのに、太陽系のモデルを作図して位置を出してみることから始まり、略算式や2体問題の軌道計算にまで手が伸びました。しかし、そのときに自力でたどり着いた精度は、届いた天文暦に比べればお粗末なもので、出版された天文暦に依存することになりました。

　星の位置を天文暦から計算するのは、電卓を使っても、面倒な作業です。そのおかげで、今でも電卓ブラインドタッチができます。それはともかく、星の位置は生まれたときだけでなく、その時々の位置、未来の位置、未来を予想するための位置なども使います。大変な手間です。

　星の位置を一覧表にして、そのまま使うこともできますが、図にするとわかりやすくなります。そこで、ホロスコープの作図です。天宮図の書き

方にはいろいろな方法がありますが、手間のかかる計算によって一覧表を作り、さらに間違えないように1枚の図に仕上げていくのは、時間と神経を使う作業であり、逃げたくなるような作業です。3重円の天宮図を手作業で80枚作成せよと言われたら、布団から出る気がなくなります。それにこの作業は、占星術を行う準備でしかありません。本当の作業は、この後から始まるのです。

パソコンにやらせようとしたこと

　パソコンというものが登場して、誰しも、これで何とかならないかと考えます。当時の8ビットパソコンで天体位置を算出するためには、2体問題の軌道計算をするか、略算式を入力しておくかでした。どちらも同程度の精度で、それもその昔にとりかかったことのある方法です。当時のわたくしの占星術の技能からすれば、充分なレベルであり、使える代物だったのです。しかし、当然のことですが、精度の壁に突き当たりました。そこで、惑星の位置を計算しておいて天文暦データファイルを作り、そのファイルを読み出す形式に変更しました。惑星位置の計算方法が改良されると、そのつど、全プログラムを更新しなくてすむというメリットもありました。そして、軌道計算法として数値積分を採用し、天体位置の算出には問題のないところにたどり着きました。天文暦データファイルの形は今までに2回、精度改良のために改訂されています。扱う占星術の技法がどんどん高精度を要求していったことと、使う方々の技術水準が上がったことで、元々の設計の甘さが出てきたわけです。

　作図機能の部分では、天宮図として大円に投影した形を採用し、複数円を見やすく配慮しました。そして、基本的な部分は変わっていないのですが、動作環境がMS-DOSからWindowsへ、さらにはパソコンの普及という現象を背景に、バージョンを上げてきました。これが、占星術支援ソフトStargazerです。

Stargazer の特徴

　Stargazer は占星術の実践のために作られ、使っている方々の要望を最大限取り入れて成長してきました。このため、星位置の高精度はもちろん、基本的なものから高度なものまで技法を駆使することができるようになっています。最大の特徴は、星と星の相互関係と時期の問題を出生データと時期表に集約し、3重円構造のホロスコープ作図機能を中心に据えたプログラム編成です。もちろん、さまざまな研究のためにハーフサム、ハーモニクス、サビアン、マップ等といった分野も機能に取り入れています。

　ホロスコープ・チャートの作成と運用のために作られた Stargazer ですが、「はじめに」でも触れたように、占星術上の判断や解釈は機能に取り入れていません。扱うのは「自分の運命」であり、それを他人任せ、機械任せにするのは無責任だという考えからのことです。また、占星術の判断が機械的にできるものではないという事実上の問題があります。

著作権利について

　Stargazer はフリーウェアという形をとっていますが、わたくしは著作権利を放棄したわけではありません。わたくしに了解のない改変、変造は認めません。ソフトウェアそのものや操作法等も含めて営利の対象にすることも認めません。Stargazer の基本的な考え方に「自分で判断する」というものがありますから、他人へ占断結果を伝える際は、自分で判断してもらうという基本を押さえていれば Stargazer を使用して、占術による営業利益を上げることは認めます。しかし、奨励するわけではありません。Stargazer そのものだけでなく、ホロスコープや時期表等の出力物に付いても著作権が認められています。そこで、他人へ占断結果を伝える際に必要に応じて出力物を渡すことは認めていますが、出力物を使用した出版物やホロスコープの不特定多数対象の頒布等は、わたくしの了解が必要であるということを認識して下さい。

付属 CD-ROM からの
インストールと初期設定

　Stargazer のインストール自体はなんら難しいことはありません。お使いになるコンピュータの環境や状況を確認の上、インストール作業を行ってください。

　Windows 98/Me/2000/XP/VISTA/7 の、いずれでもセットアップが可能です。本書では Windows XP ベースを前提に手順を説明しますが、他の Windows でも同様の手順で行ってください。

Stargazer2006 のインストール

1 付属 CD-ROM をドライブにセットします。自動的にインストールプログラムが始まります。

インストール準備

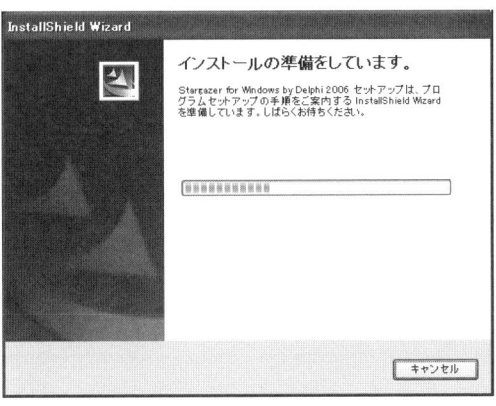

note:

● 手動のインストール開始

インストーラが自動起動しない場合、あるいはいったんキャンセルした後に再開したい場合は、デスクトップ上の［スタート］ボタンから「マイコンピュータ」を選択して開き、セットしたCD-ROMドライブのアイコンを開きます。CD-ROMの中の、［setup］アイコンを起動してください（操作はWindows側の設定によりますが、クリックもしくはダブルクリックで起動します）。

CD-ROM の中の［setup］アイコン

または、Windowsの「コントロールパネル」から「プログラムの追加と削除」メニューを呼び出し、［プログラムの追加］ボタンを押してもインストールが開始できます。「CD-ROMまたはフロッピーディスクからのプログラムの追加」を選びます。下の画面で［CDまたはフロッピー］ボタンをクリックすると、Windows側でStargazerのインストールプログラムを自動検索します。たとえばお使いのパソコンのCD-ROMドライブが（D:¥）の場合、「D:¥setup.exe」などと表示されますので確認の上、［完了］ボタンを押してください。インストールが始まります。

「コントロールパネル」──「プログラムの追加と削除」メニュー画面
［プログラムの追加］ボタンを押したところ

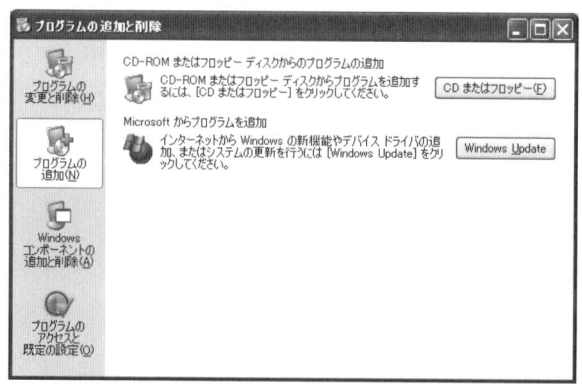

2　インストーラが起動します。[次へ]ボタンで先に進みましょう。インストールをいったんキャンセルすることもできます。

インストーラ

3　使用許諾の内容を確認し、同意の上、ラジオボタン「使用許諾契約の条項に同意します」をクリックします。[次へ]ボタンが有効になります。

使用許諾契約

4 インストール先のフォルダ位置の確認が表示されます。変更する場合は［変更］ボタンをクリックして、インストール先を指定してください。わからない場合は、変更しないことをおすすめします。［次へ］ボタンで進みます。

インストール先のフォルダ

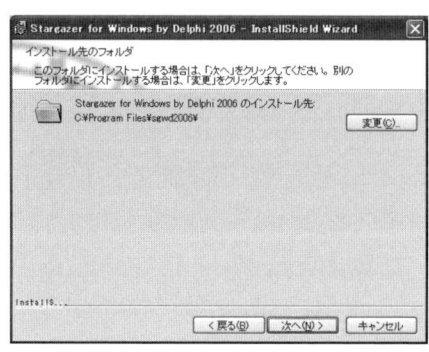

5 インストールするタイプを選択します。ハードディスクの空き容量として標準タイプは約 80M バイト程度、最小では 20M バイト程度が必要になります。このサイズの差は天文暦の大きさによります。ただしこの値は、お使いのパソコンのファイルシステムによって変動しますのであくまでも目安として扱ってください。
［次へ］ボタンで進むと、インストールが始まります。

セットアップタイプ

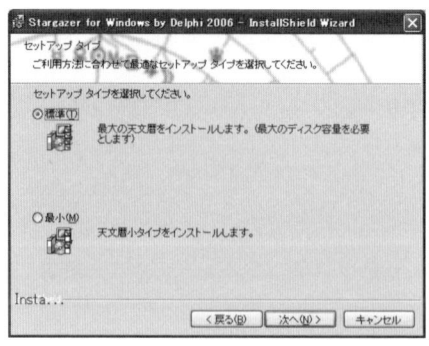

6 正常にインストールされれば、最終画面が出ます。[完了] ボタンを
クリックし、付属 CD-ROM を取り出してください。

完了

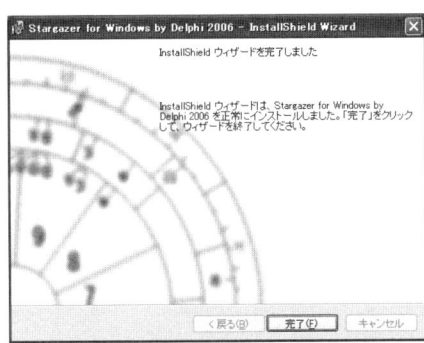

基本設定の初期操作

インストールの完了後、初回の Stargazer 起動時には、まず最初に「基本設定」を行ってください。

1 デスクトップ上の [**スタート**] ボタンから「すべてのプログラム」メニューをたどると、「sgwd12」が追加されています。[sgwd12 メニュー] を選択してください。

「sgwd12 メニュー」アイコン

（注）Windows VISTA/7 では、P.28 の操作が必要です。

2 「Stargazer WD プログラムメニュー」画面が開きます。Stargazer は、複数のプログラムの集合体です。このプログラムメニューを通しても、基本設定や個々のプログラムの起動を行うことができます。

Stargazer WD プログラムメニュー

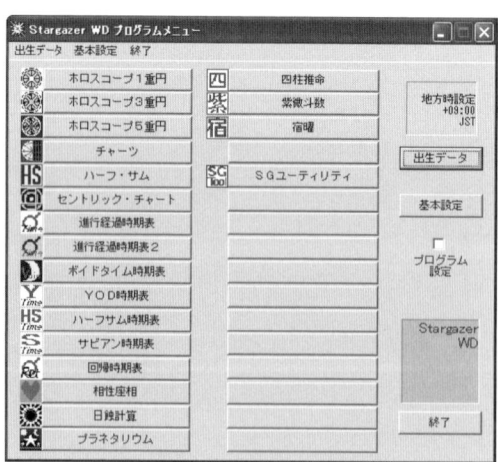

3 ［基本設定］ボタンをクリックします。「StargazerWD の基本設定 Ver.7.00」面が開きます。

StargazerWD の基本設定

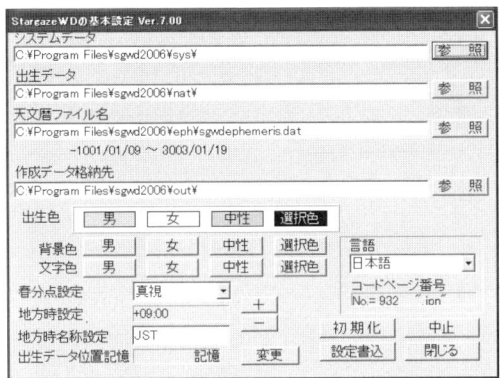

まず［初期化］ボタンをクリックします。フォルダ設定が、お使いのマシンの中のインストールフォルダを中心にしたものに変わります（標準的なパソコンをお使いで、特にインストール時に変更指定をしていない場合は、内容は変わりません）。

最小インストールをした場合は、初期化の後、天文暦名を手動で変更する必要があります。「天文暦ファイル名」の［参照］ボタンをクリックして、「sgwdephemerisW.dat」を選択し、［開く］ボタンをクリックしてください。

4 次に、［設定書込］ボタンをクリックします。目に見える変化は画面に出ませんが、ハードディスク内に設定内容を登録します。

最後に、［閉じる］ボタンをクリックします。「StargazerWD の基本設定 Ver.7.00」画面が閉じます。以上で、Stargazer が使用できるようになりました。

Stargazerの削除と再インストール

プログラムの保守

　Stargazer for Windows by Delphi 2006（以下、SGWD2006）では、なんらかの理由で再インストールする場合、CD-ROMをセットすれば「プログラムの保守」画面が出ます。

変更	最大天文暦／最小天文暦の切り替えインストールが可能です。
修復	SGWD2006の場合は、そのまま上書き再インストールに入ります。（→P.25 note）
削除	SGWD2006を削除します。

「プログラムの保守」画面

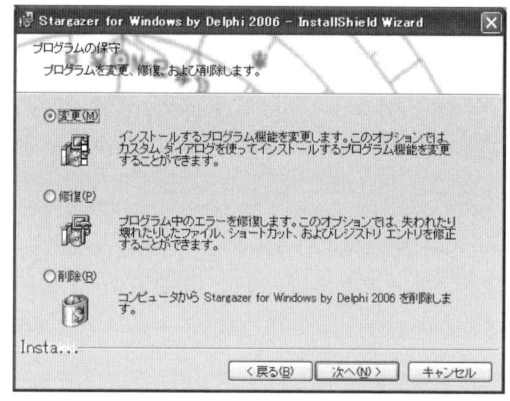

コントロールパネルからの削除

　お使いのWindowsの環境や状況によっては、再インストールの際、先にセットアップしたプログラムのアンインストール（消去）が必要となる場合があります。この場合、Windowsのコントロールパネルにある［プログラムの追加と削除］を使って、インストール済みのStargazerを削除してください（この方法はWindowsXPでも使えます）。その後、CD-ROMをセットして再インストールします。

1　デスクトップ上の［**スタート**］ボタンから［**コントロールパネル**］メニューを選択し、「コントロールパネル」ウィンドウを開く。

2　［**プログラムの追加と削除**］アイコンをダブルクリックし、「プログラムの追加と削除」ウィンドウを開く。
SGWD2006を選択し、［**削除**］ボタンをクリックして、削除します。

Windows XPの「プログラムの追加と削除」
ウィンドウから、SGWD2006を選択

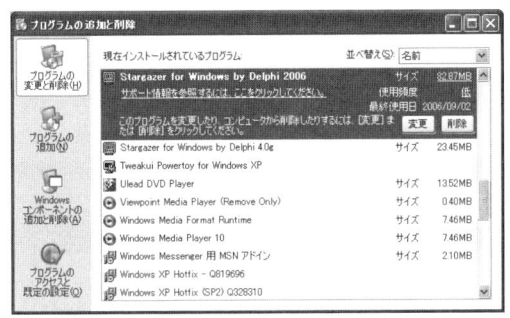

　さて、ホロスコープを作図するには、「出生データ登録」→「ホロスコーププログラムの起動」と、操作を続けていきます。ホロスコープとはそもそも何であるのか、といった入門の皆さんはまず第3章を、さっそくチャートの作図に入りたい方は第2章のマニュアル内容を確認しながら作業してください。

note:
♥SGWD2006を再インストールしたとき、先に作成した出生データは？
　SGWD2006では、万一アンインストールと再インストールを繰り返しても、作成した出生データは消去されずに保存されていきます。したがって出生データのバックアップを気にする必要はないのですが、念のため「SGユーティリティ」メニューの「バックアップ」機能を使用することをお勧めします。出生データだけでなく各種設定もバックアップすることができます。

note:

💡 旧 Stargazer ユーザの方へ　旧出生データも利用できます

　旧 Stargazer for Windows と SGWD2006 は、一台のパソコンの中で並存可能です。

　SGWD2006 では、旧 Stargazer で登録作成した出生データもそのまま読み出すことができます。

　旧 Stargazer の出生データは、通常のインストールですと「C:¥Program Files¥SGWD¥NAT」フォルダにあります（ハードディスクドライブ (C:) の中の「Program Files」フォルダの中の「SGWD」フォルダの中の「NAT」フォルダ、という意）。

　SGWD2006 の「出生データ選択」画面（→ P.34 参照）で、この位置を指定してください。

手順

　「出生データ選択」画面の左枠ファイル表示エリアで操作します。前述の SGWD2006 の初期操作を終えた後ですと、左上のファイル階層は「C:¥Program Files¥SGWD2006¥NAT」と表示されています（図1）。

　上位の [Program Files] をダブルクリックすれば、「Program Files」フォルダの中が一覧できます（Windows のエクスプローラ機能としくみは同様です）。「Program Files」の中から、「sgwd」フォルダを選択、さらにダブルクリックして「NAT」フォルダを選択してください（図2）。

SGWD2006 の初期化状態
（図1）

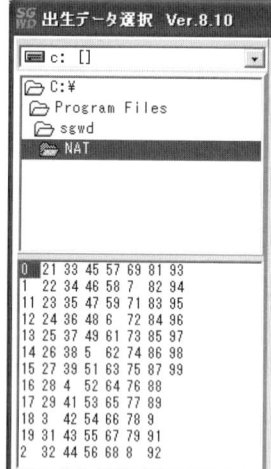

旧 Stargazer の「NAT」
フォルダを選択（図2）

Stargazerのアップデート

　Stargazerは、動作改良や追加、バグ訂正等が随時行われます。訂正用の実行型ファイルは、インターネット上の作者サイトである「Stargazer占星術サイト」（P.434参照）にて公開されますので、「Stargazerのメンテナンス」ページの説明をよく読み、指定の操作を理解した上でファイルをダウンロードしてください。
　また、「メンテナンス会議室」では掲示板上で不具合報告を受け付けていますが、その際は、原因究明のために、詳しい症状とともに不具合の出たStargazerのバージョン、プログラムの名前・バージョン、使用OSを報告してください。

note:
● 「Stargazer 占星術サイト」ご利用の注意
　Stargazerはフリーウェア（著作権放棄はされていないが、原則無償で使用できるソフトウェア）の形を取っています。よって、操作についてのご質問に対応する義務は免責させていただいております。上記掲示板で作者や他ユーザから回答や助言を得ていただくことは可能ですが、操作についてのすべての質問に対応できるとは限りませんのでご了承ください。

本書の初版発行時より，その後 Windows の環境が変わってきました．このページはそのための特設ページです．

♪ Stargazer for Windows
　Windows Vista，Windows 7 で使うための処置

　Windows Vista, 7 でもインストールは問題なくできます。しかし、Stargazer の感受点記号が単なる点になるという現象が起こります。この感受点記号を表示させるには、インストール後に，Stargazer のアイコン（デスクトップのショートカットアイコンでもよい）を右クリックして、「管理者として実行」を選択、この動作の確認を行った後、起動した Stargazer プログラムメニューの「基本設定」ボタンを押して，表示された設定画面の「初期化」をクリック、続けて「設定書込」を行うと、感受点記号が正常に表示されるようになります。Stargazer の感受点記号を表示させるために管理者権限が必要ですが、最初の登録作業に必要なだけで、一度登録されると後は管理者権限は必要ありません。

　なお，Stargazer Ver.12 の場合には，「初期化」ボタンは「全初期化」となっています．

♪ 64 ビット OS への対応について
　Windows の 64bit 版のリビジョンによっては、動作しないものがあります。

Stargazer

第2章

Stargazer
for Window by Delphi 2006
公式マニュアル

占星術支援ソフトウェア「Stargazer」は、星位置を算出するための基礎データとして、2つの形式を使用します。**出生データ**と**時期表データ**です。

　星の位置を出すためには、「時」だけでなく「場所」も必要になります。したがってこの2つの情報をセットにして、元データとして整理することが必要になります。このデータをStargazerでは、出生データとして一括管理します。人間の場合、生まれた時のデータが基礎になりますので「出生データ」と名前を付けましたが、出生時だけでなく、事件や事故のデータとしても使うことができます。各プログラムからは、共通の出生データ選択画面を呼び出して使うようになっていますので、出生データの整理や選択の操作は同じです。

　一方、時期表データは星の位置を表す日時の一覧データであり、これを作る専用の時期表プログラムが用意されています。このデータに位置の情報を付け加えれば、出生データと同じように使うことができます（経過図に対応させて使います）。

　これらの元データから星の配置をチャート表示させるのが、ホロスコープ・プログラムです。Stargazerは、「ホロスコープ3重円機能」を中心に活用することを念頭におき構成されています。

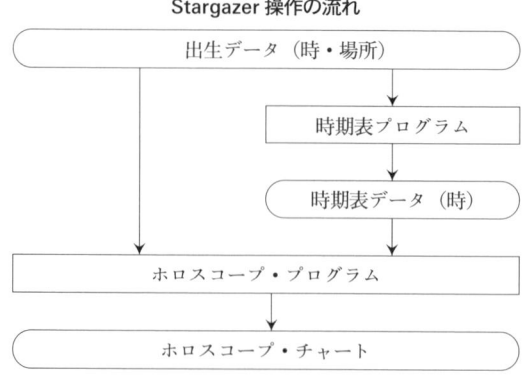

Stargazer 操作の流れ

Stargazer 起動画面

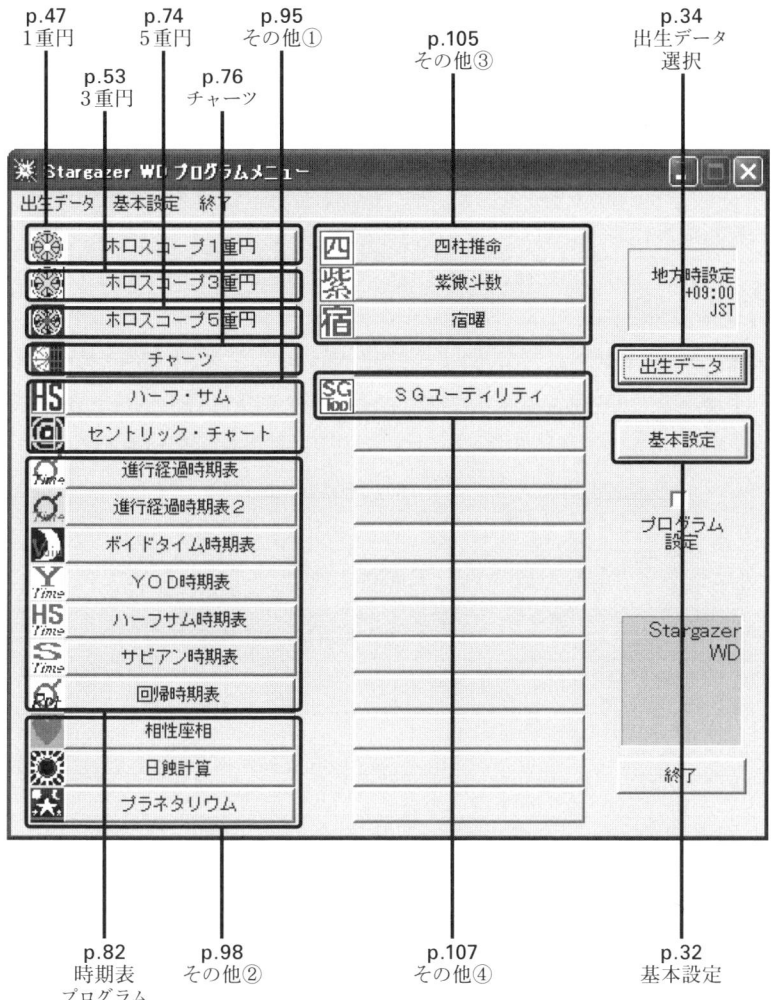

Stargazer WD システムの共通操作

基本設定

「基本設定」画面では、Stargazer が動作するための設定を行います。Stargazer の各プログラムはこの設定を読み込んで共通の動作をします。

1つの出生データファイルには、上限1万件の出生データ登録が可能です。扱うことのできる出生データファイルの総数はお使いの PC ハードディスクの容量次第であり、実用上制限無しになっています。

基本設定

システムデータ	動作に必要なデータを格納するフォルダを設定します。エディット・ボックス内のパスを直接書き換えることも、［参照］ボタンによってWindowsの機能を呼び出して指定することもできます。このフォルダ指定はここだけで指定できます。
出生データ	出生データフォルダを設定します。このフォルダはベースフォルダとして記録され、出生データ選択の際のフォルダリセットに使われます。
天文暦ファイル名	天文暦ファイルを設定します。エディット・ボックスの下に、設定された天文暦の使用可能期間が表示されます。天文暦の指定はここだけで指定できます。
作成データ格納先	Stargazerで出力するファイル類の格納先を設定します。それぞれのプログラムから出力物の格納先を変えることはできます。
出生色	出生データ名の表示色を指定します。下のボタンから「色の設定」画面を呼び出せば、デフォルト色は変えられます。性別の「中性」は、性別に関係のないこととして事件や事故のデータに使用することを想定していますが、性別そのもので占星術の計算が変わるものはほとんどありませんから自由に使って大丈夫です。四柱推命など、星を出す際に性別が関わっている機能がありますから、そちらを利用する場合は性別を正確に指定してください。
春分点設定	使用する春分点の真位置－平均位置、幾何学的位置－視位置を設定します。春分点については各ホロスコープ・プログラムでは独自設定を持ちますが、時期表プログラム群は、ここでの設定を使用します。通常は真視を使用します。
地方時設定	使用する時刻系を世界時（協定世界時）に対する時刻差で指定します。この設定は、すべてのStargazerプログラムに関わり、ここだけで指定できます。日本時（JST）は世界時＋09：00です。
地方時名称設定	地方時設定と同じで、Stargazer全プログラムが使用します。
出生データ位置記憶	［記憶］に設定していると、出生データの選択履歴を記録し次回立ち上げ時に再現します。［忘却］にすると、出生データ選択は起動のたびに指定となります。［忘却］設定は、出生データの選択状況を他に知られたくないような場合に使用します。
言語	日本語と英語が選択できます。言語を切り替えても対応していないプログラムの表示は変わりません。また、2バイト系文字に対応していないWindowsやMSゴシック・MS明朝がインストールされていない環境では占星術記号が表示できず、使用できません。
初期化ボタン	1クリックするだけで、現在Stargazerが動作している環境を基準として、標準のサブフォルダ・ファイル名（パス）を自動で設定するとともに、その他のオプションを標準状態に最適化します。

出生データ選択

［出生データ］ボタンをクリックすると、出生データを選択する画面を呼び出します。新規で出生ファイル／データを作成する場合は、さらにここから［出生データメンテナンス］ボタンで、メンテナンス機能を呼び出します（→出生データメンテナンス）。

　画面の大きさは変更したり、内部の枠の大きさを変えることもできます。この大きさの状態も記録し再現します。Windows 標準の動作では、マウスを画面端に持って行くとマウスカーソルの形が変わりますから、そこでドラック＆ドロップして画面の大きさを変えて選択しやすくしてください。初期サイズに戻す場合は［画面］ボタンをクリックします。

出生データ選択

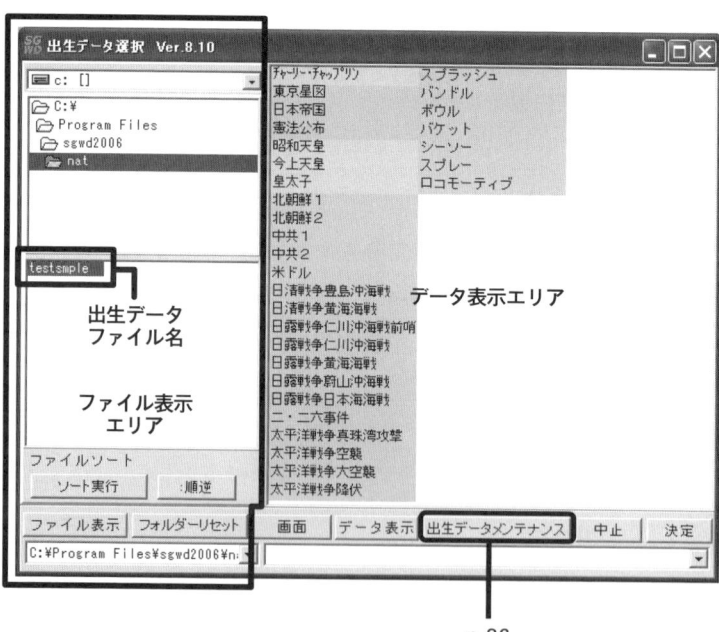

出生データは、Windowsのファイルシステムに従い、「ドライブ」→その中に「フォルダ」→その中に「出生データファイル」→その中に「出生データ」、と、4階層で作成されています。クリックで順に指定して選択できますが、通常は出生データファイル名をまず選びます。左枠下で出生データファイル名をクリックすると、右枠に出生データが表示されます。

　ファイルについては、[**ファイル表示**] ボタンでファイル名のみと詳細事項の表示切り替えができます。また、ソートもできます。

ソート実行	クリックすると、ボタン面の名称として [**ファイル名**] [**日時**] [**サイズ**] [**ソート実行**] の4つを順次切り替えて表示します。[**ソート実行**] となっているときは、ディスクから読み出された順番で表示します。
順逆	クリックするたびに切り替わります。ファイル順については表示を変えるだけで、記録されたディスク上の並びを変えるわけではありません。

　出生ファイルを選択した後、[**データ表示**] ボタンで、右枠に表示されるそのファイル中の出生データについても表示切り替えができます。

出生データ選択（東京のデータを選択したところ）

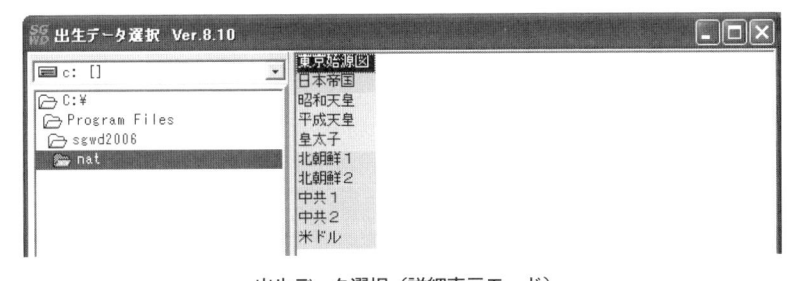

出生データ選択（詳細表示モード）

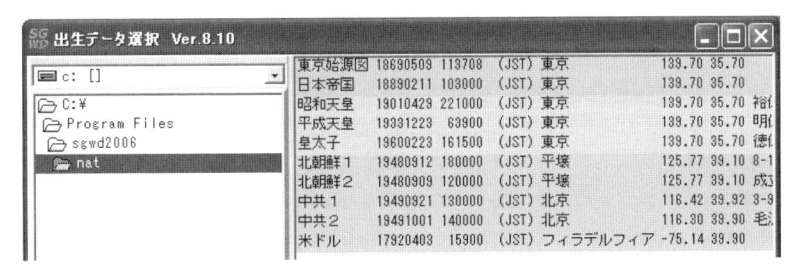

出生データメンテナンス

出生データメンテナンスは、出生データファイル／出生データについて、新規作成・変更・削除を行うなど、出生データを管理するための機能です。

出生データメンテナンス（ファイル名をクリック）

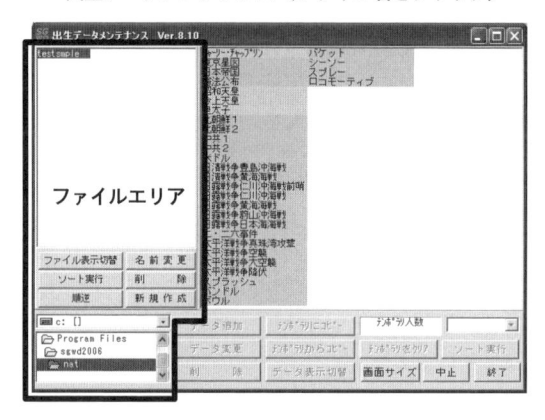

出生データメンテナンス（出生データ名をクリック）

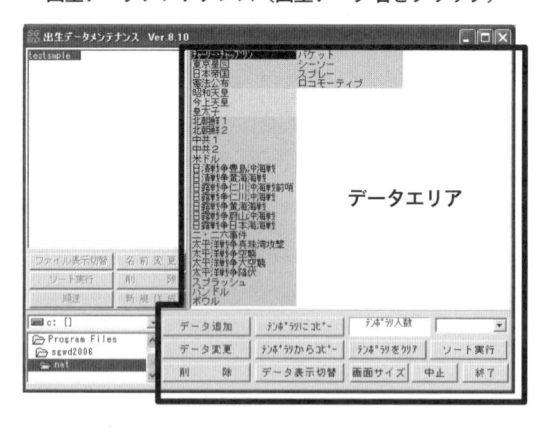

出生データはファイル単位で管理しますので、Windowsのファイルシステムに従い、ドライブ、フォルダ、出生データファイルをクリックで

選びます。出生データファイルをクリックすると、ファイル内容である出生データが右側枠に表示されます。データエリア内をクリックすると出生データ関係のボタンが有効になり、ファイル関係のボタンが選択できなくなります。左側枠のファイル名をクリックすると、出生データ関係のボタンが無効になり、ファイル関係のボタンが有効になります。

ファイルエリアボタン操作

ファイル表示切替	ファイル名のみ表示とファイル詳細表示を切り替えます。
ソート実行	ファイル表示順を［ソート実行］［ファイル名］［サイズ］［日時］で並べ替えます。
名前変更	ファイル名を変更します。
削除	ファイルを削除します。
新規作成	出生データファイルを作成します。

データエリアボタン操作

データ追加	出生データを追加する画面を呼び出します（→出生データ入力）。この際、選択している出生データが入力されている状態になりますので、これを上書きします。
データ変更	登録されている出生データを変更します。
削除	出生データを削除します。削除したデータは復活できません。
テンポラリにコピー	選択されたデータを一時記憶エリアに入れる。
テンポラリからコピー	一時記憶から出生データを表示されているファイルに付け加えます。
テンポラリをクリア	一時記憶を消去します。
データ表示切替	データ名のみ表示と、詳細表示を切り替えます。
ソート実行	上のコン・ボックスの条件で出生データを並べ替えます。
画面サイズ	任意の大きさのメンテナンス画面を、基本の大きさに戻します。
中止	出生データメンテナンスを中止します。現在表示されている出生データファイルに加えた変更は戻されます。
終了	出生データメンテナンスを終了します。「出生データ選択」画面からメンテナンスを呼び出した場合は、出生データ選択に戻ります。

出生データ入力

出生データを入力・登録します。

出生データ入力

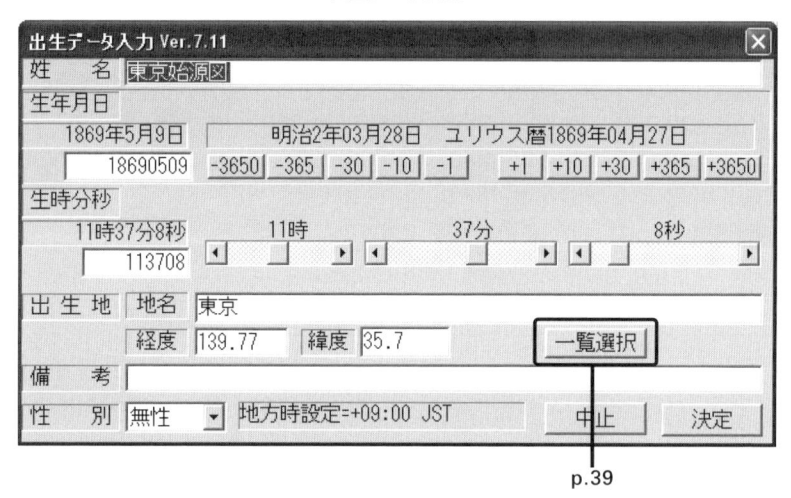

姓名	出生データの表示名です。特に字数制限はありませんが、後で選択することから手短にまとめることをおすすめします。
生年月日	エディット枠に直接入力することができます。月と日についてはそれぞれ2桁を用意し、半角数字で入力します。ボタンを使って年月日を合わせることもできます。入力には、グレゴリオ暦を使用します。入力された日付に対して、元号およびユリウス暦での日付を表示します。元号表示は明治5年以前で旧暦（太陰太陽暦）の表示となります。
生時分秒	それぞれ2桁で連続して入力します。スライドバーを使って入力することもできます。
出生地	地名、経度、緯度をそれぞれ入力します。一覧選択から選ぶこともできます（→計算地）。経度で西経の場合は、マイナスを付けてください。緯度で南緯の場合もマイナスを付けます。
備考	さらに説明等を入れたい場合に使います。「出生データメンテナンス」の機能に、この説明文でソートする機能があります。
性別	男性、女性、中性から選択します。人の出生以外のデータは中性にしておくと、区別がすぐ付いて便利です。

計算地

この画面は、大まかな都市名で選択することができます。さらに詳しい一覧は、カギカッコで表示されているところをクリックすると表示されます。

計算地設定

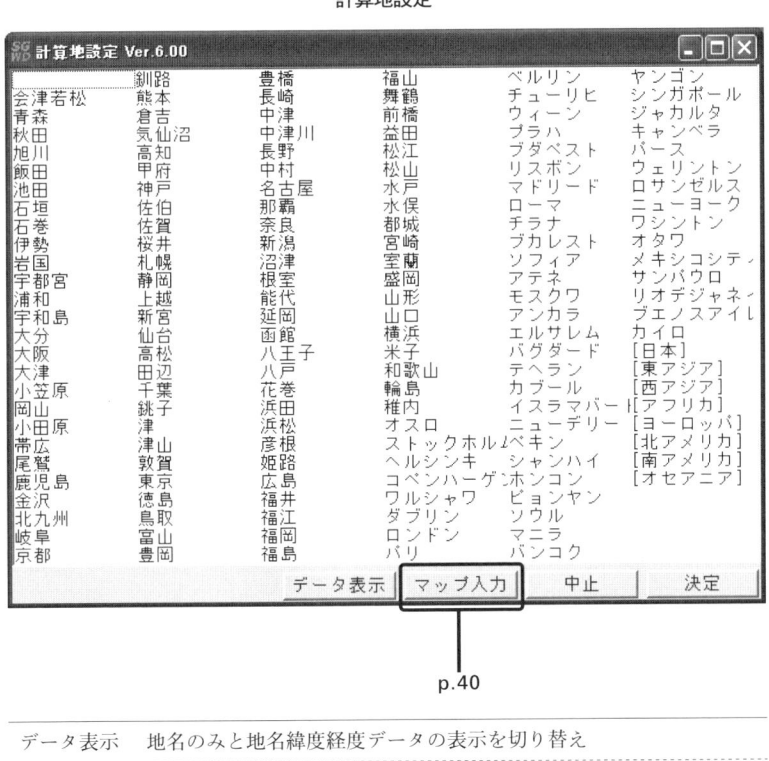

```
SG 計算地設定 Ver.6.00                                              _ □ ×
WD
        釧路        豊橋        福山      ベルリン    ヤンゴン
会津若松  熊本        長崎        舞鶴      チューリヒ  シンガポール
青森      倉吉        中津        前橋      ウィーン    ジャカルタ
秋田      気仙沼      中津川      益田      ブダペスト  キャンベラ
旭川      高知        中野        松江      ブラハ      パース
飯田      甲府        中村        松戸      リスボン    ウェリントン
池田      神戸        名古屋      水俣      マドリード  ロサンゼルス
石垣      佐伯        那奈        水城      ローマ      ニューヨーク
石巻      佐賀        新沼        都城      バルセロナ  ワシントン
伊勢      桜井        沼蘭        室蘭      チラカ      オタワ
岩国宮    札幌        根室代      室盛岡    ソアフィネア メキシコシティ
宇都宮    静岡        能延岡      山形      モスクワ    サンパウロ
浦和      上越        能延岡      山口      アンカラ    リオデジャネイロ
宇和島    新宮        函館        横浜      フィエルサレム ブエノスアイレス
大分      仙台        館          米子      バグダード  カイロ
大阪      高松        八王子      和歌山    テヘラン    [日本]
大津      高田千葉    八戸        輪島      カブール    [東アジア]
小笠原    銚子        花巻        稚内      イスラマバード [西アジア]
岡山      津山        浜田        オスロ    ニューデリー [アフリカ]
小田原    津          浜松        ストックホルム ペキン  [ヨーロッパ]
帯広      津敦賀      彦根        ヘルシンキ シャンハイ [北アメリカ]
尾鷲      東京        姫路        コペンハーゲン ホンコン [南アメリカ]
鹿児島    徳島        広島        ワルシャワ  ピョンヤン [オセアニア]
金沢      鳥取        福井        ダブリン    ソウル
北九州    富山        福岡        ロンドン    マニラ
岐阜      豊岡        福島        パリ        バンコク
京都

                    データ表示  マップ入力  中止    決定
                                   │
                                   │
                                 p.40
```

データ表示	地名のみと地名緯度経度データの表示を切り替え
マップ入力	地図から場所を指定
中止	選択を中止
決定	選択したデータを呼び出し元に送る

Stargazer WD システムの共通操作

計算地マップ入力

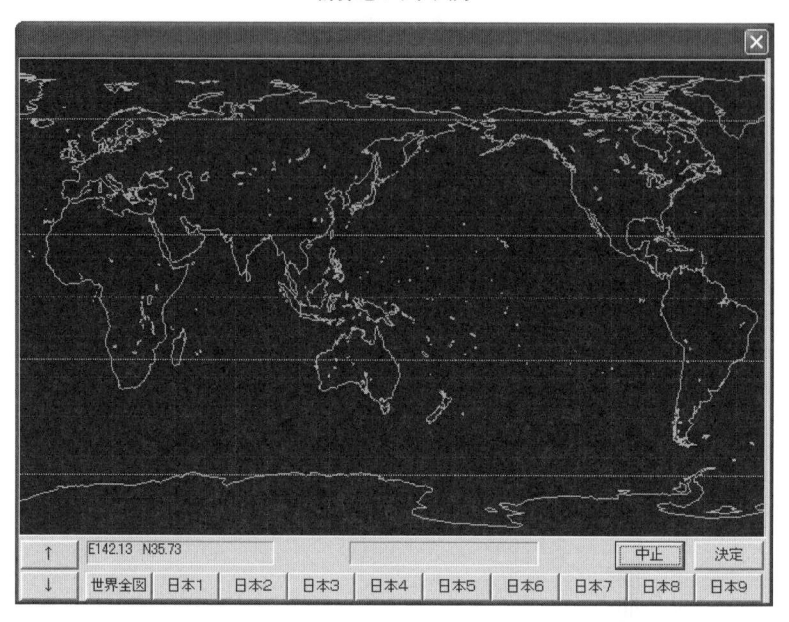

　上下キーで地域を変更し、10個並んだボタンで区域を指定します。マウスカーソルの位置を緯度経度に変換して表示します。クリックするとその場所を記憶します。［決定］でその場所を呼び出し元に送ります。ダブルクリックで一発決定になります。

各ホロスコープ面での時刻変更

キーを押すだけで、表示時刻を変えます。

キー「1234QWASZXCV」による時刻移動

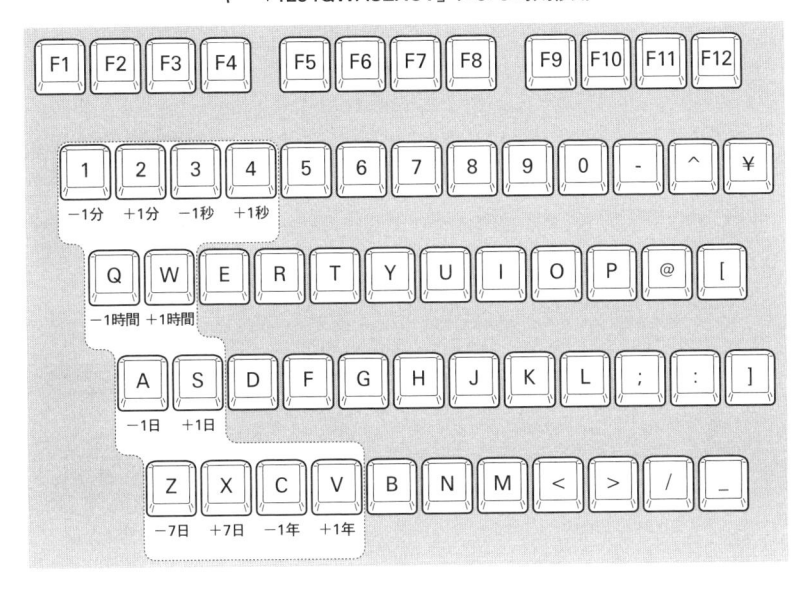

上記の各キーは、1重円／3重円出生図／3重円経過図で有効です。このうち、3重円出生図の場合は [Shift] キーを押しながら使います。

各ホロスコープ面でのヘルプ機能（チャーツ以外）

　カーソルを星に持ってきて左クリックすると、サビアンシンボルを表示します。さらに左ダブルクリックすると、サビアンシンボル一覧表を出します。

サビアンシンボル表示

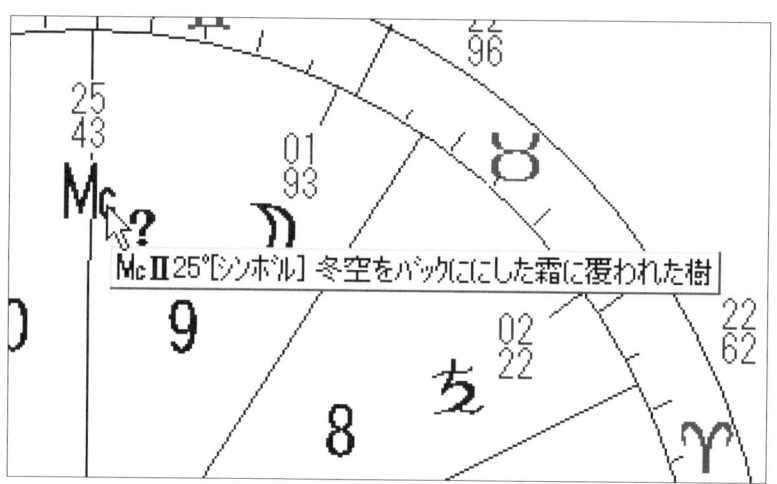

サビアンシンボル一覧表

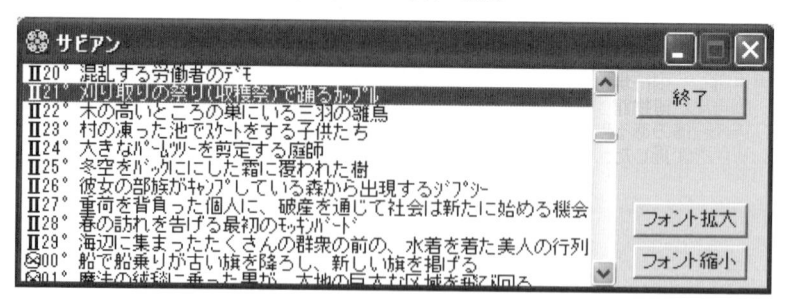

カーソルを星や室数字のところに置くと、カーソルがヘルプの選択状態になります。右クリックでヘルプメニューが出ます。必要に応じて座相、感受点意味、ハウス状況、ハウス意味が出ますので、選択してクリックするとそれぞれが表示されます。ヘルプウィンドウは、枠をマウスカーソルでドラッグすれば、文字の拡大・縮小も可能です。

ヘルプメニュー選択

ヘルプ画面

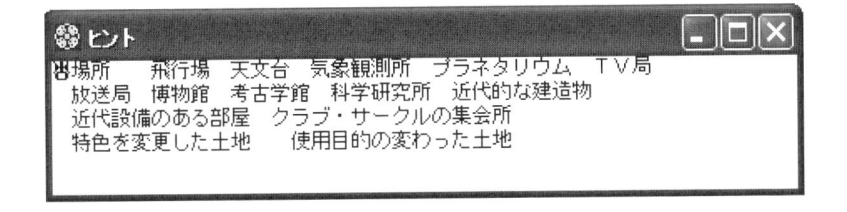

時期表データの読み込み

　時期表データについては、出生データのようなメンテナンス機能は用意していません。出力している時のデータは地方時設定を使用しています。

　時期表データはテキストファイルの性質を持ちますので、他のエディタやワープロソフトでそのまま編集、印刷ができます。この際、フォントをMSゴシックかMS明朝にすると、占星術記号をそのまま印刷できます。また、内容を編集してデータの1行目を削除してしまうと、Stargazerプログラムで正常に使用できなくなりますから注意してください。（→**時期表データの印刷**、P.93 参照）

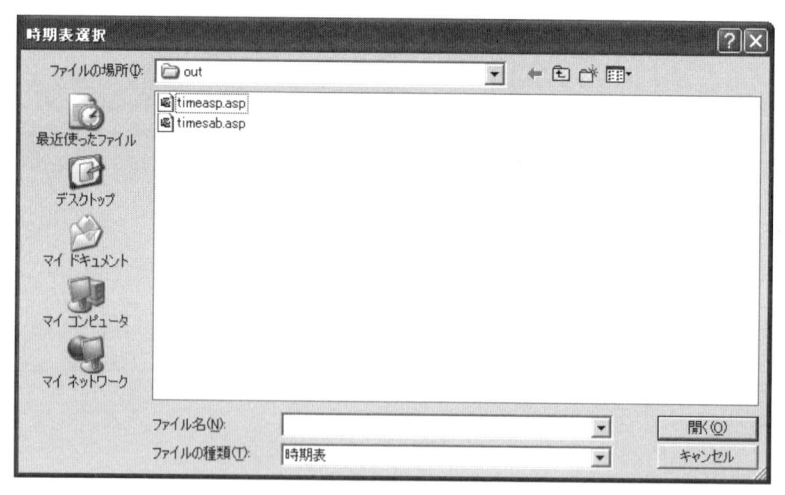

時期表選択（Windows の操作）

　「ホロスコープ」プログラム等の画面のメニューから、「時期表読込」を選択。上図の時期表選択ウィンドウが開きます。ここで、時期表プログラムであらかじめ作成した時期表ファイルを選択します。［ファイルの種類］プルダウンメニューでは、「すべてのファイル」か「時期表」のみ表示かを選べます。

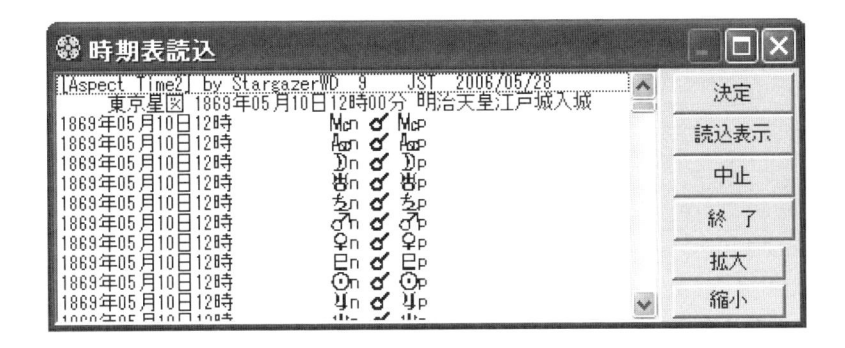

時期表に記録された日時データ行をいずれかクリックして選択して［決定］ボタンで、その日時のホロスコープを表示します。日時データ行をダブルクリックすれば、一発決定になります。時期表読込面を出したままホロスコープ表示させたいときは、［読込表示］ボタンを使ってください。

　［拡大］［縮小］ボタンは、時期表読込面の文字サイズを変更します。

印刷

　画面印刷は、印刷機能のあるプログラムについてのみ行えます。

　印刷の設定はWindowsとプリンタのドライバ（接続のためのソフト）による指定を使いますので、設定画面は環境によって異なることがあります。Stargazerは、標準設定となっている紙のサイズと向きを読み出して、画面に表示されている印刷対象をできるだけ大きく印刷します。このとき、印刷面の縦横の向きの変更はしませんので、用紙設定が縦位置になっている場合、紙の上半分にホロスコープが印刷されることになります。変更するには、「印刷」画面の［**プロパティ**］ボタンをクリックして、用紙の向きを指定してください。

ホロスコープ・プログラム

1重円

ある瞬間のホロスコープ（天宮図）を、1層の形で簡便に見たいときに使うのが Stargazer の［ホロスコープ1重円］プログラムです。

1重円ホロスコープ面概要

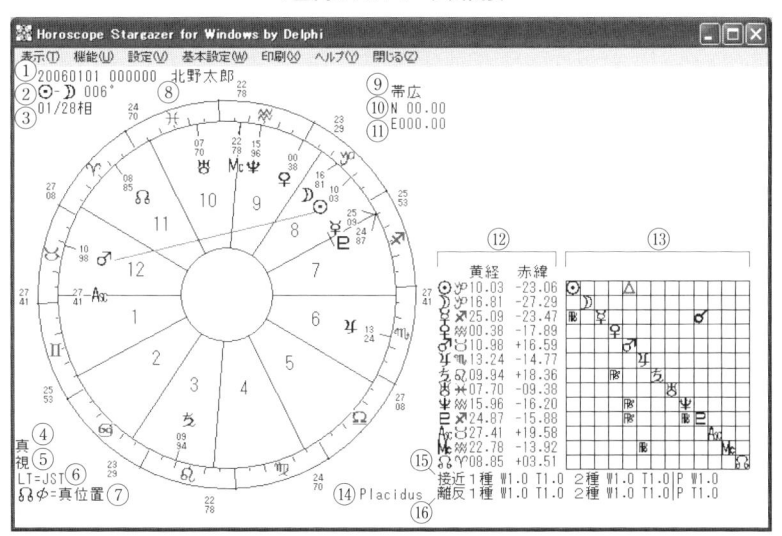

① 表示年月日　時刻
② 太陽と月の関係（太陽から計った月の位置）
　　0°～359°
③ 月相（28相）01～28
④ 春分点設定　真位置／平均位置
⑤ 春分点設定　視位置／幾何学的位置
⑥ 使用時刻系
⑦ ノード・リリスの位置　真位置／平均位置
⑧ チャートの名称（出生データ氏名）
⑨ 計算地名
⑩ 緯度
⑪ 経度
⑫⑬ データ種類
⑭ ハウス分割法
⑮ 座相設定接近方向
⑯ 座相設定離反方向

1 重円の操作

メニューバーに用意されたコマンドを解説します。

［表示メニュー］

日時・計算地

表示する日時を設定します。出生データまたは時期表を読み込み、計算地を変更することができます。

座相線

ホロスコープの座相線の表示・非表示を切り替えます。

座標系の選択

黄道座標	黄経を使いホロスコープを作成し、赤緯データも表示
赤道座標	赤経を使いホロスコープを作成し、黄緯データも表示
室 座 標	室経使いホロスコープを作成し、室緯データも表示

［機能メニュー］

四季図

春分	表示日時より前の春分を計算
夏至	夏至を計算
秋分	秋分を計算
冬至	冬至を計算
次春分	表示日時より先の春分を計算

表示メニュー

表示(T)	
日時・計算地(V)	
座相線(W)	Ctrl+A
黄道座標(X)	F1
赤道座標(Y)	F2
室座標(Z)	F3

機能メニュー

機能(U)	
春分(P)	Ctrl+F5
夏至(Q)	Ctrl+F6
秋分(R)	Ctrl+F7
冬至(S)	Ctrl+F8
次春分(T)	Ctrl+F9
新月(U)	Ctrl+Z
上弦(V)	Ctrl+X
満月(W)	Ctrl+C
下弦(X)	Ctrl+V
次新月(Y)	Ctrl+B
現在時(Z)	Ctrl+D

月相

新月	表示日時より前の新月を計算
上弦	上弦を計算
満月	満月を計算
下弦	下弦を計算
次新月	表示日時より先の新月を計算

現在時

表示日時としてパソコン内蔵の日時を取り込みます。

［設定メニュー］

表示設定

位置を表示する星と座相をそれぞれ設定します。標準ボタンは、特にこれが標準であるというわけではありませんが、☉（太陽）から Mc までを使用するようになります。

〈数値表示設定〉

小数点以下2桁の表示にするか、度分表示かを切り替えます。

設定 ── 表示設定タブ

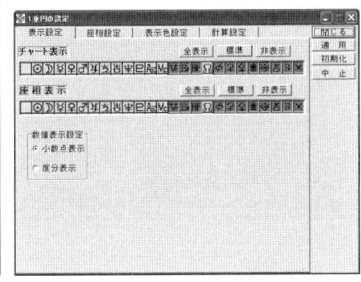

座相設定

表示する座相と許容度を設定します。

設定 ── 座相設定タブ

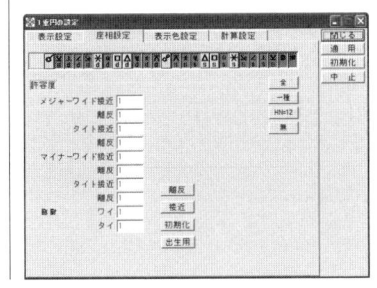

全	すべての座相を選択する	離反	離反の座相のみを使用
一種	0度、60度、90度、120度、180度を選択状態にして、その他を非選択にする	接近	接近の座相のみを選択
		初期化	すべての座相設定を1度にする
HN=12	ハーモニクスナンバー12で、30度おきの座相をすべて選択状態にして、その他を非選択にする	出生用	メジャーワイドを8度、メジャータイト・マイナーワイドを3度、マイナータイトを一度に設定する
無	すべての座相を非選択にする		

表示色設定

座相色は、座相線等で使用し、座相種とデクスター・シニスターで区別することができます。座相線は線種を指定できます。指定は、「ドラック元」の色パネルからドラック&ドロップすることにより行います。表示色はホロスコープ表示の際に使用されます。

設定 ── 表示色設定タブ

背景色	ホロスコープの背景色になります。印刷する場合は白や薄い色にすることをおすすめします
線色	背景色と同じにすると見えなくなる
数値色	度数の色を決める
星座宮色	星座宮の色を決める
感受点色	星の記号の色を決める。Stargazerでは星を感受点と呼んでいます
白	白バックの一括色設定を行う
黒	黒バックの一括色設定を行う

計算設定

〈室形式〉

表示されるハウス形式を指定します。

Placidus	プラシーダス
Campanus	キャンパナス
Regiomontanus	レジオモンタナス
Egypt	エジプシャン
Coch	コッホ
Equal	イコール
SolorSign	ソーラサイン
Solor	ソーラ
Geodetic.Pla.	ジオデテック・プラシーダス
Geodetic.Coch	ジオデテック・コッホ
AsnSign	アセンサイン

設定 ── 計算設定タブ

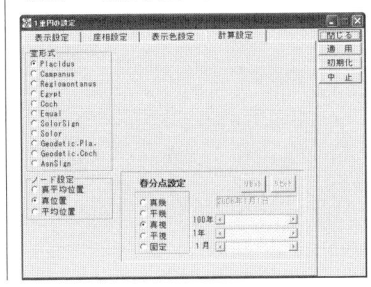

〈ノード設定〉

ノード・リリス（月系感受点）の位置の扱いを決めます。

真平均位置	複雑に動く真位置から、その移動速度を落とした位置
真位置	瞬時の正確な位置
平均位置	移動速度を一定にした位置

〈春分点設定〉

真幾	真位置、幾何学的位置
平幾	平均位置、幾何学的位置
真視	真位置、視位置（通常はこちらを使用）
平視	平均位置、視位置
固定	固定春分点（サイドリアル方式）

ホロスコープ・プログラム

［基本設定メニュー］

Stargazer の基本設定画面（→**基本設定**）を呼び出します。

[印刷メニュー]..................

印刷メニュー
印刷(X)
座相線幅設定(Y)
印刷(Z)　　　Ctrl+P

座相線幅設定

印刷用の座相線幅をドット単位で設定します。プリンターによっては1ドットの線が充分な太さにならない場合があります。設定の0は1ドットとして扱います。

印刷

ホロスコープを印刷します（→印刷）。

1重円ショートカット

メニューバーに用意されたコマンドはショートカットにより直接呼び出せます。

F1	F2	F3	F4	F5	F6	F7	F8	F9	F10	F11	F12
黄道	赤道	室座標		Ctrl 春分	Ctrl 夏至	Ctrl 秋分	Ctrl 冬至	Ctrl 次春分			

```
1 2 3 4 5 6 7 8 9 0 - ^ ¥
  Q W E R T Y U I O P @ [
   A  S  D  F G H J K L ; : ]
   Ctrl Ctrl
   座相線 現在時
    Z  X  C  V  B  N  M < > / _
    Ctrl Ctrl Ctrl Ctrl Ctrl
    新月 上弦 満月 下弦 新次月
```

3重円

　出生図（Natal）に任意の時の経過図（Transit）とそれに対応した進行図（Progress）を、3層のホロスコープとして扱うのが3重円です。必要となるデータは出生と経過の2つの図に必要な時と場所です。占星術の判断に、出生図に加えて、運進法としての進行図、その時の星の位置である経過図の状況を使う方式がありますが、これを同時に展開することを目的として、3重円構造のホロスコープを扱います。

3重円　全データ表示モード

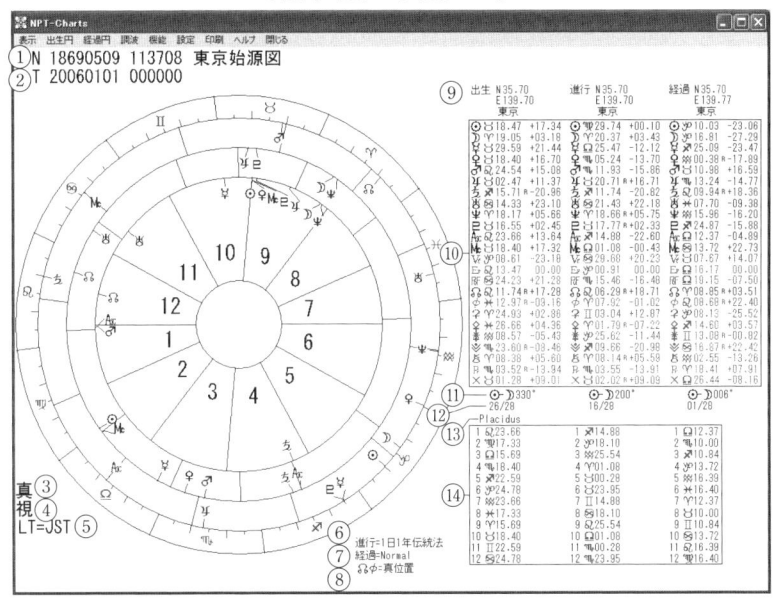

① 出生年月日　時刻
② 経過年月日　時刻
③ 春分点設定　真位置／平均位置
④ 春分点設定　視位置／幾何学的位置
⑤ 使用時刻系
⑥ 進行形式
⑦ 経過形式
⑧ ノード・リリスの設定
⑨ 計算地緯度経度
⑩ 星データ
⑪ 太陽と月の関係（太陽から計った月の位置）0°〜359°
⑫ 月相（28相）01〜28
⑬ ハウス分割法
⑭ ハウス度数

3重円単表示（出生）モード／座相線あり

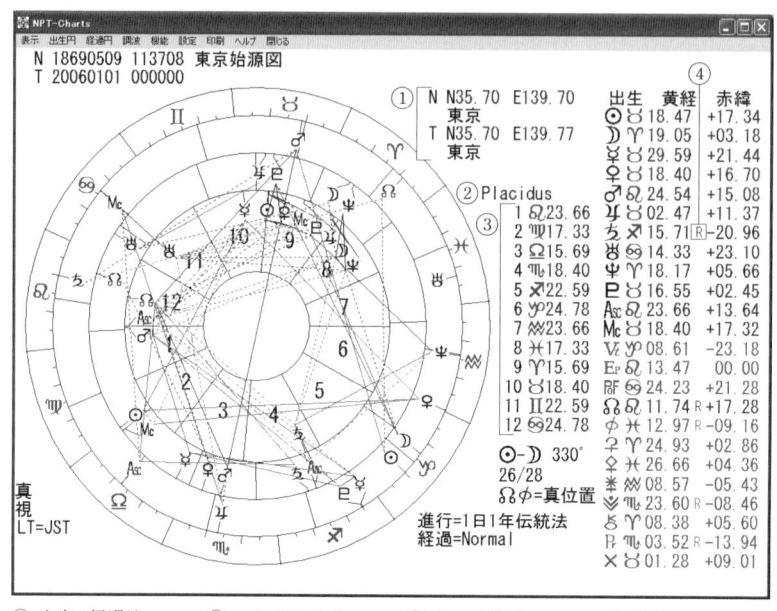

① 出生／経過地　② ハウスタイプ　③ カスプ位置　④ 逆行

3重円の操作

［HoroNPT 画面］

［ホロスコープ3重円］プログラムを起動すると、まず初期データや設定を確認する「HoroNPT」画面が出ます。星の表示や座相線、座相色、各種設定を一覧しながら設定することができます。ホロスコープはこの画面で決定して、表示させます。

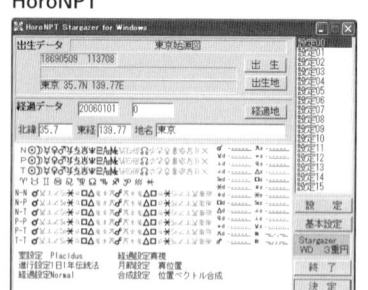

出生データ	3重円は前回使用した出生データを記録しています。初回起動時や出生データ位置記憶を［忘却］設定にしているときは、出生データが選択されていませんので、パソコンの現在時刻が使われています。出生地については北緯 0°東経 0°を初期値とします。
出生	出生データ選択画面を呼び出します。出生データには出生地のデータが含まれます。
出生地	出生データに入っている出生地を変更するために、計算地を選択する画面を呼び出します。
経過データ	経過日時はパソコンから現在時刻を読み出して設定します。経過地は前回使用した場所を記録していますが、最初は北緯 0°東経 0°となっています。
経過地	経過地を選択する画面を呼び出します。
設定	3重円の設定を行う画面を呼び出します。設定された値を 16 通り、それぞれ名前を付けて記録することができます。3重円は一番上の設定 00 となっている設定を読み込んでから起動します。
基本設定	Stargazer の基本設定画面を呼び出します。
終了	3重円を終了します。
決定	ホロスコープを表示します。

次に、3重円ホロスコープ面のメニューバーに用意されたコマンドを解説します。

［表示メニュー］

表示座標系の選択

黄道座標	黄経を使いホロスコープを作成し、赤緯データも表示
赤道座標	赤経を使いホロスコープを作成し、黄緯データも表示
室 座 標	室経使いホロスコープを作成し、室緯データも表示

表示メニュー

表示	
黄道系表示	F1
赤道系表示	F2
室座標系表示	F3
3重円全表示	F4
3重円単表示	F5
出生円表示	F6
進行円表示	F7
経過円表示	F8
一覧表表示	F9
出生データ	
進行データ	
経過データ	
座相線	Ctrl+A
deram spell	Ctrl+I
画面解像度	▶

表示タイプの選択

3重円全表示	3重円表示・3重円データ表示
3重円単表示	3重円表示・単円データ表示
出生円表示	1重円表示：出生円データ表示
進行円表示	1重円表示：進行円データ表示
経過円表示	1重円表示：経過円データ表示
一覧表表示	3重円データ表示
出生データ	単円データ表示の際に出生データ表示
進行データ	単円データ表示の際に進行データ表示
経過データ	単円データ表示の際に経過データ表示
座相線	ホロスコープの座相線の表示・非表示を切り替え
deram spell	ドリーム・スペルの表示を切り替え

画面解像度

ホロスコープ面の大きさを指定します。

表示――画面解像度

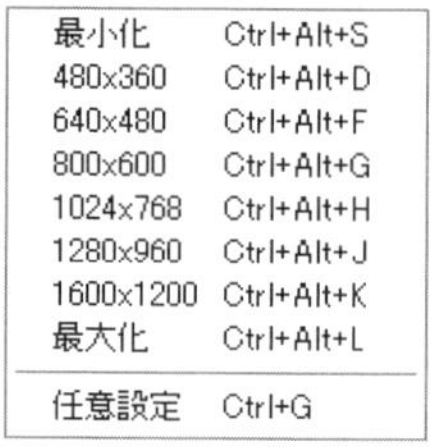

最小化	Ctrl+Alt+S
480x360	Ctrl+Alt+D
640x480	Ctrl+Alt+F
800x600	Ctrl+Alt+G
1024x768	Ctrl+Alt+H
1280x960	Ctrl+Alt+J
1600x1200	Ctrl+Alt+K
最大化	Ctrl+Alt+L
任意設定	Ctrl+G

［出生円メニュー］

出生円メニュー

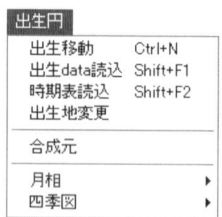

出生円
- 出生移動　Ctrl+N
- 出生data読込　Shift+F1
- 時期表読込　Shift+F2
- 出生地変更

合成元

- 月相 ▶
- 四季図 ▶

出生円――出生移動

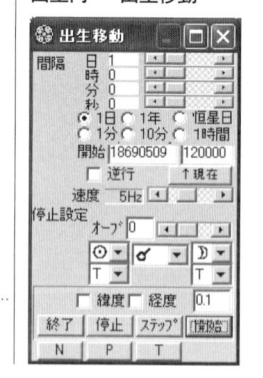

出生移動（出生グルグル）

指定した間隔と速度でホロスコープを動かします。

間隔	日時分秒で間隔を指定します。ラジオボタンは、間隔をそれぞれに設定します（1年・1日・恒星日・1時間・10分・1分）。
開始	開始年月日・時分秒を指定します。当初の値は出生図の値が代入されています。［現在］ボタンは、クリックしたときの日時を送り込みます。
逆行	過去に向かって移動させる場合にチェックを入れます。
速度	1秒に何回書き換えるかを指定します。マシンパワーが足りないと指定の速度で表示できません。
停止設定	星と座相、許容度を指定して、その条件に合うと停止します。間隔を広くとっていると、星の移動が許容度を超えて飛んでしまうことがあり、そのときは停止しません。
経度・緯度	チェックを入れると日時の移動ではなく、出生地を移動させます。
チェックボックス	数値は間隔の度数で、初期値は0.1度になっています。
ステップ	クリックするたびに間隔と順逆で指定しただけ移動します。
N・P・T	3重円表示・単円データ表示の際に表示データをそれぞれN－出生、P－進行、T－経過に切り替えます。

出生円 ── 出生データ読込

出生データ選択面を呼び出し、選択を出生円に使用します。

出生円 ── 時期表読込

時期表ファイル・時期表データを選択し出生円に使用します。

出生円 ── 出生地変更

計算地選択面を呼び出し、出生地として使用します。

出生円 ── 出生地月相

新月	表示日時より前の新月を計算し出生円とする
上弦	上弦を計算し出生円とする
満月	満月を計算し出生円とする
下弦	下弦を計算し出生円とする
次新月	表示日時より先の新月を計算し出生円とする

出生円──月相

新月	Ctrl+Alt+Z
上弦	Ctrl+Alt+X
満月	Ctrl+Alt+C
下弦	Ctrl+Alt+V
次新月	Ctrl+Alt+B

出生円 ── 四季図

春分	表示日時より前の春分を計算し出生円とする
夏至	夏至を計算し出生円とする
秋分	秋分を計算し出生円とする
冬至	冬至を計算し出生円とする
次春分	表示日時より先の春分を計算し出生円とする

出生円──四季図

春分	Shift+Ctrl+F5
夏至	Shift+Ctrl+F6
秋分	Shift+Ctrl+F7
冬至	Shift+Ctrl+F8
次春分	Shift+Ctrl+F9

[経過円メニュー]

経過円メニュー

経過円	
経過移動	Ctrl+T
出生データ読込	Shift+F3
時期表読込	Shift+F4
経過地変更	
経過日時を現在に	Ctrl+D
月相	▶
四季図	▶
回帰図	▶
個人図	▶
月時間計算	
太陽時間計算	

経過円 ── 出生データ読込

出生データ選択面を呼び出し、選択を経過円に使用します。

経過円 ── 時期表読込

時期表ファイル。時期表データを選択し経過円に使用します。

経過円 ── 経過地変更

計算地選択面を呼び出し、経過地として使用します。

経過円 ── 経過移動（経過グルグル）

指定した間隔と速度でホロスコープを動かします。

経過移動

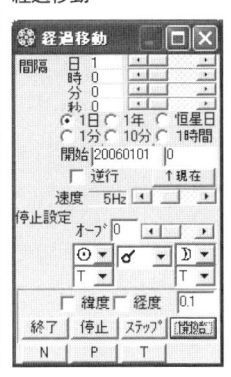

間隔	日時分秒で間隔を指定します。ラジオボタンは、間隔をそれぞれに設定します（1年・1日・恒星日・1時間・10分・1分）。
開始	開始年月日・時分秒を指定します。当初の値は経過図の値が代入されています。［現在］ボタンは、クリックしたときの日時を送り込みます。
逆行	過去に向かって移動させる場合にチェックを入れます。
速度	1秒に何回書き換えるかを指定します。マシンパワーが足りないと指定の速度で表示できません。
停止設定	星と座相、許容度を指定して、その条件に合うと停止します。間隔を広くとっていると、星の移動が許容度を超えて飛んでしまうことがあり、そのときは停止しません。
経度・緯度	チェックを入れると日時の移動ではなく、経過地を移動させます。
チェックボックス	数値は間隔の度数で、初期値は0.1度になっています。
ステップ	クリックするたびに間隔と順逆で指定しただけ移動します。
N・P・T	3重円表示・単円データ表示の際に表示データをそれぞれ N－出生、P－進行、T－経過に切り替えます。

経過円 ── 月相

新月	表示日時より前の新月を計算し経過円とする
上弦	上弦を計算し経過円とする
満月	満月を計算し経過円とする
下弦	下弦を計算し経過円とする
次新月	表示日時より先の新月を計算し経過円とする

経過円 ── 月相

新月	Ctrl+Z
上弦	Ctrl+X
満月	Ctrl+C
下弦	Ctrl+V
次新月	Ctrl+B
月相再置 －	Ctrl+F11
月相再置 ＋	Ctrl+F12

経過円 — 四季図

春分	表示日時より前の春分を計算し経過円とする
夏至	夏至を計算し経過円とする
秋分	秋分を計算し経過円とする
冬至	冬至を計算し経過円とする
次春分	表示日時より先の春分を計算し経過円とする

経過円 — 四季図

春分	Ctrl+F5
夏至	Ctrl+F6
秋分	Ctrl+F7
冬至	Ctrl+F8
次春分	Ctrl+F9

経過円 — 回帰図

太陽回帰 −	Ctrl+F1
太陽回帰 +	Ctrl+F2
月回帰 −	Ctrl+F3
月回帰 +	Ctrl+F4
進行太陽回帰 −	Shift+Ctrl+F1
進行太陽回帰 +	Shift+Ctrl+F2
進行月回帰 −	Shift+Ctrl+F3
進行月回帰 +	Shift+Ctrl+F4
revolution method	Ctrl+R

太陽回帰 −	出生太陽に対する経過太陽回帰を過去に向かって計算
太陽回帰 +	出生太陽に対する経過太陽回帰を未来に向かって計算
月回帰 −	出生月に対する経過月回帰を過去に向かって計算
月回帰 +	出生月に対する経過月回帰を未来に向かって計算
進行太陽回帰 −	進行太陽に対する経過太陽回帰を過去に向かって計算
進行太陽回帰 +	進行太陽に対する経過太陽回帰を未来に向かって計算
進行月回帰 −	進行月に対する経過月回帰を過去に向かって計算
進行月回帰 +	進行月に対する経過月回帰を未来に向かって計算
revolution method	レボリューション・メソッドによる日時を表示

経過円 — 個人図

個人春分図	Ctrl+Alt+Q
個人夏至図	Ctrl+Alt+W
個人秋分図	Ctrl+Alt+E
個人冬至図	Ctrl+Alt+R
個人次春分図	Ctrl+Alt+T
個人新月	Ctrl+Alt+Y
個人上弦	Ctrl+Alt+U
個人満月	Ctrl+Alt+I
個人下弦	Ctrl+Alt+O
個人次新月	Ctrl+Alt+P

個人春分図	出生太陽に対して経過太陽が 0° になる日時を過去に向かって計算
個人夏至図	出生太陽に対して経過太陽が 90° になる日時を計算
個人秋分図	出生太陽に対して経過太陽が 180° になる日時を計算
個人冬至図	出生太陽に対して経過太陽が 270° になる日時を計算
個人次春分図	出生太陽に対して経過太陽が 0° になる日時を未来に向かって計算
個人新月	出生月に対して経過月が 0° になる日時を過去に向かって計算
個人上弦	出生月に対して経過月が 90° になる日時を計算
個人満月	出生月に対して経過月が 180° になる日時を計算
個人下弦	出生月に対して経過月が 270° になる日時を計算
個人次新月	出生月に対して経過月が 0° になる日時を未来に向かって計算

[調波メニュー]

調波メニュー

調波	
Addey調波	Shift+F5
K調波	Shift+F6
分割調波	Shift+F7
Evertin調波	Shift+F8
調波解除	Shift+F12
調波表	Shift+F9
分割調波振動表	Shift+F10

Addey 調波	アディ方式の調波数を設定して出生図を表示
K 調波	小曽根方式の調波数を設定して出生図を表示
分割調波	石川源晃氏方式による分割調波の星を設定して出生図を表示
Evertin 調波	エバーティン方式の調波数を設定して出生図を表示
調波解除	調波を解除

注）分割調波と調波は同時に指定できます。この場合、分割調波図をさらに調波図にします。

調波表

出生図を元に作表します。

A・Kの調波は1〜99、Dは分割調波のすべてを表示します。カーソル移動キーで、特定のハーモ数の星を特定し、関係する星を見やすくするためにカラーの印が出ます。

調波表（ハーモニック表）

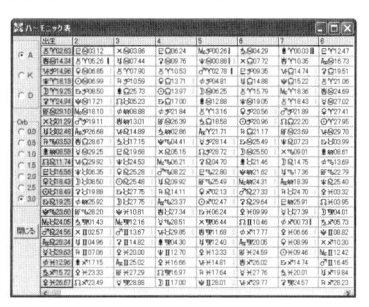

A・K調波の場合

- 各ハーモの感受点はハーモ4（90度）でソートしています。
- サインの0度に赤印
- 出生（左端の感受点）とのハーモ4コンタクト（0度 90度 180度）は青色
- ハーモ図内でハーモ4コンタクトは水色

分割調波の場合

- 各ハーモの感受点はハーモ3（120度）でソートしています。
- 出生（左端の感受点）とのハーモ3コンタクト（0度 120度）は青色
- ハーモ図内でハーモ3コンタクトは水色

ホロスコープ・プログラム

分割調波振動表

出生図を元に作表し、振動を明らかにします。

分割調波振動表

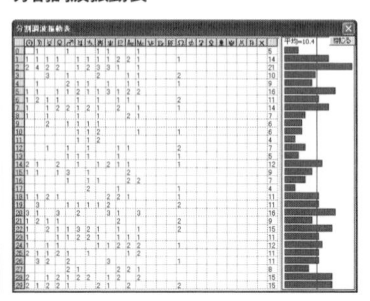

[機能メニュー]

機能メニュー

天体配列

天体配列を表示します。出生・進行・経過および、表示する星の数を切り替えることができます。

天体配列

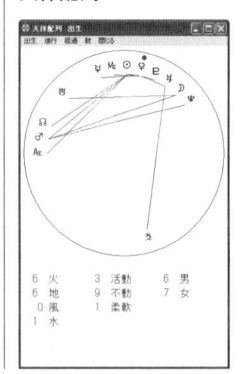

天文暦

最大6個の星について指定する間隔で位置を一覧にします。位置表示は使用している座標系に従います。

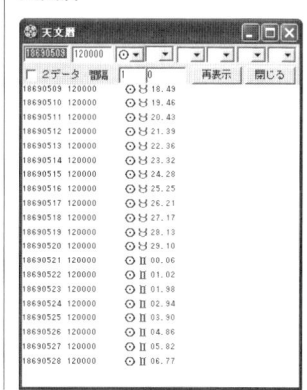

感受点移動

中心から外側に向かって、指定した間隔で星の移動をホロスコープのように表示することができます。

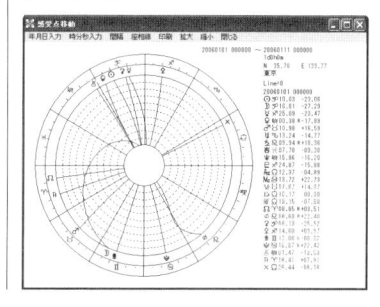

Arab.part

19点のアラビック・パートの位置と、各星との座相を表示します。

天文暦

感受点移動

3重円　アラビック・パート

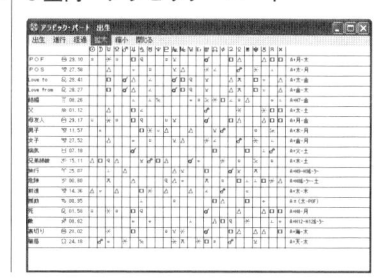

Harf Sum

ハーフサムの位置と星との接触状況を示します。軸数は基本40軸とすべての軸のどちらかを選択します。

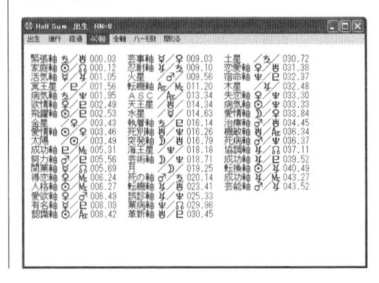

Map

マップ図を表示します。

各星のボタンをクリックすると、子午線上となるラインは白の長い点線、頭上となるところには星の記号、出没ラインは赤線、天底側はグレーの短い点線で表示します。［C］ボタンはクリアです。マップ面は計算地のマップ入力と似た形で、切り替えることができます。

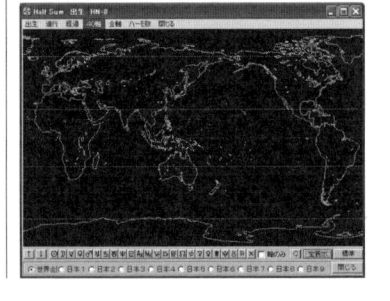

恒星

星と恒星の座相を表示します。

表示 data 出生 data 化

表示されているデータ（3重円データの場合は出生データ、進行データは経過データ）を出生データに変換し、出生データファイルを選んで追加します。

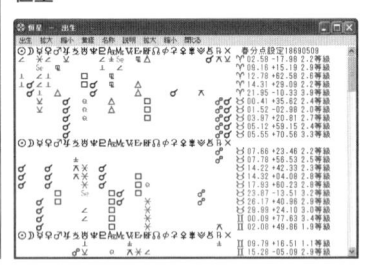

出生サビアン表

サビアン表を呼び出します。

古典メソッド

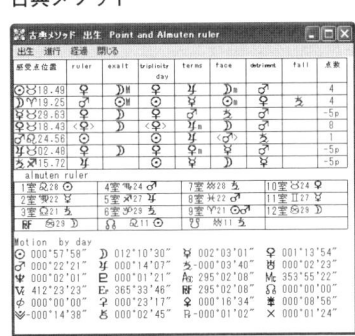

古典メソッドによる星の属性を表示します。

クリップボードにコピー

ホロスコープ面をWindowsシステムのクリップボードに、画像として送ります。

出没時

各星の出没時間を計算し別窓に表示します。

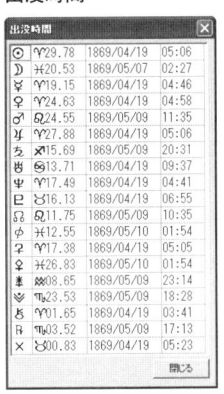

[設定メニュー]

設定メニュー
設定
　設定　　　　　Ctrl+S
　ショートカット割付

表示設定

〈登録設定〉

設定 00 から設定 15 までの 16 種の全設定を記録保持できます。登録名はエディットボックスで変更できます。

設定 ― 設定 ― 表示設定タブ

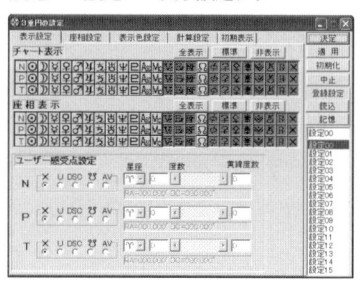

読込ボタン	16 種の設定のどれかを選んでクリックすると読み出します。設定がない場合は初期状態の設定を使います。
記憶ボタン	16 種の設定のどれかを選び、続いて必要があればエディットボックスの登録名を変更してから記憶ボタンをクリックすると記録します。

〈チャート表示〉

ホロスコープ（＝チャート）に表示する星を出生（N）、進行（P）、経過（T）それぞれ設定します。

全表示	すべての星を使用する
標準	☉（太陽）から Mc までを使用する
非表示	すべての星を表示しない

〈座相表示〉

座相を表示する星を設定します。ボタンの動作はチャート表示と同じですが、チャート表示で表示にしていない星を選択することはできません。

〈ユーザ感受点設定〉

並びの最後の星は X、U、Dsc、サウス・ノード、アンチ・バーテックスに変えることができます。

X は小惑星 2003UB313 です。U がユーザ感受点（Stargazer では星や計算上の点を総称して感受点と呼んでいます）です。Dsc は黄道上の下降点です。このうち、U は位置を指定してホロスコープに表示することができます。黄道上の星座宮と度数および黄緯で位置を指定します。それぞれ出生（N）、進行（P）、経過（T）について独立に設定します。

座相設定

設定 ─ 設定 ─ 座相設定タブ

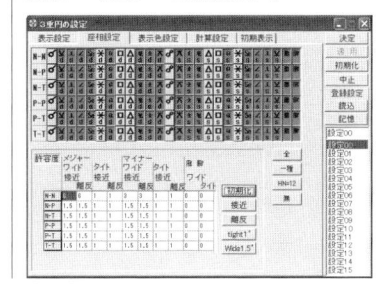

　出生（N）、進行（P）、経過（T）間の全座相についてデクスター(d)とシニスター（s）を区別し、それぞれの表示・非表示を設定します。

〈許容度〉

　メジャー・マイナーについてはワイド・タイトそれぞれの接近と離反について許容度を設定します。パラレルについてはワイドとタイトを設定します。許容度は小数点以下も指定できます。

初期化ボタン	N-Nのメジャーワイドを5°、マイナーワイドを2°、それ以外をすべて1°にする
接近ボタン	接近度数を1°、離反を0°にする
離反ボタン	離反度数を1°、接近を0°にする

表示色設定

設定 ─ 設定 ─ 表示色設定タブ

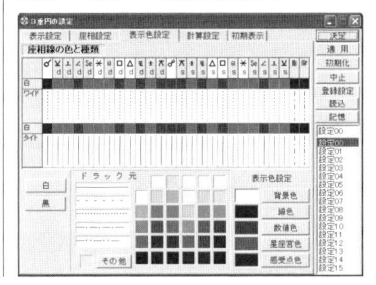

〈座相線の色と線種〉

　全座相についてワイドとタイトを区別して色と線種を指定することができます。ドラック元からドラック＆ドロップするか、ボタンをクリックしWindowsの色指定画面から設定します。

白	白背景のデフォルト設定にする	数値色	表示される数値の色を指定する
黒	黒背景のデフォルト設定にする	星座宮色	星座宮の色を指定する
背景色	ホロスコープの背景色を指定する	感受点色	星の色を指定する
線色	ホロスコープの線色を指定する		

ホロスコープ・プログラム

計算設定

〈室形式〉

全座相についてワイドとタイトを区別して色と線種を指定することができます。ドラック元からドラック＆ドロップするか、ボタンをクリックし Windows の色指定画面から設定します。

設定 ─ 設定 ─ 計算設定タブ

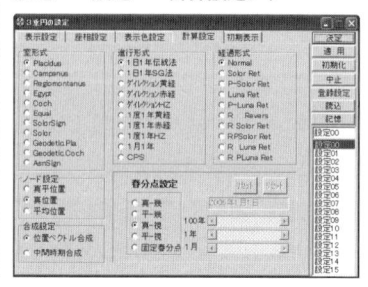

Placidus	プラシーダス	SolorSign	ソーラサイン
Campanus	キャンパナス	Solor	ソーラ
Regiomontanus	レジオモンタナス	Geodetic.Pla.	ジオデテック・プラシーダス
Egypt	エジプシャン	Geodetic.Coch	ジオデテック・コッホ
Coch	コッホ	AsnSign	アセンサイン
Equal	イコール		

〈ノード設定〉

真平均位置	複雑に動く真位置から、その移動速度を落とした位置
真位置	瞬時の正確な位置
平均位置	移動速度を一定にした位置

〈合成設定〉

合成図作成の際に星位置（位置ベクトル）を使うか日時（中間時期）を使うかを指定します。

〈進行形式〉

1日1年伝統法	出生後の1日を1年としてAsc、Mc、Vt、Ep、RFを伝統的方法に従って計算
1日1年SG法	出生後の1日を1年として厳密に計算。Ascは約1日で天球を1回転します
ダイレクション黄経	黄経基準のダイレクションを使った進行図を作成
ダイレクション赤経	赤経基準のダイレクションを使った進行図を作成
ダイレクションHZ	室座標系基準のダイレクションを使った進行図を作成
1度1年黄経	黄経の1度を1年とする進行図を作成
1度1年赤経	赤経の1度を1年とする進行図を作成
1度1年HZ	室座標系の1度を1年とする進行図を作成
1月1年	出生後の1カ月を1年とする進行図を作成
CPS	コンポジット・プログレッション・システムで進行図を作成

〈経過形式〉

Normal	通常の形で経過図を作成
Solor Ret	ソーラ・リターン図（太陽回帰図）を経過図とする
P-Solor Ret	プログレッシブ・ソーラ・リターン図（進行太陽回帰図）を経過図とする
Luna Ret	ルナ・リターン図（月回帰図）を経過図とする
P-Luna Ret	プログレッシブ・ルナ・リターン図（進行月回帰図）を経過図とする
R　Revers	リバース、出生時から過去に遡る方法で経過図とする
R Solor Ret	リバース・ソーラ・リターン図（逆太陽回帰図）を経過図とする
RPSolor Ret	リバース・プログレッシブ・ソーラ・リターン図（逆進行太陽回帰図）を経過図とする
R　Luna Ret	リバース・ルナ・リターン図（逆月回帰図）を経過図とする
R PLuna Ret	リバース・プログレッシブ・ルナ・リターン図（逆進行月回帰図）を経過図とする

〈春分点設定〉

真幾	真位置、幾何学的位置
平幾	平均位置、幾何学的位置
真視	真位置、視位置（通常はこちらを使用）
平視	平均位置、視位置
固定	固定春分点（サイドリアル方式）

初期表示 …… 設定 ── 設定 ── 初期表示タブ

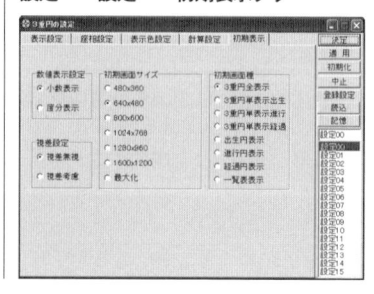

数値表示設定	小数表示と度分表示を切り替え
視差設定	月位置の視差を無視するか、計算地からの視位置（視差考慮）にするかを設定
初期画面サイズ	3重円プログラムの決定ボタンで表示、または時期表からダブルクリックで起動する、3重円ホロスコープ面の画面サイズを指定
初期画面種	画面の表で状態を選択

ショートカット割付 …… 設定 ── ショートカット割付

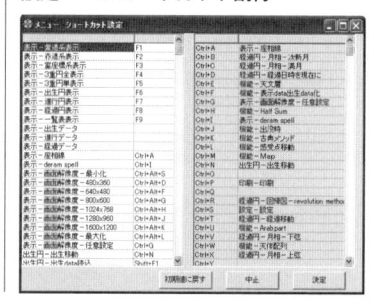

　左側枠のコマンドを表示しているところで、指定したいショートカット（キーボード操作）を実行すると設定できます。右側枠はショートカットの割付状況を表示します。

[印刷メニュー]

座相線幅設定

　印刷用の座相線幅をドット単位で設定します。プリンタによっては1ドットの線が充分な太さにならない場合があります。設定の0は1ドットとして扱います。

印刷

　ホロスコープを印刷します（→印刷）。

3重円ショートカット

ホロスコープ3重円　キー配置　表示系

ホロスコープ3重円 キー配置 出生系

F1 Shift 出生 出生読込
F2 Shift 出生 時期読込
F3 Shift 経過 出生読込
F4 Shift 経過 時期読込
F5 Shift+Ctrl 春分
F6 Shift+Ctrl 夏至
F7 Shift+Ctrl 秋分
F8 Shift+Ctrl 冬至
F9 Shift+Ctrl 次春分

G Ctrl 出生データ化

Z Ctrl+Alt 新月
X Ctrl+Alt 上弦
C Ctrl+Alt 満月
V Ctrl+Alt 下弦
B Ctrl+Alt 次満月
N Ctrl 出生移動
< Shift 出生キー入力過去方向
> Shift 出生キー入力未来方向

Shiftキーと共に共通キーは出生に対して反映します。

ホロスコープ3重円 キー配置 経過系

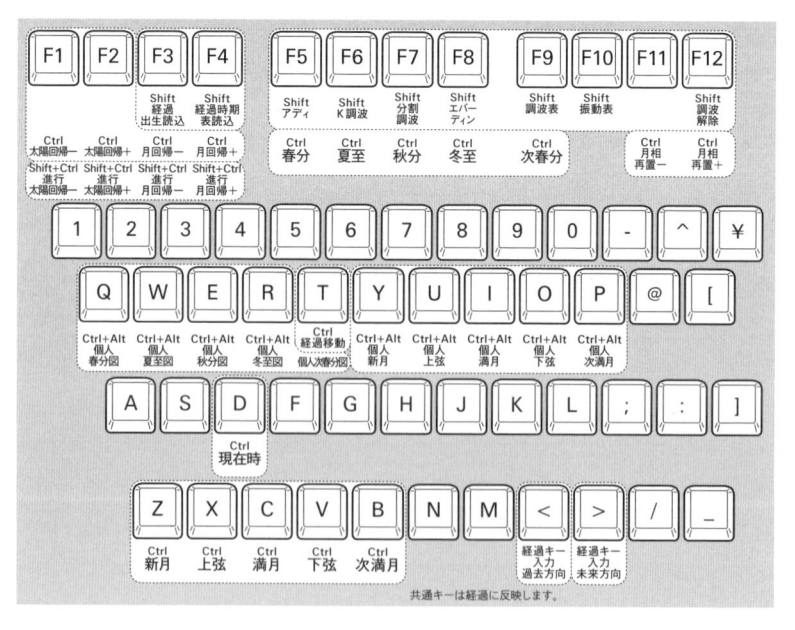

F1 Shift 経過 出生読込
F2 Shift 経過 時期読込
F3 （※表の配置上、F2に該当）
F4
F5 Shift アディ
F6 Shift K調波
F7 Shift 分割調波
F8 Shift エバーディン
F9 Shift 調波表
F10 Shift 振動表
F11
F12 Shift 調波解除

Ctrl 太陽回帰／Ctrl 進行太陽回帰 (Shift+Ctrl)
Ctrl 太陽回帰＋／進行太陽回帰＋
Ctrl 月回帰／進行月回帰
Ctrl 月回帰＋／進行月回帰＋

春分　夏至　秋分　冬至　次春分　　Ctrl 月相再置一　Ctrl 月相再置＋

Q Ctrl+Alt 個人春分図
W Ctrl+Alt 個人夏至図
E Ctrl+Alt 個人秋分図
R Ctrl+Alt 個人冬至図
T Ctrl 経過移動／Ctrl+Alt 個人次春分図
Y Ctrl+Alt 個人新月
U Ctrl+Alt 個人上弦
I Ctrl+Alt 個人満月
O Ctrl+Alt 個人下弦
P Ctrl+Alt 個人次満月

F Ctrl 現在時

Z Ctrl 新月
X Ctrl 上弦
C Ctrl 満月
V Ctrl 下弦
B Ctrl 次満月
< 経過キー入力過去方向
> 経過キー入力未来方向

共通キーは経過に反映します。

ホロスコープ３重円　キー配置　その他機能系

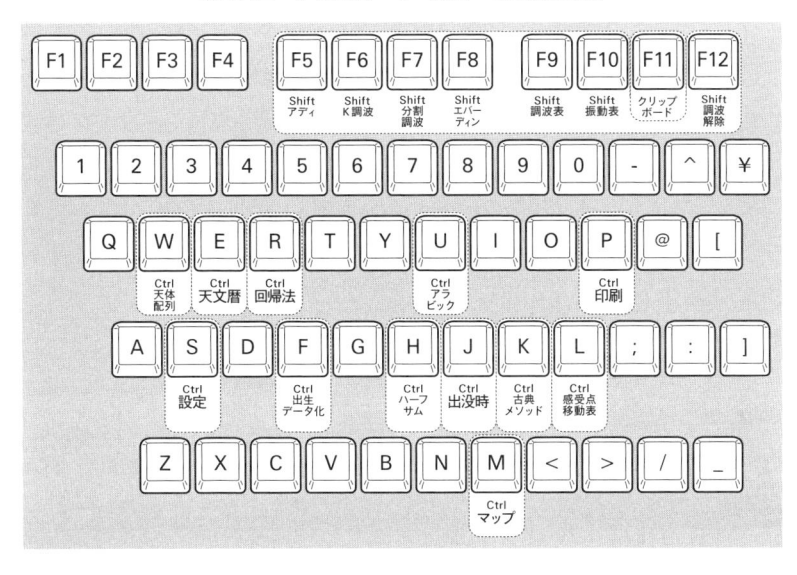

F1〜F4	—
F5	Shift アディ
F6	Shift K調波
F7	Shift 分割調波
F8	Shift エバーティン
F9	Shift 調波表
F10	Shift 振動表
F11	クリップボード
F12	Shift 調波解除
Q	Ctrl 天体配列
W	Ctrl 天文暦
E	Ctrl 回帰法
R	—
T	—
Y	Ctrl アラビック
U	—
I	—
O	—
P	Ctrl 印刷
A	Ctrl 設定
S	—
D	Ctrl 出生データ化
F	—
G	—
H	Ctrl ハーフサム
J	Ctrl 出没時
K	Ctrl 古典メソッド
L	Ctrl 感受点移動表
M	Ctrl マップ

ホロスコープ・プログラム

5重円

　2つの出生図について、それぞれの出生図および進行図に経過図を加えた、5重円構造のホロスコープを扱うことを目的として作られました。基本的な機能は3重円と同じですが、出生が2つあることで設定やメニューが増えています。回帰図等の出生を使う操作は「出生1」について行います。「出生1」と「出生2」は、[メニュー] ― [出生] ― [出生交換] で切り替えることができます。出生を2つ扱うことによる機能の追加ですので、動作の詳細は3重円のものを参照してください。

5重円 「HoroNPT」

5重円 ホロスコープ 全データ表示モード

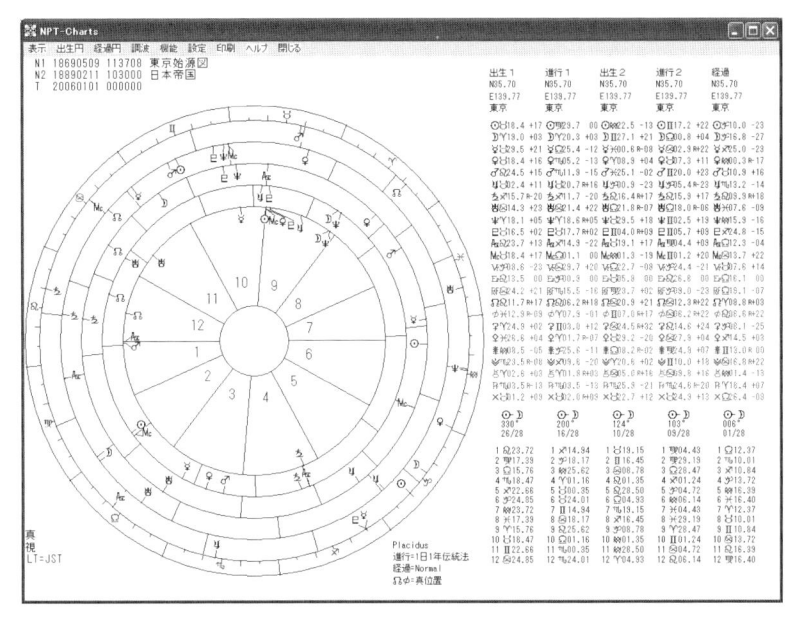

ホロスコープ・プログラム

チャーツ

チャーツプログラムは、多数のホロスコープを同時に扱うことを目的として作られました。ハーモニックや分割調波の詳細な分析や、異なるハウスを並べて比較するような作業を念頭に置いています。詳細動作や表示については3重円を参照してください。

チャーツの操作

[初期設定]　　　チャーツ　初期画面

チャーツを起動すると最初に出てくる設定画面です。No.1 から No.25 までの25枚のチャートの設定を一覧することができます。この面で全体の設定をするよりも、[チャーツ設定]ボタンで設定を呼び出して大枠を決める方が使いやすいです。また、[チャーツ設定]で呼び出す画面と、決定したチャーツのホロスコープ面のメニューから呼び出すチャーツ設定は同じものです。[特別設定]ボタンは、調波および分割調波の場合に機能します。調波図の場合、最初の調波数を見て以降の円の調波を加算していきます。分割調波も同様の設定になります。

出生データや計算地を変更すると、変更した円以降をすべて変更することになります。色設定は3重円の設定を読み込んで使用します。3重円の

色設定のみを読み込みますが、こちらから3重円の色設定を変更する方法はありません。

［表示メニュー］

表示円設定

表示円の数とどの円を表示するかを設定します。

表示円の選択

円─表切替	ホロスコープとして表示するか一覧表にするかを切り替え
単円表示切替	単円表示と複円表示を切り替え
表示円一進	表示円を次へ進める
表示円一退	表示円を前に戻す

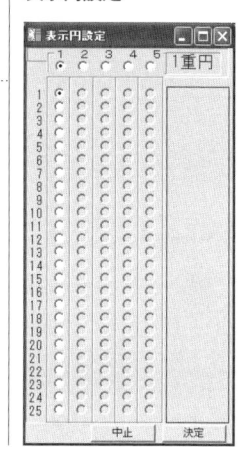

表示タイプの選択

黄道系：赤道系：ハウス座標系	それぞれ切り替え
座相線	座相線の表示・非表示を切り替え
ドリームスペル	表示・非表示を切り替え
合成元	合成図の合成元出生データを表示

［設定メニュー］

登録設定

画面右で、設定0から設定9までの10種の全設定を記録保持できます。登録名はエディットボックスで変更できます。

読込ボタン	10種の設定のどれかを選んでクリックすると読み出します。設定がない場合は初期状態の設定を使います。
記憶ボタン	10種の設定のどれかを選び、続いて必要があればエディットボックスの登録名を変更してから記憶ボタンをクリックすると記録します。

表示円設定

　25のホロスコープに何を表示するかを設定します。☆印をダブルクリックして選択します。「一括設定」列の各セルをダブルクリックすると、すべてのホロスコープを同様に設定します。表示メニューから呼び出す「表示円設定」と機能は同じです。

設定 ── チャーツ設定
　── 表示円設定タブ

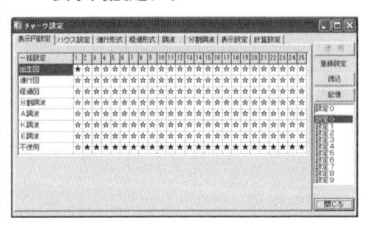

ハウス設定

　ホロスコープが出生図、進行図、経過図の場合にハウスの設定ができます。「一括設定」列の各セルをダブルクリックするとすべて同じ設定になります。

設定 ── チャーツ設定
　── ハウス設定タブ

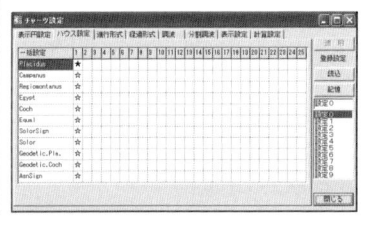

進行形式

　進行形式はホロスコープの種別によらずに設定しておくことができます。「一括設定」列の各セルをダブルクリックするとすべて同じ設定になります。

設定 ── チャーツ設定
　── 進行形式タブ

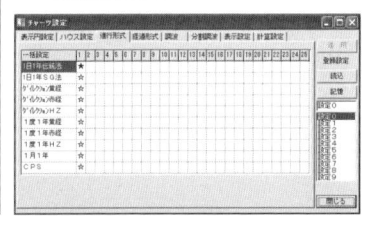

経過形式
　経過形式はホロスコープの種別によらずに設定しておくことができます。「一括設定」列の各セルをダブルクリックするとすべて同じ設定になります。

設定 ── チャーツ設定
　── 経過形式タブ

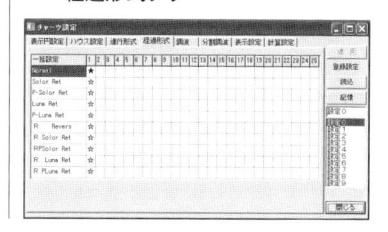

調波
　調波数はホロスコープの種別によらずに設定しておくことができます。

設定 ── チャーツ設定
　── 調波タブ

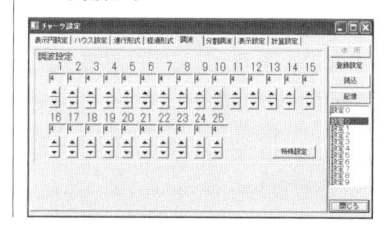

分割調波
　分割調波の星はホロスコープの種別によらずに設定しておくことができます。

設定 ── チャーツ設定
　── 分割調波タブ

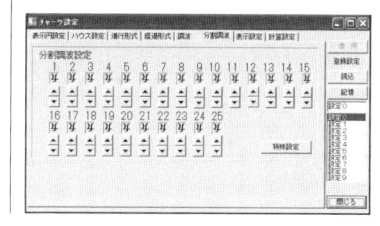

表示設定
　表示させたい項目に各チェックを入れます。「各円間座相表示設定」では、各円および円同士でどのように座相を表示させたいか、また「表示重円初期設定」では、最初に表示するホロスコープの種類を設定します。

設定 ── チャーツ設定
　── 表示設定タブ

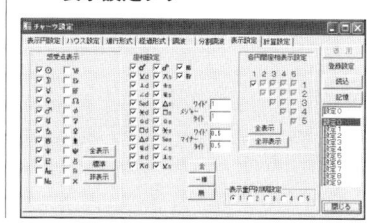

ホロスコープ・プログラム

計算設定
〈ノード設定〉

真平均位置	複雑に動く真位置から、その移動速度を落とした位置
真位置	瞬時の正確な位置
平均位置	移動速度を一定にした位置

設定 ── チャーツ設定
　　 ── 計算設定タブ

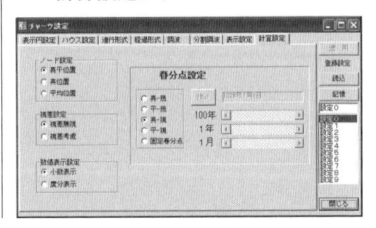

〈視差設定〉

月位置の視差を無視するか、計算地からの視位置（視差考慮）にするかを設定します。

〈数値表示設定〉

小数表示と度分表示を切り替えます。

〈春分点設定〉

真幾	真位置、幾何学的位置
平幾	平均位置、幾何学的位置
真視	真位置、視位置（通常はこちらを使用）
平視	平均位置、視位置
固定	固定春分点（サイドリアル方式）

画面解像度

ホロスコープ面の大きさを設定します。

［出生メニュー］

出生移動	開始日時と間隔を指定して出生データの日時を動かす
時期表読込	時期表からデータを出生データとして読み込み
出生データ読込	出生データを出生データとして読み込み

［経過メニュー］

経過移動	開始日時と間隔を指定して経過データの日時を動かす
時期表読込	時期表からデータを経過データとして読み込み
出生データ読込	出生データを経過データとして読み込み
経過日時同期	表示データ円の経過日時を、他の円すべてに設定
月相	経過データとして月の新月・上弦・満月・下弦・次新月を計算。新月は過去に向かって、次新月は未来に向かって計算します

［機能メニュー］

天体配列	天体配列を表示
天文暦	開始日時と間隔を指定して天文暦を表示
Arab.part	アラビック・パートを表示
Harf Sum	ハーフ・サムを表示
Map	マップを表示

［印刷メニュー］

印刷	ホロスコープ面を印刷

［その他メニュー］

バージョン	バージョンを表示
全設定記録	チャーツの現在の状況をすべて記録。研究途中の状態を保存したり、学習会等で研究成果を公表するときなどに使用します
全設定読出	記録した全設定の読み込み

時期表プログラム

　時期表関連のプログラムは、星の位置関係の時を計算するために作られました。

　時期表とは、時の資料として Stargazer が使うデータの1つです。基本的に経過図のために用意されていますので（**P.44 参照**）、設定された場所（経過地）のデータに基づき、指定した星位置の条件に合う時のデータだけを抽出します。

進行経過時期表

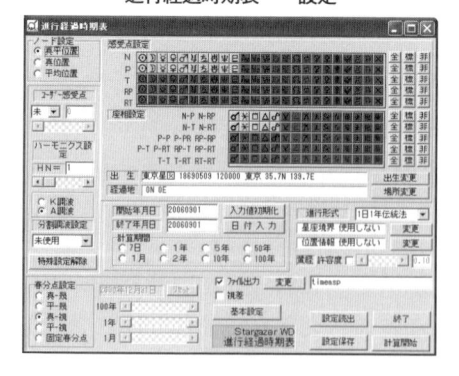

　時期表は詳細なものをたくさん作っても、的を得ずに役に立たないことがあります。よく勘案し特定の星を見いだして座相を検討することが効率の良い方法です。何はともあれ使ってみましょう。

時期表の作成操作

感受点設定	5層（出生（N）、進行（P）、経過（T）、逆進行（RP）、逆経過（RT））の星それぞれについて、使用する星を決めます。 全：☉（太陽）から X まですべて使用 標：☉（太陽）から Mc までを使用 非：すべて不使用
座相設定	5層の星の組み合わせは14通りありますが（出生は動きません）、それを5通りに分類し、使う座相を設定します。 全：すべての座相種を使用 標：メジャーな座相のみを使用 非：すべての座相種を不使用
出生	出生データを表示しています。変更する場合は出生変更ボタンを使います。
経過地	経過地を表示しています。変更する場合は場所変更ボタンを使います。
開始年月日、終了年月日	計算開始日および計算終了日を入力します。入力値初期化ボタンをクリックすると開始年月日および終了年月日に現在の日付を入れます。日付入力ボタンを1クリックするとボタン表示が年齢入力、開始年月日が開始年齢、終了年月日が終了年齢に切り替わります。出生に対する満年齢で入力します。小数点入力の小数以下は無視されます。
計算期間	計算期間のラジオボタンを選択すると入力されている開始年月日から、指定の期間を加算して終了年月日を設定します。
進行形式	使用する進行形式を指定します。
星座境界	変更ボタンで使用の有無を切り替えます。使用する場合は、進行および経過の星の星座宮への入宮日時を時期表に入れます。
位置情報	変更ボタンで使用の有無を切り替えます。使用する場合は、座相を取るときの星の位置を追加して時期表を作ります。
黄経許容度	チェックを入れると、座相を取る正確な日時だけでなく、指定した許容度の時の日時データを追加します。
ファイル出力	チェックを入れると、設定されたファイル名の時期表を作成します。ファイル名はエディットボックスに直接入力するか、参照ボタンを使ってWindowsの機能により指定します。
視差	月位置について視差を考慮するかしないかを指定します。チェックを入れると考慮するようになります。
ノード設定	ノード・リリスについて3つの方式から選択します。
ユーザ感受点	設定すると出生の X をユーザ感受点として使用するようになります。感受点設定で出生の X を使用するようにしてください。

︙

時期表プログラム

ハーモニクス設定	出生の位置のみハーモニック（調波）として扱います。（HN＝1は通常の動作になります。）K調波（小曽根）、A調波（アディ）のどちらかを選択してください。
分割調波設定	分割調波の分割星を指定します。ハーモニックをさらに指定している場合は分割調波の調波図になります。
特殊設定解除ボタン	ユーザ感受点・ハーモニクス（調波）・分割調波を解除します。
春分点設定	真幾：真位置、幾何学的位置 平幾：平均位置、幾何学的位置 真視：真位置、視位置（通常はこちらを使用） 平視：平均位置、視位置 固定：固定春分点（サイドリアル方式）
設定保存	時期表の現在の設定を保存します。これを読み込むと状態を再現できます。
設定読込	保存した設定を読み込みます。

時期表の算出

時期表

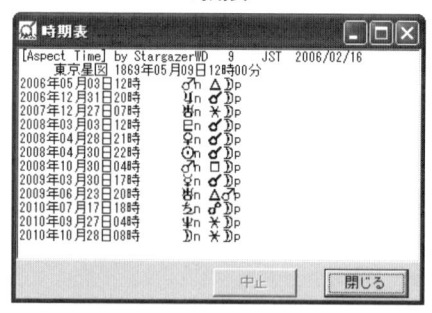

　計算中は中止ボタンが使えます。計算が終わると中止ボタンが使えなくなって、閉じるボタンが有効になります。表示された時期表の日時データ行をダブルクリックすると、3重円を直接呼び出してホロスコープを表示します。

進行経過時期表2

時期表プログラム2ではさらに細かい設定を行って時期表を作成します。

時期表2の操作

[設定タブ] 進行経過時期表2設定

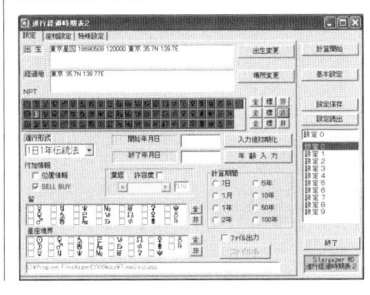

設定保存	設定0から設定9までの10種の全設定を記録保持できます。登録名はエディットボックスで変更できます。
読込	10種の設定のどれかを選んでクリックすると読み出します。設定がない場合は初期状態の設定を使います。
出生	出生データを表示しています。変更する場合は出生変更ボタンを使います。
経過地	経過地を表示しています。変更する場合は場所変更ボタンを使います。
NPT	上段－出生（N）、中段－進行（P）、下段－経過（T）の星それぞれについて、使用する星を決めます。 全：一段すべてを使用 標：☉（太陽）からMcまでを使用 非：すべて不使用
進行形式	使用する進行形式を指定します。
開始年月日、終了年月日	計算開始日および計算終了日を入力します。入力値初期化ボタンをクリックすると開始年月日および終了年月日に現在の日付を入れます。日付入力ボタンをクリックするとボタン表示が年齢入力、開始年月日が開始年齢、終了年月日が終了年齢になります。出生に対する満年齢で入力します。小数点入力の小数以下は無視されます。

⋮

計算期間	計算期間のラジオボタンを選択すると入力されている開始年月日から、指定の期間を加算して終了年月日を設定します。
進行形式	使用する進行形式を指定します。
位置情報	変更ボタンで使用の有無を切り替えます。使用する場合は、座相を取るときの星の位置を追加して時期表を作ります。
SELL BUY	金融・証券関係の売り時買い時を追加して表示します。
黄経許容度	チェックを入れると、座相を取る正確な日時だけでなく、指定した許容度に入る時、出る時の日時データを追加します。
留	チェックを入れた星について留の情報を追加します。
星座境界	チェックを入れた星について星座境界を超える時（イングレス）の情報を追加します。
ファイル出力	チェックを入れると、設定されたファイル名の時期表を作成します。ファイル名はエディットボックスに直接入力するか参照ボタンを使ってWindowsの機能により指定します。

［座相設定タブ］

進行経過時期表2（座相設定）

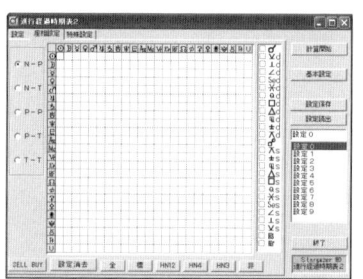

すべての星の組み合わせに対して座相種を個別に指定できます。

N-P、N-T、P-P、P-T、T-Tを決め、次に座相を作る星の組み合わせを選択し、座相を指定します。座相は座相のチェックを入れるか、下のボタンを使います。

星の組み合わせを決める際には長方形であれば、ドラックオーバーで指定できます。

SELL BUYボタン　金融・証券関係の売り時買い時を示す組み合わせを設定

［特殊設定タブ］

進行経過時期表2（特殊設定）

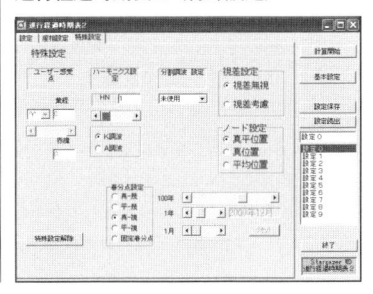

ハーモニクス設定	出生の位置のみハーモニック（調波）として扱います。（HN＝1は通常の動作になります。）K調波（小曽根）、A調波（アディ）のどちらかを選択してください。
分割調波設定	分割調波の分割星を指定します。ハーモニックをさらに指定している場合は分割調波の調波図になります。
特殊設定解除	ユーザ感受点・ハーモニクス（調波）・分割調波を解除します。
視差	月位置について視差を考慮するかしないかを指定します。チェックを入れると考慮するようになります。
ノード設定	ノード・リリスについて3つの方式から選択します。
春分点設定	真幾：真位置、幾何学的位置 平幾：平均位置、幾何学的位置 真視：真位置、視位置（通常はこちらを使用） 平視：平均位置、視位置 固定：固定春分点（サイドリアル方式）
特殊設定解除ボタン	ユーザ感受点・ハーモニクス（調波）・分割調波を解除します。

時期表プログラム

ボイドタイム時期表

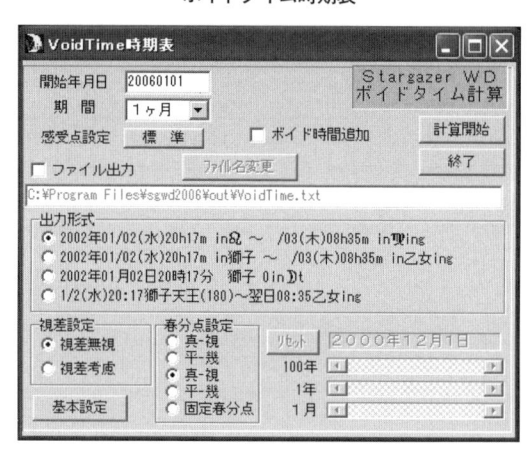

ボイドタイム（P.375参照）を計算して、ボイド時期表データを作成します。

ボイドタイム時期表

ボイド時間追加	チェックを入れるとボイド時期表にボイドの長さを追加します。
ファイル出力	チェックを入れるとファイルでも出力することができます。
出力形式	4種の形式から選択することができます。
視差設定	月位置の視差を決めます。
春分点設定	真幾：真位置、幾何学的位置 平幾：平均位置、幾何学的位置 真視：真位置、視位置（通常はこちらを使用） 平視：平均位置、視位置 固定：固定春分点（サイドリアル方式）
感受点設定	変更する場合は「標準」となっているボタンをクリックすると設定画面を呼び出します。ボイドの判断のための星と座相を設定します。

ボイドタイム ── 感受点設定

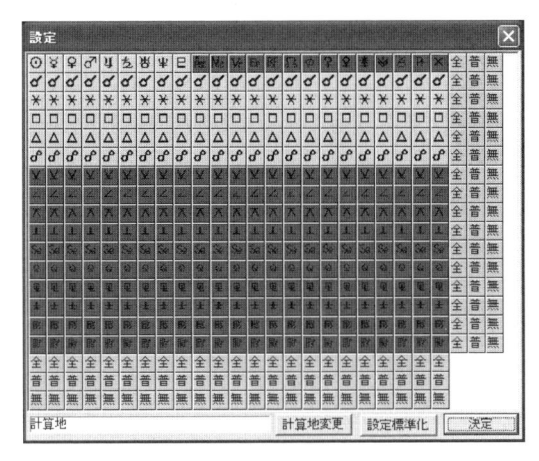

YOD 時期表

進行経過時期表と操作は同じで、YOD となる時期表データを計算します。

YOD 時期表

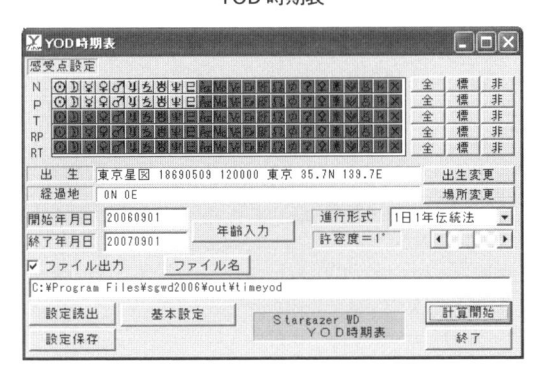

ハーフサム時期表

ハーフサム・ポイントについての時期表データを作成します。使用するハーフサム・ポイントを選択する他、進行経過時期表と操作は同じです。

ハーフサム時期表

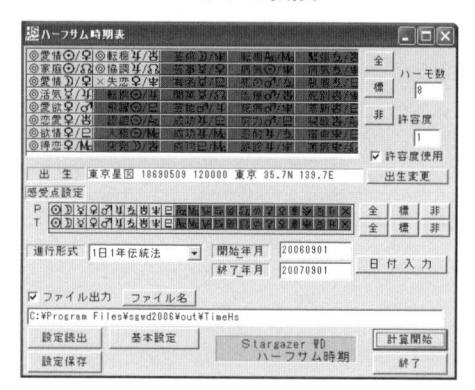

サビアン時期表

サビアン度数域の時期表データを作成します。特に進行の星の状態を計算することが主眼になります。

サビアン時期表

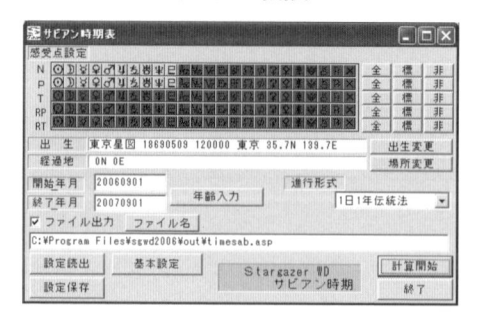

回帰時期表

　回帰の際の出生・進行感受点に対する経過感受点の座相を CSV 形式の時期表データで出力するために用意しました。同様の考えで蝕の状態も出力できます。蝕の場合は出生・進行・経過の 3 層構造の状態を表にします。また、1 つの出生データファイルの感受点位置も出すことができます。その場合、選択されている出生データが格納されたファイルを読み出します。

回帰時期表

回帰出力フォーマット

回帰日時　SR　出生(n)　♂ ✶ □ △ ♂　進行(p)　♂ ✶ □ △ ♂

出力例

```
　東京星図 1869 年 05 月 09 日 12 時 00 分
'AD 1870 年 05 月 09 日 ','SR','☉n',",'✶♅t',",",",'☉p',",'✶♅t',",","
'AD 1870 年 05 月 09 日 ','SR','☽n',",",'□♅t',",",'☽p',",",",","
'AD 1870 年 05 月 09 日 ','SR','☿n','♂♃t',",",",",'☿p',",'✶♀t',",","
```

蝕出力フォーマット

		進行感受点	経過感受点
蝕日時 ec	出生 (n)	♂ ✶ □ △ ☍	♂ ✶ □ △ ☍
		進行感受点	経過感受点
進行 (p)		♂ ✶ □ △ ☍	♂ ✶ □ △ ☍
		経過感受点	
経過 (t)		♂ ✶ □ △ ☍	

蝕出力例

```
東京星図 1869 年 05 月 09 日 12 時 00 分
'AD 1869 年 08 月 08 日 ','ec',☉n',' ♂☉p♀p',",' □Mcp',",",' ♂♃t',' ✶♅t',",",",' ☉p',
' ♂♀p',",' □Mcp',",",' ♂♃t',' ✶♅t',",",",' ☉t',' ♂☽t',",",",",
'AD 1869 年 08 月 08 日 ','ec',' ☽n',' ♂♆p',",",' △Mcp',",' ♂♆t',",' □♅t',",",' ☽p',",",",
",",",",",",' ☽t',' ♂☉t',",",",
```

ファイル感受点位置出力フォーマット

感受点　位置（星座宮＋度数）　出生名　位置（360度）

ファイル感受点位置出力例

```
'☉', '♈27.00',' チャーリー・チャップリン ',027.000
'☽', '♏09.39',' チャーリー・チャップリン ',219.395
'☿', '♈17.80',' チャーリー・チャップリン ',017.803
'♀', '♉18.12',' チャーリー・チャップリン ',048.125
'♂', '♉13.57',' チャーリー・チャップリン ',043.571
'♃', '♑08.16',' チャーリー・チャップリン ',278.170
'♄', '♌13.42',' チャーリー・チャップリン ',133.429
'♅', '♎19.65',' チャーリー・チャップリン ',199.654
'♆', '♊00.71',' チャーリー・チャップリン ',060.715
'♇', '♊04.59',' チャーリー・チャップリン ',064.594
'Asc', '♏08.48',' チャーリー・チャップリン ',218.488
'Mc', '♌22.47',' チャーリー・チャップリン ',142.478
'☊', '♋15.44',' チャーリー・チャップリン ',105.449
```

時期表データの印刷

　時期表はファイル出力して3重円やチャーツで読み込んで使うことを想定していますので、各時期表プログラムは直接の印刷機能を持っていません。印刷したい場合は、テキストファイルに出力したデータをエディタやワープロソフトで読み込んで、印刷することができます。この場合、フォントをMSゴシックかMS明朝にすると、感受点記号もそのまま印刷できます。この他のフォントを使いたい場合は、外字エディタでMSゴシックにリンクされている外字ファイルを、使いたいフォントにリンクさせると使えるようになります。

手順　「進行経過時期表」プログラムの場合

1　計算の各種設定ののち、「ファイル出力」の項目にチェックを入れます。これで時期表ファイルを保存するモードになります。

　保存先は、デフォルトで「C:¥Program Files¥sgwd2006¥out¥」フォルダに格納されます。ハードディスクCドライブの中の「Program Files」─「sgwd2006」─「out」フォルダ、という意味です。他の場所を指定したい場合は、[変更] ボタンをクリックして指定してください。

　横のマドには、保存ファイル名が表示されています（下記図参照）。デフォルト設定は、「timeasp」です。拡張子は「.asp」です。「進行経過時期表」の場合は拡張子表示はありません。ファイル名を変更したい場合は、文字を選択して修正します。

ファイル出力設定 ──「進行経過時期表」の場合

```
☑ ファイル出力   変更   timeasp
☐ 視差
```

ファイル出力設定 ──「ボイドタイム時期表」の場合

```
☑ ファイル出力      ファイル名変更
C:\Program Files\sgwd2006\out\VoidTime.txt
```

2 「計算開始」ボタンを押して実行します。時期表データのウィンドウが表示され、同時にファイルが保存されます。印刷が目的であればウィンドウは閉じてかまいません。

3 「C:¥Program Files¥sgwd2006¥out¥」の場所にある、「out」フォルダを開きます。Windowsのファイル操作です。「timeasp.asp」ファイルができていることを確認し、そのデータをエディタかワープロソフトで開きます。ファイルアイコンを右クリックし、「プログラムを開く」メニューを選択していけば簡単です。Wordの場合、ファイルを開く時にエンコード法について聞かれますので、「Windows（既定値）」を指定してください。

エディタやワープロでの表示フォントに、ゴシック系（MSゴシック、MSPゴシック、MS UI Gothic）を指定して印刷してください。

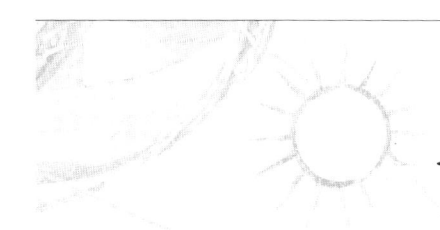

その他

ハーフ・サム

　ハーフ・サムについては「ハーフサム時期表プログラム」もありますが、グラフィックにハーフサムの状況や経過の星の接触状況を示すことができませんので、別にプログラムを用意しました。

ハーフ・サム

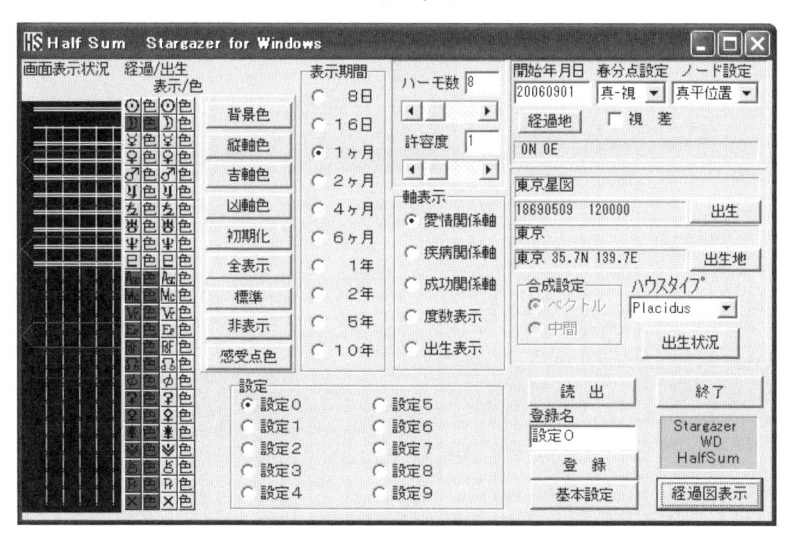

ハーフ・サム ── 出生状況

ハーフ・サム ── 経過図

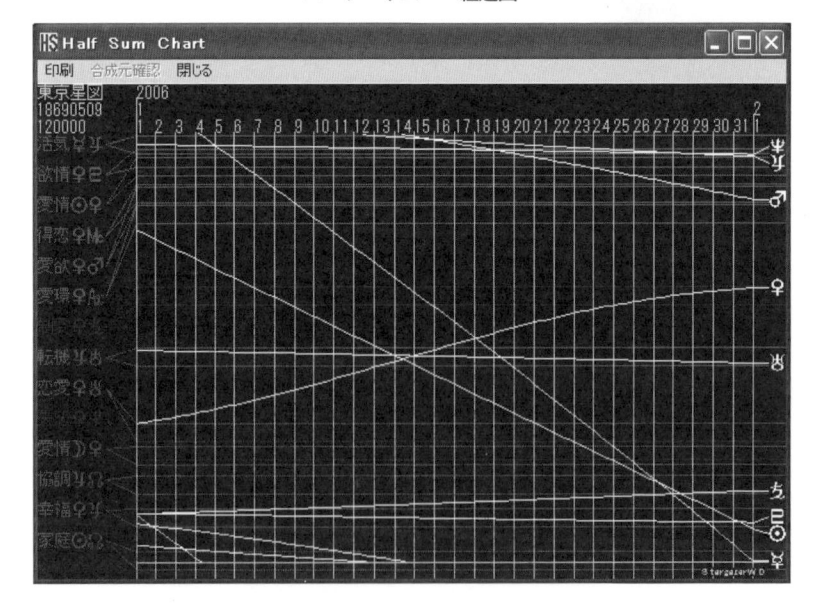

セントリック・チャート（Planets）

各星を中心とする星配置を表にします。またホロスコープ形式で表示することができます。座標系も変更できます。ただし、星それぞれの独自の春分点を使うようにはなっていません。あくまでも地球の春分点を基準にして位置を表示します。距離値は平均距離からのパーセントによる割合で表示しています。

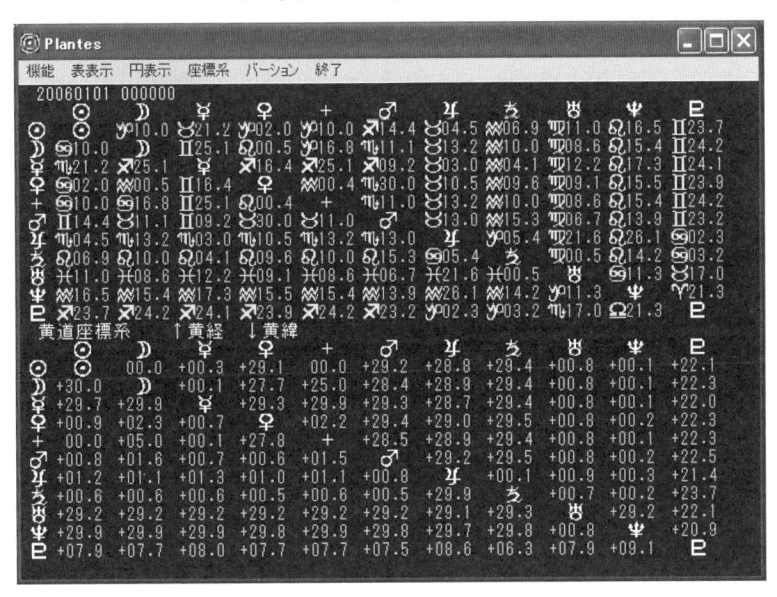

セントリック・チャート（Planets）

その他

相性座相

相性全般を見るために使用します。出生Aと出生Bをそれぞれ設定します。

相性座相の操作

[相性座相] …………… 相性座相タブ

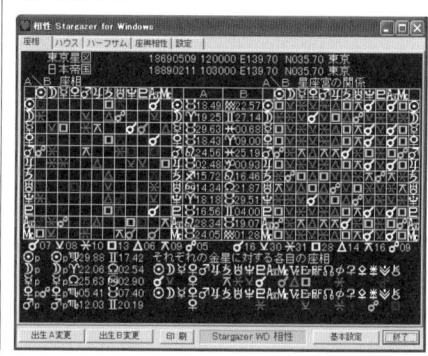

簡略に相性を見るために使用します。相互のアスペクトと星座の関係を一覧に表示します。加えて、プログレス同士のアスペクトと、それぞれの金星のアスペクトの状態をもって、基本的な相性を判断します。

[相性上昇点] …………… 相性上昇点タブ

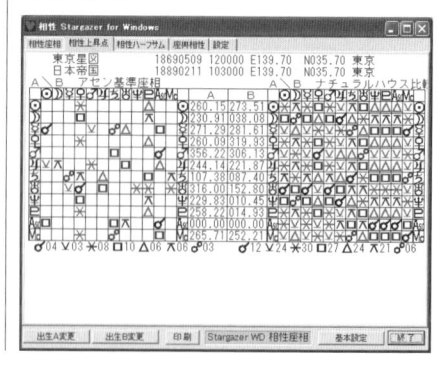

2つのチャートのアセンダントをあわせて天体配置&座相をみます。ナチュラルハウスの考え方を取り入れた、チャートの比較方法です。

［相性ハーフサム］　　相性ハーフサムタブ

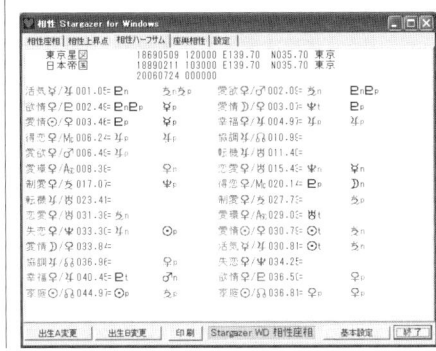

　ハーフサムによる相性比較です。凶軸に対する凶星の接触が最も悪く、吉軸に対する吉星の接触が最も良いものとなります。

［座興相性］　　座興相性タブ

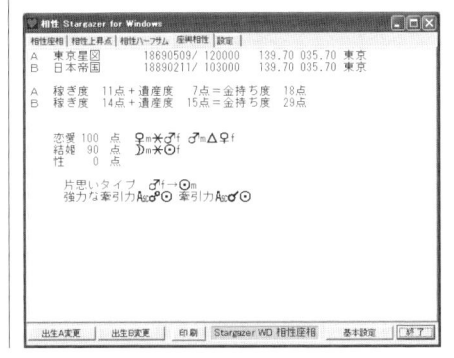

　座興用に作った相性プログラム部分です。恋愛・結婚・性についての相性とそれぞれの稼ぎ度・金持ち度を点数で表示します。点数の評価は以下の方法によりますが、100点以上は100点として表示します。
　mは男、fは女を表します。

［恋愛］
♀☌♂f	100点
♀△♂f	95点
♀✱♂f	90点
♂☌♀f	80点
♂△♀f	70点
♂✱♀f	70点

［結婚］
☉☍☉f	100点
☽☌☉f	100点
☽△☉f	95点
☽✱☉f	90点
☉☌☽f	80点
☉△☽f	70点
☉✱☽f	60点

［性］
☽☍☽f	100点
♂☌♂f	100点
☉☌♂f	90点
♂☌☉f	90点
♂△☉f	80点
♂✱♂f	80点
☉Ep△♂f	70点
☉△☉f	70点
♂△♂f	70点

［片思い］
♀m → ☉f
♂f → ☉m
♀m → ☉f
♂f → ☉m

［強力な牽引力］
☉☍Asc
Asc☍☉
☉☍☉
Asc☍Asc

［牽引力］
Asc☌☉
☉☌☉
Asc☌Asc

［稼ぎ度］
第2室の在室天体1つにつき、3点
第2室に♀がある
第2室に♃がある
♉に♀がある
♉に♃がある
第2室の天体で☌になる惑星
第2室の天体に☌8°、△8°、✱6°、☍8°の座相1点♀♃では2点
第2室ルーラーと☌8°、△8°、✱6°、☍8°の天体1点
♀と☌8°、△8°、✱6°の天体1点
♃と☌8°、△8°、✱6°の天体1点
第2室にインターセプト5点＋そのルーラーと△、✱の天体1点
PFが♉にある
PFが2室にある
☊が♉にある
☊が2室にある
第1室ルーラーが2室にある
第3室ルーラーが2室にある
第5室ルーラーが2室にある
第9室ルーラーが2室にある
第10室ルーラーが2室にある
第11室ルーラーが2室にある
♉にMc、Ascがある

⋮

［遺産度］

第8室の在室天体1つにつき、3点
第8室に♀がある
第8室に♃がある
♏に♀がある
♏に♃がある
第8室の天体に♂8°、△8°、✴6°、☌8°
の座相1点 ♀♃では2点
第8室ルーラーと♂8°、△8°、✴6°、
☌8°の天体1点
♇と♂8°、△8°、✴6°の天体1点
♃と♂8°、△8°、✴6°の天体1点
第8室にインターセプト5点＋

そのルーラーと△、✴の天体1点
⚡が♏にある
⚡が8室にある
☊が♏にある
☊が8室にある
第1室ルーラーが8室にある
第3室ルーラーが8室にある
第5室ルーラーが8室にある
第9室ルーラーが8室にある
第10室ルーラーが8室にある
第11室ルーラーが8室にある
♏にMc、Ascがある

［設定］

表示色、許容度等を設定します。

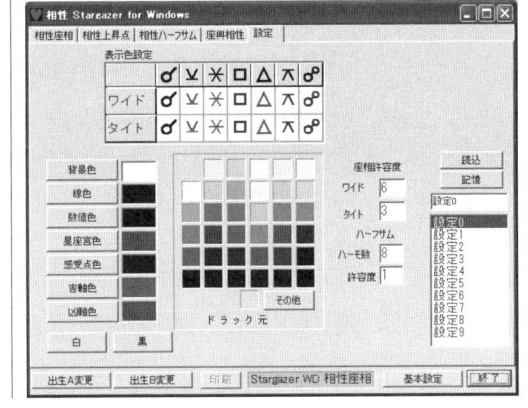

設定タブ

その他

日蝕計算

　起動すると直前の日蝕を計算します。外側の赤線で囲まれた領域が蝕をみることのできる地域です。内側の赤または黄の領域が皆既食または金環食の見える地域になります（内側の領域は世界全図のような広範囲の図では小さくてわかりません）。赤線は皆既食、黄線は金環食をみることのできる地域の中心線です。マップと同じ図を使用しています。ある場所で皆既食がいつ見られるかというところまで見ることができます。

　メニューバーの＜＞で、前後の日食へ切り替わります。

　共通機能の時間移動キーボードショートカットが有効です。

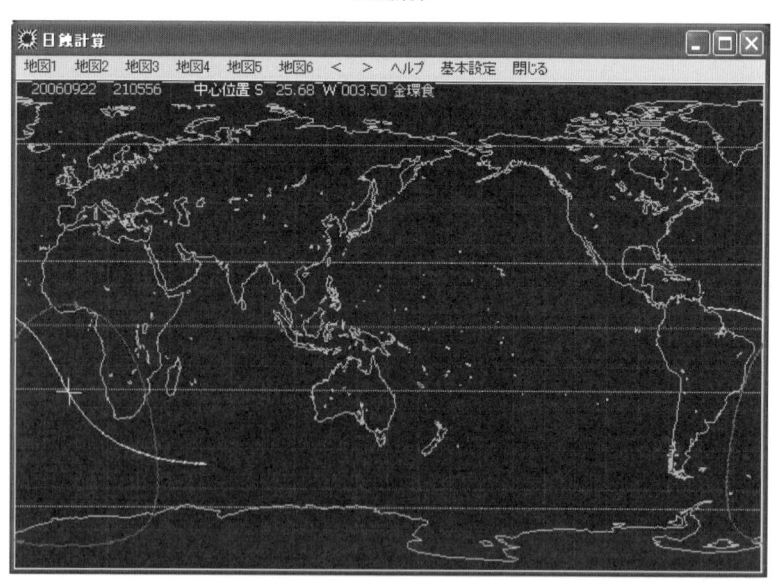

日蝕計算

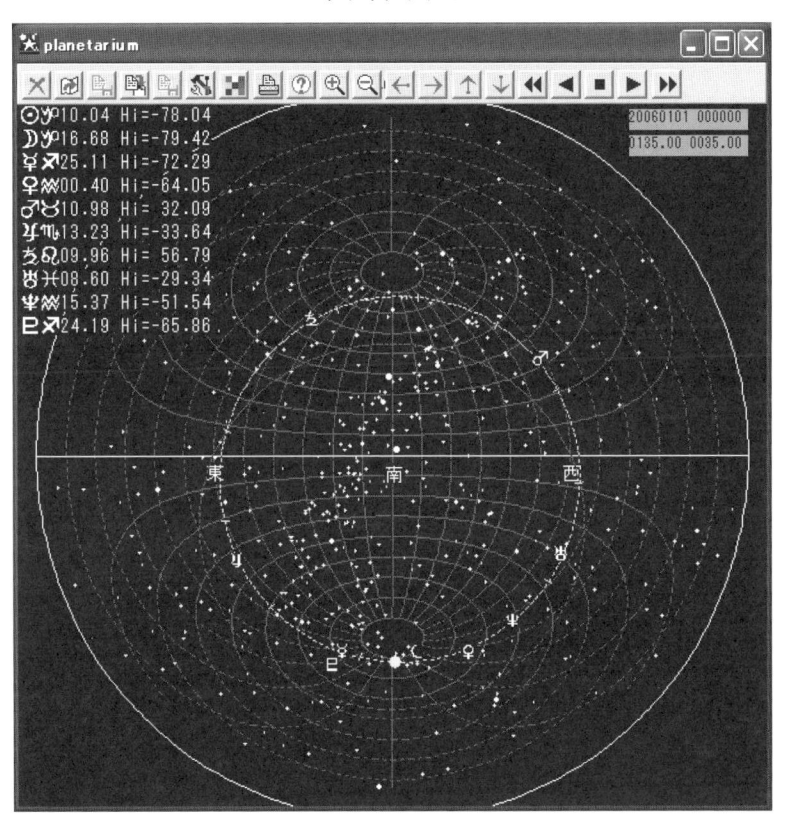

プラネタリウム

「Stargazer for Windows by Delphi」の高精度を生かしたプラネタリウムです。機能は基本的なものに絞っていますが、天体現象の追跡には、たいていの場合、十分なものであると思います。画面の表示位置を変えるためにマウスによるドラック＆ドラックができます。

プラネタリウム

プラネタリウム――Settings

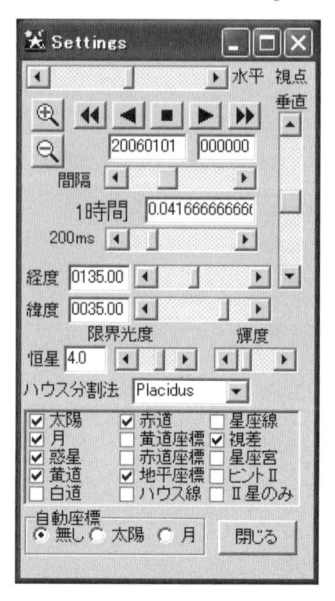

プラネタリウム――Color

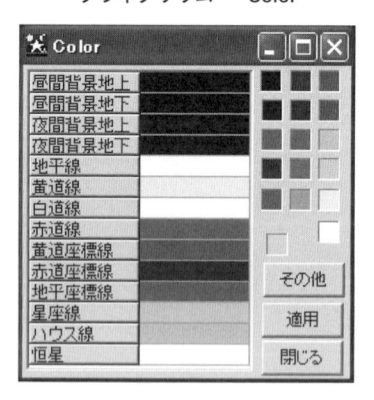

四柱推命／紫微斗数／宿曜

　StargazerWDには東洋占星術として四柱推命、宿曜、紫微斗数の3つが使えるようになっています。その1つだけでも、充分に役に立つようになっていますが、本書では、あくまでも「おまけ」としての位置づけをしていますので占法について解説していません。

　この中で、ホロスコープ占星術に最も関係の深いのが宿曜です。宿曜は紀元前後あたりの古代ギリシャ占星術がインドに伝えられて作られたというのが学会の通説です。根をたどっていくと同じ所にたどり着くわけです。紫微斗数もその方法を見るかぎり、それほど異種の占いではありません。

　四柱推命は、干支の起源はともかく、整理されたのは紀元前後程度と見てよいでしょう。しかし、流派がそれぞれに存在して正統性を主張しており、どれを良しとするのか考えなければならないので、非常に難しくなっています。ということは、それだけ研究しがいのある面白い分野であると言えます。

四柱推命

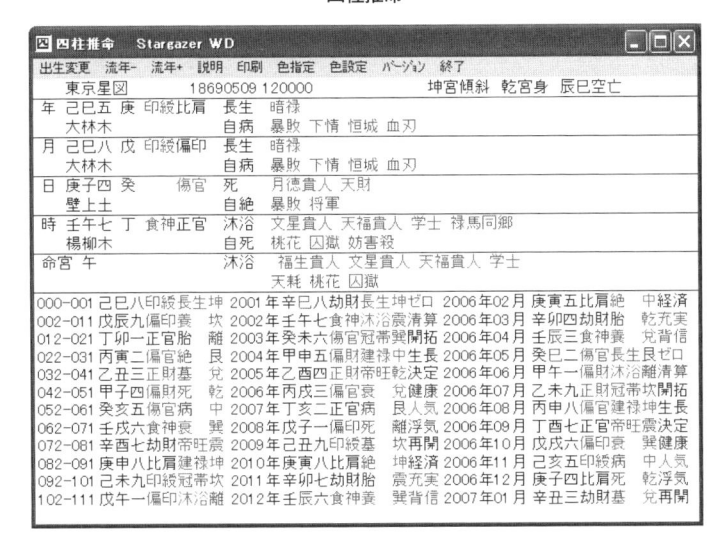

その他

紫微斗数

宿曜

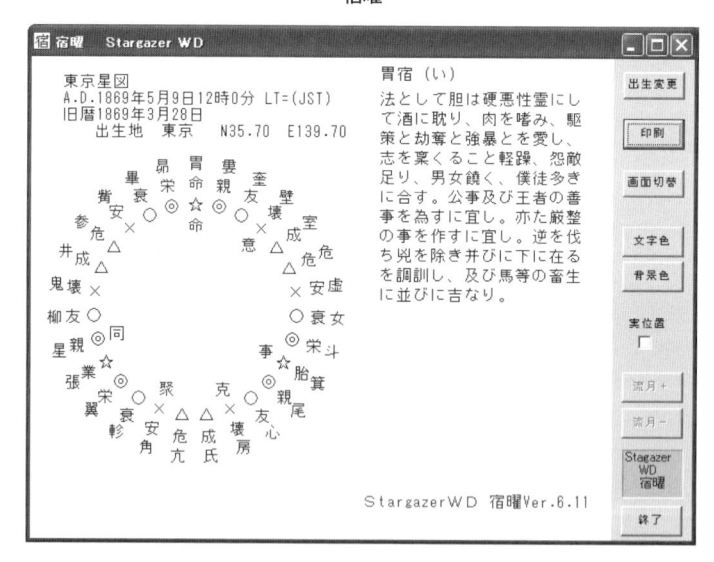

SGユーティリティ —— 外字変換

選択されたテキストファイルのSGS外字をSGWD外字に、またはSGWD外字を漢字2文字に変換します。時期表等の占星記号を変換するなどの作業に使用します。ウィンドウの指示にしたがって操作してください。

SGユーティリティ —— 外字変換

SGS外字	Stargazerの前バージョン（L、S、SC、SMS、W）で使用していた占星術記号体系です。下位互換のために用意しています。
SGWD外字	Stargazer for Windows by Delphiで使用している占星術記号体系です。SGS外字に対して記号が追加・変更されています。

その他

SGWD 外字漢字変換表

外字	漢字	外字	漢字	外字	漢字
☉	'太陽'	⚴	'パラス'	Q	'72'
☽	'月'	⚶	'ジュノ'	口	'135'
☿	'水星'	⚶	'ベスタ'	±	'144'
♀	'金星'	⚷	'キローン'	PP	'PP/'
♂	'火星'	Pr	'ペルセ'	PP♂	'PP//'
♃	'木星'	X	'X'	♈	'牡羊'
♄	'土星'	Y	'Y'	♉	'牡牛'
♅	'天王'	Z	'Z'	♊	'双子'
♆	'海王'	♂	'合'	♋	'蟹'
♇	'冥王'	*	'*'	♌	'獅子'
Asc	'ASC'	□	'□'	♍	'乙女'
Mc	'Mc'	△	'△'	♎	'天秤'
Vt	'Vt'	♂	'衝'	♏	'蠍'
Ep	'Ep'	⚹	'30'	♐	'射手'
PoF	'PoF'	∠	'45'	♑	'山羊'
☊	'Node'	⚺	'150'	♒	'水瓶'
⚸	'リリス'	⊥	'36'	♓	'魚'
⚳	'セレス'	Se	'51'		

SG ユーティリティ ── バックアップ

Stargazer の出生データ・各種設定の保存と復元を行います。

SG ユーティリティ ── バックアップ

〈［新規フォルダ作成］ボタン〉

クリックするたびに、選択されているフォルダ下へ、sgwdbackup に数字を付けた名前のフォルダを作成していきます。

note:

作成されたフォルダの名前を変えたり削除する機能は用意していません。必要な場合は Windows の機能を使用してください。その際、他のフォルダを操作してしまうと、取り返しのつかない事態もあり得ますので慎重に作業してください。

〈出生データと各種設定の［保存］〉

選択されているフォルダの中にサブフォルダ「natbackup」（出生データ）または「sysbackup」（各種設定）を作成し、それぞれのファイルのバックアップを格納します。バックアップ先に同じファイル名がある場合

は上書きされます。また、バックアップ先に他のファイルがある場合は削除しません。

〈出生データと各種設定の［保存］〉
　選択されているフォルダ中のサブフォルダ「natbackup」（出生データ）または「sysbackup」（各種設定）から、ファイルを戻します。

保存・復元されるファイル

出生データについて	指定フォルダのすべてのファイル
各種設定について	拡張子 isg のファイル

Stargazer 操作についての FAQ

　ここでは、旧バージョンの Stargazer ユーザからよく問い合わせのあった質問内容について、SGWD2006 についても有効なものの回答を掲載します。疑問や不明点が生じた場合に参照してください。

1

Q サビアン表示が1度ずれている。

A サビアンの元本は星座宮の始まりを1度、終わりを30度と表記しています。つまり牡羊座宮の1度が最初になっているわけです。ところが Stargazer では0度から29度で30度は次の星座宮の0度という扱いになっています。いわゆる数の扱い、序数と基数の違いです。表示部分に起点の違う方式を混在させることは間違いのもとですので、従前の方式にのっとって、Stargazer ではサビアンの度数表示を変更して、全体の統一性を維持しています。このため、それらの文献と1度違っているように見えますが、内容はもちろん同じになっています。

2

Q ホロスコープ3重円の「グルグル」機能で、座相停止設定をしても止まらないでそのまま通過してしまう。

A 「グルグル」の停止設定は、計算時点で許容度内に感受点が入っているかどうかだけを判断していますので、動きの速い感受点ではそ

のまま許容度内に入らずに通過してしまうことになります。使う感受点の動きと間隔を適切に設定する必要があります。たとえば月はおよそ２時間で１度程度動きますので、許容度を１度にした場合は間隔を４時間より多くすると、飛ばされてしまう可能性が高くなります。間隔を30分にすると必ず引っ掛かるでしょう。

3

Q ホロスコープ３重円で、座相表は出ないのか。

A 出ません。座相のあるなしはそのチャートを見ないと一概には言えないものですから、誤りをもたらす危険が大きいので、Stargazer for Windows by Delphi では、座興的使用の相性座相を除いて採用していません。

ただし、「ホロスコープ３重円」機能では、チャート内の感受点を右クリックすることでメニューが出現、その中に座相があります。選んだ感受点が、他の感受点とどのような座相状況を持っているかを、正確な度数からの差の小さい順に表示します。これが座相表の代わりです。

また、ホロスコープ１重円では座相表が出ます。許容度に注意して使ってください。

4

Q 外国人の出生データを登録するときには現地時間でよいか。

A 現地時間で入力する場合は、プログラムメニューの「基本設定」にある「地方時設定」を当地に変更してやる必要があります。この地方時は協定世界時（イギリス時刻）からの差で表示します。日本時刻は＋９時間です。設定の変更をせずに日本時間をそのまま使う場合は、出生時

刻を日本時刻に換算する必要があります。特に注意したいのはサマータイムです。だいたい一定の法則に従っていますが、ちゃんと調べてサマータイムかどうかを明らかにしておかないと1時間違うということになります。国やその時の情勢で違うことがありますから原則の確認だけでなく、その「時」の確認が必要です。

5

Q 3重円で合成図ができるはずだが、どうやったらいいのかわからない。

A Windows標準の操作でデータを複数選択できます。3重円の出生データ選択の際、[Ctrl]キーを押しながらクリックして、複数の出生データを選択してください。複数選択した状態で［決定］ボタンをクリックすると、3重円は合成を行います。合成には2通りの方法がありますから、あらかじめ［設定］ボタン——［計算設定］タブ——［合成設定］で選んでください。

6

Q Stargazerでは天体位置の計算に、どのような手法を用いているのか。

A 他の占星術用のソフトの多くは、暦計算研究会の「天体位置略算式」か「2体問題軌道計算式」を使用しています。前者は海上保安庁水路部によるもので、精度は比較的良いのですが、使用できる期間が短くなっていて1970年から2030年程度、後者は位置精度は落ちますが、使用できる期間が長くなります。精度としてはせいぜい0.02度程度です。正直なところオモチャになら良いと思います。また、海外の略算式の中にはもっと長い期間使えるものもありますが、いずれにしてもある程度を求めるものです。本当に正確な値がほしいということになると、太陽系内の

天体の位置を数値積分から求めることが必要になります。Stargazer の天文暦はそうやって作られたものです。また天文暦からの読み出しについて、比例計算のような精度の落ちる動作はしていません。せっかく手に入れた高精度を無駄にするような無意味なことはしていません。詳細はここには書きませんが、Stargazer はその手のノウハウのかたまりです。

7

Q ホロスコープ3重円で、3つの円の度数データを一度に見たい。

A 全データ表示モードを使用して下さい。画面解像度の関係で文字が小さくなりすぎて読めない場合には、印刷することをおすすめします。

8

Q WindowsXP で、3重円のヒント（サビアン表示）に SGWD 外字（占星術の記号）が表示されない。

A ヒントのフォントは Windows 側で設定されています。Stargazer は外字をすべてのフォントに設定するのではなく、MS ゴシック、MSP ゴシック、MS UI Gothic の3つに限定してセットしています。外字エディタでヒントに指定されているフォントの外字を SGWD 外字にしてやるか、ヒントのフォントをセットした3つのどれかにしてやると表示されます。Stargazer の外字ファイルは sgwdeudc.tte で、「sgwd2006」フォルダと「Windows」フォルダに存在します。

9

Q 時期表でイングレスデータを作成して3重円で読み込んだが、0度にならずに29.99度になってしまう。

A 時期表は標準の動作で、経過感受点は分の値まで出力します。その際、秒の部分は切り捨てられてしまいます。この切り捨てられたデータで、3重円を表示すると、正確にはイングレス前ですから、（当然のこととして）29.99度になるわけです。とりあえず対処法としては、キーボード上の 2 を押して1分進ませてください。

10

Q 2133年以降の星の位置が出なかったり、変な位置になる。

A 天文暦ファイルが壊れている可能性があります。Stargazerを標準仕様で再インストールするか、Webページから天文暦の更新版があればダウンロード入手して使ってください。

Stargazer

第3章

占星術概論

ホロスコープとは何か

天の状況を表す図

　西洋占星術は、天（マクロコスモス）と人（ミクロコスモス）との間の共時性（シンクロニシティ）を扱うことで、マクロコスモスの状態から人間の運命を知ろうとする技術体系です。そして、マクロコスモスの状態を示すものが**天宮図**（**ホロスコープ、チャート**）です。つまり、天体のいろいろな状況を端的に要領よく記載した図のことです。これがどのような意味を持つのか、どのように読み解くのかという部分、それこそが占星術そのものなのです。

　ホロスコープを作成するには、時刻と場所が必要です。時と場所を人間の出生時と出生地に取ったものが出生占星術または個人占星術です。この方法の類型として集団や組織、物品に対して使うこともできます。たとえば日本という国家に対して、個人の出生と同じように出生図（始源図）を作り、その運命を導くということも可能です。個人以外の「出生図」の解読方法は、個人とはやや違いが出てきますが、これから出てくる占星術の象徴体系、記号とその意味の応用ですから、ホロスコープの部品である記号と意味の中身を考えれば、違いではなく類型だということがわかってきます。

　もともと占星術は個人を読むものというよりは、国家や都市について何かしらの天兆から運命を語るものでした。これを予兆占星術と呼びます。古来より天の状態、ホロスコープを読める者は、国家や集団の指導的立場であったり、その補佐をしていたという歴史があります。その最たるものは日蝕です。今では、毎年1回から2回、世界のどこかで起こっているさ

ほど珍しくもない現象として知られていますが、1つの場所、国では滅多に起こらないことです。古代の中国では、日蝕の予報に失敗した予報官は一族皆殺しになるほどの大事だったのです。

　個人を超えて、都市や国を扱うようなものまで出生占星術の範疇に入れることができます。これを、**マンディーン**またはマンデンと呼びます。さらに応用の方向を変えて、占うその時のホロスコープを使う**ホラリー**という方法もあります。事件占星術とも呼ばれますが、東洋で言うところの占期を捉えての方法です。

　いろいろと分類して呼び名を付けることができますが、天の状態を読み解くという基本的な考え方に変わりはありません。その入り口に立ったあなたには、まず、使われている記号の修得が求められます。つまり占星術の象徴体系の修得です。ここまでは、他の学問分野の学習となんら変わりはありませんが、続いてホロスコープの解読技術の習得ということになります。その方法論はけっして完成されているわけでも、まとめられているわけでもありません。ある程度は手順があるとしても、最終形態ではないということから来る占星術のさらなる難しさがあります。とはいっても、最初のうちはとにかく数多くホロスコープを読みこなして、カンをつかむことです。

ホロスコープの要素

　ホロスコープには**感受点（プラネット）**があります。この感受点が存在している**星座宮（サイン）**と**室（ハウス）**、そして感受点同士の関係である**座相（アスペクト）**が判断の要素となります。

　感受点という言葉については、類書にはない呼び方ですから説明しておきましょう。

　太陽と月を含めた星に対して占星術では惑星という呼び方をしていることがほとんどです。これはプラネットという外国語の直訳をそのまま使っているためと思われますが、あまり良い表現ではありません。しかし、簡

単に「星」と呼ぶと、九星や四柱推命で使う星と区別が付きません。天体と呼んでも、普通は恒星や星雲は使いませんから、せいぜいちょっとましな表現という程度です。

　勝手に名前を付けるのもはばかるのですが、なにか良い名称ができるまでここでは「感受点」と呼ぶことにします。これは、たとえば上昇点や南中点、ノードなどの天体ではないもの、ハウスの境界の位置のような計算上の位置も使用しますし、これらの位置や位置関係によって、その象徴するものが影響し合って新たな意味が付け加えられたりすることからの命名です。わたくしが占断の際に使う感受点は、基本の10個（太陽、月、水星、金星、火星、土星、天王星、海王星、冥王星、ノード）に加えて、上昇点 Asc や南中点 Mc を含むハウスの境界です。さらに小惑星を使うことも多々あります。また、中には、実際の天体ではない計算上の点を使う方もいらっしゃいます。

　ホロスコープを複数使う場合は、何の感受点かを明らかにしておかないと混乱してしまいます。複数のチャートを一緒に書く場合は、複円構造にすることでわかりますが、記号の後にホロスコープの種別を付けて区別すると、間違えません。Stargazer では時期表で **n**（natal ── **出生**）、**p**（progress ── **進行**）、**t**（transit ── **経過**）の記号を使い区別をしています。

　また、惑星は逆行することがあります（P.315参照）。この場合 **R**（retrograde ── **逆行**）を付けて表示しています。

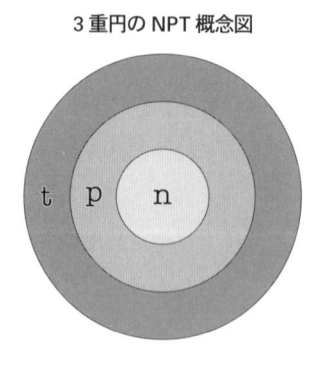

3重円の NPT 概念図

120

次に座相は、感受点の位置関係を示します。特定の角度になったときに2つの感受点が意味的関係を持つという考え方です。これを次の星座宮で考える方法もあります。

　星座宮は感受点の位置を表すための天の住所で、全周360度で12個の星座宮があり、それぞれが0度から29度までの30度ずつに割り当てられています。感受点は自分が滞在している星座宮の性質に影響されます。

　室は、天のものである感受点が地上の枠組みの中でどのように配分されたかを示すものです。たくさんの種類がありますが、12個に分かれているものがほとんどです。感受点は室の表す項目に影響を与えます。また、その感受点が持つ座相によって他の室の問題にどのように関わるのかを示します。

感受点記号

記号		日本名	英名
重要天体			
☉	太陽	サン、ソーラー	Sun
☽	月	ムーン、ルナー	Moon
☿	水星	マーキュリー	Mercury
♀	金星	ビーナス	Venus
♂	火星	マルス	Mars
♃	木星	ジュピター	Jupiter
♄	土星	サターン	Saturn
♅	天王星	ウラヌス	Uranus
♆	海王星	ネプチューン	Neptune
♇	冥王星	プルートー	Pluto
地球系感受点			
Asc	上昇点	アセンダント	Ascendant
Mc	南中点	ミッドヘブン	Midheaven
Vt		バーテックス	Vertex
Ep		イースト・ポイント	East Point
P.F		パート・オブ・フォーチュン	Part of fortune

⋮

ホロスコープとは何か

記号	日本名	英名
月系感受点		
☊ 昇交点	ノース・ノード	Moon's North Node
	ノード	Moon ascending node
		North node
		Dragon Head（月節）
⌀ 月の遠地点	リリス	Lilith
太陽系小天体		
⚳	セレス	Ceres
⚴	パラス	Pallas
⚵	ジュノー	Juno
⚶	ベスタ	Vesta
⚷	キローン	Chiron
Pr	ペルセポネ	Persephone
X	X	X

注　Asc Mc Vt EP RF ☊ ⌀ は、現実の天体ではなく占星点（計算上の点）です。

Stargazer で表示はしないが使うことのある感受点

記号		英名	意味
☋	降交点	Moon's descendant node／South node／Dragon tail	常に ☊ と ♂ の関係にある
Ic		Imum coeli	ホロスコープの北の点、Mc と 180 度
Dsc	下降点	Decsendant	ホロスコープの西の点、Asc と 180 度

3 占星術概論

Stargazerのホロスコープで表示する感受点（ハウス：イコール）

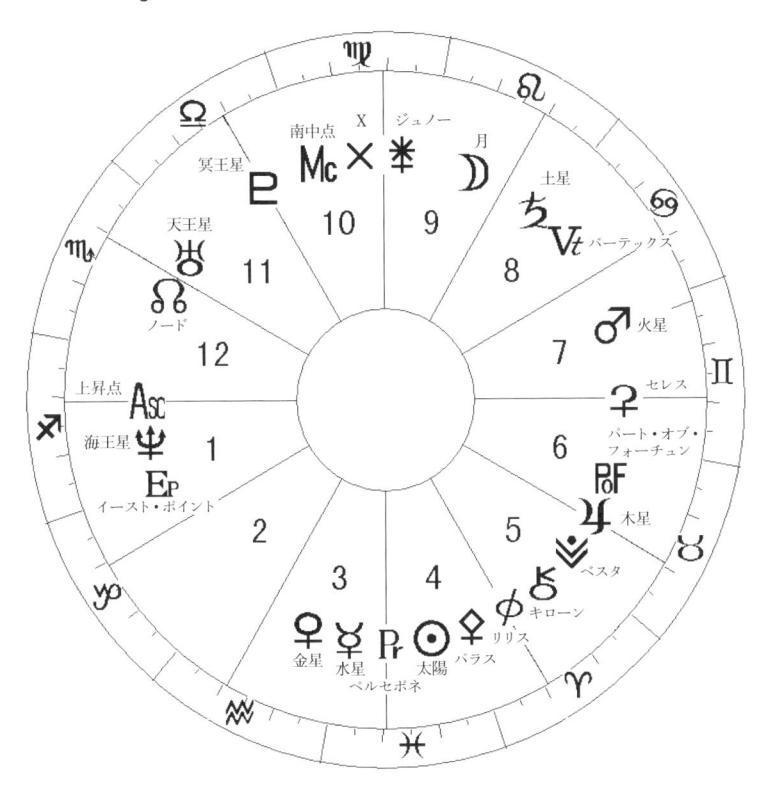

ホロスコープとは何か

感受点

10 感受点のイメージ

　感受点のイメージをつかむためには、いろいろな方法が考えられます。まずは参考文献の読破から始めるのが普通ですが、ツンドクではもちろんだめですね。イメージをつかむために想像力を働かせて連想しながら読みましょう。

　次は身の回りにあるものを感受点に分類してみましょう。これは、特定のテーマを占断する際に重要なポイントとなる「主星」を判断するための訓練です。たとえば、貴方の目の前にあるコンピュータは♅（天王星）に分類されます。つまりコンピュータの主星は♅（天王星）になるのです。それだけではありません。コンピュータを事務機器としてとらえるなら☿（水星）ですね。実験研究用機器なら♂（火星）。壊れてトラブルを巻き起こしていたら♄（土星）でもおかしくありません。高級品ならば♃（木星）も考えられます。正解は1つとは限りません。1つの物品から複数の感受点との対応を導けることができるようになって下さい。

　次に、物から出来事にも目を向けて下さい。たとえばジェット機の墜落事故、ジェット機は♆（海王星）です（ジェット機は燃料と燃料タンクの化け物です）。事故一般は♂（火星）が示します。突発事故であれば♅（天王星）です。

　この部分をけっしておろそかにしないでください。地道な訓練を積み重ねることによって初めて、実占に使える豊かなイメージが湧き上がってくるのです。次ページより、各感受点のイメージについてまとめてみました。ぜひ習得して下さい。

ギリシャ神話の系譜図

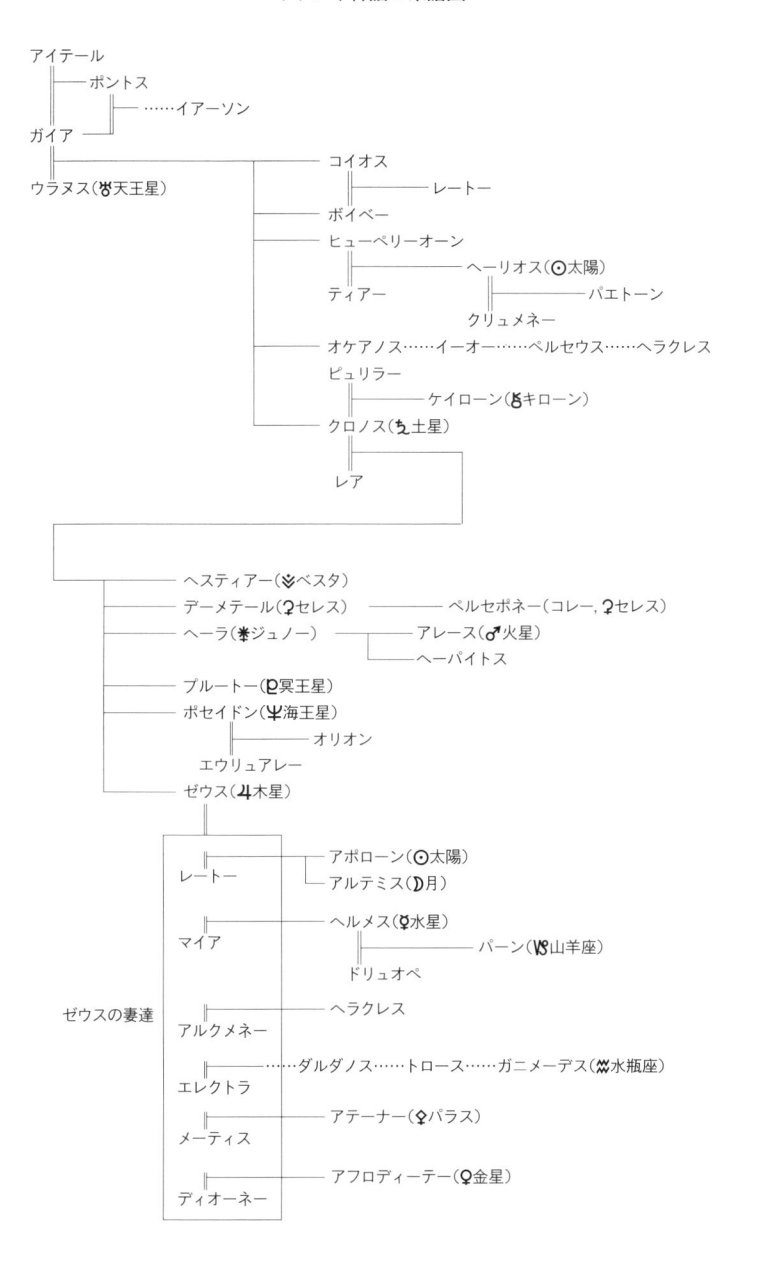

```
アイテール
  ├── ポントス
  │    └── ……イアーソン
  ガイア
  ├── ウラヌス(♅天王星)
        ├── コイオス
        │    └── レートー
        ├── ボイベー
        ├── ヒューペリーオーン
        │    └── ヘーリオス(☉太陽)
        │         └── パエトーン
        ├── ティアー
        │    └── クリュメネー
        ├── オケアノス……イーオー……ペルセウス……ヘラクレス
        ├── ピュリラー
        │    └── ケイローン(⚷キローン)
        └── クロノス(♄土星)
             └── レア
                  ├── ヘスティアー(⚶ベスタ)
                  ├── デーメテール(⚳セレス)
                  │    └── ペルセポネー(コレー, ⚳セレス)
                  ├── ヘーラ(⚵ジュノー)
                  │    ├── アレース(♂火星)
                  │    └── ヘーパイトス
                  ├── プルートー(♇冥王星)
                  ├── ポセイドン(♆海王星)
                  │    └── オリオン
                  │         └── エウリュアレー
                  └── ゼウス(♃木星)
                       [ゼウスの妻達]
                       ├── レートー
                       │    ├── アポローン(☉太陽)
                       │    └── アルテミス(☽月)
                       ├── マイア
                       │    └── ヘルメス(☿水星)
                       │         └── ドリュオペ
                       │              └── パーン(♑山羊座)
                       ├── アルクメネー
                       │    └── ヘラクレス
                       ├── エレクトラ
                       │    └── ……ダルダノス……トロース……ガニメーデス(♒水瓶座)
                       ├── メーティス
                       │    └── アテーナー(⚴パラス)
                       └── ディオーネー
                            └── アフロディーテー(♀金星)
```

感受点

☉ 太陽

[基本的意味]

生命の与え主

ギリシャ神話ではヘーリオス、ローマ神話ではソル、
古代エジプトではラー、その他の地域でも
ミトラス、シャマシュとして神格化され、
昼を支配し、男性原理を司ります。

*
太陽関連神話
*

ギリシャ神話では巨神族ティターンのヒューペリーオーン（高きを行くもの）とティアー（神々しい女）の子で、ヘーリオスと呼ばれています。単にティターンというとヘーリオスのことです。ヘーリオスはヒューペリーオーンと混同されることもあるようです。絵などでは、壮年の美男子で、四頭の駿馬に引かれた二輪の戦車に乗り、毎朝、曙の女神エーオースに先導されて東より昇り、西方の黄金の宮に入ります。そこから黄金の盃に乗ってオーケアノスの流れを渡り、東に戻って、翌朝、再び天に駆け上がります。よく知られている逸話として、息子パエトーンの冒険とその悲惨な結果が伝えられています。月の女神セレーネーとともにギリシャで

は、特別の神格を持たずに、崇拝の対象とはならなかったようです。

　その他に、ゼウスとレートーの子の一人、アポローンが太陽神とよく同一視されています。予言、音楽弓、家畜そして光明の神として知性と文化の保護者の役目があります。優しいだけでなく、贖罪ときよめの神として疫病を持って人間を罰する恐ろしい神でもあります。

　太陽は大方の神話・伝説では男性ですが、太平洋の周辺地域では天照大神のように女性として扱われる例もあります。

　占星術では生きようとする力、生命力そのものを支配し、人間の意志の方向、自己表現の力、全人生のかたちを表します。出生図の ☉（太陽）はその人の精神と霊を表し、能力を発揮させ、希望や目的に向かう最善の努力の方向とそれに至る道を教えています。また、国家に対する基本的な影響を表す重要な感受点です。

感受点

☽ ☉（太陽）の表すもの ☾

人　物……皇帝　王　貴族　父親　夫　家長　高位者　権力者　支配者
　　　　　高名者　立法官　高級官吏　上流生活者　議長　社長　重役
　　　　　組織者　監督　俳優　演技者　勝負師　金銀細工師　宝石商
　　　　　貴金属商　娯楽施設経営者

人　体……心臓　細胞　全身

事　柄……数の1　日曜日　金鍍金　24〜34才

物　品……貴重品　珍貴な品物　高価な品物　巨匠の作品　高級車
　　　　　儀装馬車　紋章　派手で贅沢なもの　高級毛皮
　　　　　豪華な衣服　綿　金らん　装身具　照明器具

場　所……宮殿　城　要塞　印象的な別荘　塔　議事堂　壮大な建築物
　　　　　大会場　劇場　ゲームセンター　スポーツクラブ
　　　　　賭博クラブ　大邸宅　大広間

　色　……金色　黄色　ロイヤルパープル

宝　石……ダイヤモンド　トパーズ

金　属……黄金　真鍮

動植物……獅子　孔雀　雄鶏　血統の良い馬や犬　大型で高価な動物
　　　　　珍奇な樹木　ひまわりやキンポウゲなどの黄色の花
　　　　　高価な花　極上のワイン　珍しい果実酒　珍味　贅沢な食物

3　占星術概論

☽ 月

[基本的意味]
感受性

ギリシャ・ローマ神話ではセレーネー、
アルテミス、ヘカテー、ディアナ（英名ダイアナ）、
ルナ等、多くの名で呼ばれ、
夜とその関連を支配し、女性原理を司ります。

*
月関連神話
*

　月の女神セレーネーはヘリオースの姉で、動植物の繁殖と性生活に大きな影響があるとされ、魔法とも深い関係がありました。彼女は、ヘリオースと同様に手綱を握って車駕を御します。それはたいてい馬の2頭立てで、時として鹿や牛のこともあるようです。セレーネーは牛飼いの美少年エンデュミオーンに恋しました。エンデュミオーンはセレーネーの愛に応えるためゼウスに不老不死の永遠の眠りを願い、そして授けられました。セレーネーは夜毎に天より舞い降りて眠っているエンデュミオーンと寝所を共にしたと伝えられています。
　月の女神とされる神には、同じくティターン神族のヘカテーがいます。

ほとんど万能の力を付与され、熱烈な賞賛の的になったこともありますが、いつのころからか冥界と関連して考えられるようになり、精霊や呪法の女神として炬火を持ち地獄の犬を引き連れて、十字路あるいは三ツ又の道に恐ろしい姿で現れるとされています。姿を変え牝犬、牝馬、牝狼の姿で現れることもあると伝えられています。ヘカテーはまた女性の守り神、夜と魔法の神ともされています。

　アポローンの姉アルテミスは、アポローンが太陽神と同一視されると同じように、月の女神セレーネーおよび月と関係のあるヘカテーと同一視されています。

　☾（月）は天体の中でも、満ち欠けという最も目につきやすい変化をしています。一般的には、満ち欠けによる29日程度の周期がよく知られています。また、サロスの周期と呼ばれる18年と11日という周期は遠くカルデアの頃に知られていたようです。サロスの周期とは、あるところで日食が見られたとすると、18年と11日後、再びその場所で日食が見られるというものです。他にも、月の近地点（月の軌道上で一番地球に近い点）が9年ほどで、昇交点が18.6年で360度回転していることが知られています。

　☉（太陽）の光を反射し、夜毎に形を変えていく☾（月）は☉（太陽）のペアで反応、変化、虚像、神秘性を表します。出生図の☾（月）は人間の魂として、人生の色彩と変化をもたらすとされています。同時に興味の方向をも示しています。ただし、この変化は周期性のある変化で、♅（天王星）の表す異常性のある変化とは違っています。国家（☉、太陽）に対する住民と住民への影響を示す感受点です。

☽（月）の表すもの

人　物……一般人　公衆　婦人　母親　妻　公共関係の従事者
　　　　　　女子の官公吏　公衆相手の商売者　旅行家　船員　水上運搬者
　　　　　　家事や育児の担当者　食料品　調達者　家出人　仕出し屋
　　　　　　商店　乳幼児　保母　公共事業
人　体……体液　リンパ液　血清
事　柄……数の2　月曜日　銀鍍金　0〜7才
物　品……瀬戸物　陶磁器　台所用品　日用品　各種容器
　　　　　　ありふれた家具　育児用器具　浴用洗濯用品　普段着　家庭着
　　　　　　ありふれた材質の織物　シーツ　ナプキン　大衆車　ボート
　　　　　　そり　水上運搬用の船舶
場　所……住宅　家　アパート　小屋　旅館　ホテル　モーテル　食堂
　　　　　　レストラン　公共の場所　洗面所　浴室　台所　穴蔵　地下室
　　　　　　プール　井戸　貯水槽　ボート・ハウス　埠頭　桟橋　海港
　色　……銀色　白色　淡い陰りを持つ色彩
宝　石……真珠　月長石
金　属……黄金　真鍮
動植物……魚類　亀　家畜　家禽　夜行性の鳥　夜咲く花　水中植物
　　　　　　一般の野菜　牛乳　食用の草　刺激のない食物　煮物　水
　　　　　　ビール　チーズや味噌などの醸造物

感受点

☿

水星

[基本的意味]

流動性

ギリシャ神話のヘルメス、ローマ神話ではメルクリオス（英名マーキュリー）と同一視されるのがこの星です。起源はバビロニアの伝令神ネボとみられます。

*
水星関連神話
*

ヘルメスはアトラスの長女マイアを母としゼウスの末子として生まれました。生まれたその日に長兄アポローンの牛を50頭ほど盗みました。彼は、足跡をごまかして逃げる途中で老人に見つかってしまったのですが、その老人を買収してしまいました。彼は牛を隠した後、生まれた洞窟に戻り、そこで見つけた亀の甲羅に盗んだ牛から作ったガットを張って竪琴を作りました。アポローンはゼウスに訴え、牛を返す命令を出してもらいましたが、結局、竪琴が欲しくなり竪琴と牛を交換しました。

　ヘルメスは牛を飼いながら今度はシュリンクスという笛を発明しまし

た。アポローンはこれも欲しがり、かわりにヘルメスに蛇の巻き付いた黄金の杖ケーリューケイオンを与えましたが、占術も強いられたため小石の占いを教えました。ゼウスはヘルメスに地下の神々（冥府）との使者を命じ、彼はいろいろな仕事をしました。

彼の出で立ちはペタソスと呼ばれるつば広の帽子をかぶり、足には翼の生えたサンダルをはいています。手には人を眠らせたり魔法をかけることのできる杖ケーリューケイオンを持っています。

神々の使者として飛び回ることから通信と伝達の星とされます。また、死者の魂を冥府に送る役目もありました。富と幸運、商売、盗み、賭博、競技の神で、竪琴や笛のほかに文字、数、度量衡の発明者とされています。道と旅人の神でもあります。

出生図では知的能力、精神活動全般を示します。強力な星ではなく、他の感受点の影響を大きく受けるのですが、その意味内容は非常に重要です。人間が人間たる点は☿（水星）が表す知性が鍵となっています。その意味で☿（水星）は重要視すべき感受点です。通信や通商そのものとその相手を示す感受点でもあります。

note:
● 水星に関するそのほかの言い伝え
　水星は太陽からあまり離れないので、見る機会が少なく、各地に伝わる神話伝説は多くありません。中国では辰星（しんせい）と呼ばれ、その精が地上に婦人の姿で現れるとされています。中国では星が人や動物になって地上に現れる伝説は珍しくありません。

感受点

☿(水星)の表すもの

人　物……知識人　文化人　著名人　若い人　青少年　兄弟姉妹学生
　　　　　教師　記者　著述家　解説者　アナウンサー　書記　秘書
　　　　　一般事務員　勤め人　会計係　記録係　医師　大公使　外交官
　　　　　代理人　使者　スポークスマン　メッセンジャー　郵便集配人
　　　　　運送人

人　体……神経　言語聴覚機能

事　柄……数の5　水曜日　7～15才　知性　通信　知識

物　品……鏡　更紗　安ピカな織物や衣服　ピカピカ光る仕上げをした物
　　　　　ミシン　ピン　小間物　鍵　文房具事務用品　書物　本箱
　　　　　手紙　通信物切符　書類　帳簿　紙幣　証券　小切手
　　　　　約束手形　画家の使う道具や材料　針　精巧な道具や器具
　　　　　コンパス　計器　測量技師の道具　はんだ　印刷機
　　　　　機械仕掛の玩具　管楽器　吹奏楽器　自転車　スクーター　机

場　所……事務所　書店　書庫　書類戸棚　代理店　取次店　一般商店
　　　　　編集室　企画室　印刷所　製本所　小中学校　学習塾　教室
　　　　　研究室　談話室　案内所　通信センター　郵便局　電話局
　　　　　エレベーター　エスカレーター　階段　駅　停留所　発着所
　　　　　陸上輸送　書斎

　色　……ライトブルー　ライトグレー　キラキラ光る色

宝　石……トルコ石　エメラルド

金　属……水銀

動植物……オウムやインコ等の話す鳥　伝書鳩　昆虫類　猿　小型の犬
　　　　　小型の植物　野原の花　刺激の少ない飲物

♀ 金星

[基本的意味]

愛情と和合、所有と保存

バビロンやアッシリアでは天の女王イシュタル
または愛の女神としてあがめられました。
ギリシャでは美と愛の女神アフロディーテー、
ローマではウェーヌス、英名ヴィーナスです。

※
金星関連神話
※

感受点

　バビロニアに伝わるイシュタルの最も知られている逸話は、愛した羊飼いのタンムズの死を悲しみ冥府まで出向いた噺です。イシュタルは不慮の大怪我で死んでしまったタンムズを求めて冥府へ向かいます。冥府への関門となっている7つの門を通過するたびに冠、イヤリング、ネックレス、胸飾り、帯、手足の飾り、そして最後には着ているものすべてを取られて丸裸になりながら、冥府の女王アラトゥの前に堂々と立ちました。アラトゥはその威厳と美しさに嫉妬し疫病の悪魔ナムタルにイシュタルの全身を蝕ませたために、イシュタルは死ぬばかりになりました。そのため地上の草花はしおれ、枯れ始めました。神々は驚き慌てて相談し、代表となっ

た海の神エアを使者として獅子と人間の怪物ナドゥシュ・ナミルに七つの門を破る力を与え、アラトゥのもとへ向かわせました。アラトゥはしかたなくナムタルに命じて、タンムズを生きかえらせ、イシュタルには命の水を飲ませてもとの体に治しました。さらにイシュタルに七つの門を出るごとに取り上げたものを返しました。イシュタルはタンムズの傷が癒える際に、ナムタルに珠飾りを与えたと伝えられています。

ギリシャ神話では、クロノスによるウラヌス殺害の際にウラヌスの陽物が海に落ち、その周りの白い泡から生まれた美と愛の女神アフロディーテーとする伝承と、ディオーネーとゼウスの間の娘アフロディーテーとする伝承があります。ギリシャ神話の中で誰知らぬ者のないトロイア戦争は、このアフロディーテーとヘーラ、アテーナーの三神の器量比べが発端となっています。

♀（金星）は、愛情から恋人、愛人、妻の関係。所有から金銭や財産。芸術一般の主星として、人生の問題に大きく関わっている星です。国家的な経済関係を示す感受点でもあります。

note:

🌙 金星に関するそのほかの言い伝え

金星は中国で太白（たいはく）と呼ばれ吉星ですが、金星の最大光度の頃に日中に見えるのを兵乱が起こる兆しとして嫌いました。

🌙 金星の影

最大光度－4.7等級という明るさは太陽と月を除いた天体のうちで最大です。といっても満月の1500分の1、半月の120分の1の明るさですから、日常の生活からするととても暗いものです。月の光で影ができるのは普通に経験することですが、この金星の光で影が見えるということは、とてもまれなことです。

もし、金星の影を見ることができたら、一年以内に、人生最大の吉事があるといわれています。天気の良い日、空が良い所、金星が最大光度の時を狙ってみてはどうでしょう。筆者は一度だけ、千葉県の某所で天体写真を撮りに行って影を見たことがあります。吉事については…秘密です。

♀(金星)の表すもの

人　物……資産家　金持ち　富裕階級の人　美男美女　愛人　婚約者
　　　　　若い女性　女の子　平和主義者　快楽主義者　芸術家
　　　　　画家　音楽家　刺繍師　女優　ダンサー　デザイナー　装飾家
　　　　　美容師　花，香水，婦人服，装身具を扱う人
人　体……腺　静脈　腎臓
事　柄……数の6　金曜日　15〜24才
物　品……エナメル　絹　レース　刺繍や縫い取りをした衣装　夜会服
　　　　　リボン　香水　化粧品　コスメチック
　　　　　良質の宝石を使った装身具　婚礼衣装　有用で美しい品物
　　　　　贅沢で美しい品物　寝具　寝室や化粧室用家具　手袋
　　　　　クッション　クッション付き家具　園芸や庭園用の備品や用具
　　　　　室内装飾を目的とした彫像，絵画，花瓶，置物　弦楽器　絨毯
　　　　　敷物
場　所……社交場　サロン　舞踊室　喫茶室　客間　寝室　化粧室
　　　　　婦人室　屋外カフェ　パーラー　画廊　音楽室
　　　　　美しい物を扱う商店　美容院　理容店　タイル張りの床　芝生
　　　　　植え込み　花壇　庭園　果樹園　牧草地　牧場　平野
　色　　……パステル調の色彩
宝　石……エメラルド　緑玉石　サファイヤ
金　属……銅　青銅
動植物……ペット　小さい動物　猫　兎　カナリヤなどの声の良い小鳥
　　　　　鳩　白鳥　香りの高い花　薔薇，蘭　花束に使われる花
　　　　　地を這う草　蔓草　紅茶　軽くて甘い飲物　菓子　甘い食品

感受点

♂ 火星

[基本的意味]

積極性

ギリシャではアレース、
ローマではマルス（マーズ）として、
戦いと軍隊を司ります。

*
火星関連神話
*

　軍神アレースは、女神アテナの正義の戦いと違って、善悪の区別なく血生臭い野蛮な戦いを司りました。ギリシャ神話では、実に不名誉な扱いをされています。争いと不和を好む神で、神々の間だけでなく人間にまでも、闘争心と争いの種をまき散らして禍害をもたらす忌まわしい神ですから当然ともいえましょう。しかし、戦争好きのローマではいたく崇拝されたようです。
　ギリシャ神話の伝承ではアフロディーテーの夫として扱われていますが、叙事詩『ホメーロス』ではアフロディーテーの夫は鍛冶の神ヘーパイトスで、アレースは不義密通の間男の役です。ヘーパイトスは鍛冶場で特別性

の網を作って寝所に仕掛け、2人を捕まえてしまいます。そして、オリュンポスの神々を呼び寄せ、笑いものにした上で、親のゼウスに不埒な娘を押し付けたことを責めました。結局、捕まった2人はポセイドーンの仲裁でそれぞれ別に逃げて行きました。アレースはギリシャ北方のトラーキラで暮らしたとされています。

♂（火星）と♀（金星）はペアとしての機能を持ち、♀（金星）の愛情を獲得する行動としての♂（火星）があります。行動の極致は戦争ですが、闘争や活動、熱、乾燥等も表します。もちろん、火の星ですから火と火に関係したもの一切を表しています。また、闘争や戦争による死傷者を表す感受点でもあります。

note:
🌙 火星に関するそのほかの言い伝え

　火星は、ヒンズー教ではアンガラカと呼ばれる災いの神でした。古代バビロニアではネルガルと呼ばれ、災いと疫病と死を司り太陽を滅ぼす力があると信じられていました。中国ではケイ惑（けいこく）と呼ばれ、人心を惑わせる星でした。しばしば地上に童子の姿をして、子供達と遊ぶために現れるのです。この星が大火（蠍座α星、アンタレス）に近づくと最も不吉な前兆とされました。

感受点

☾☙ ♂(火星)の表すもの ❧☽

人　物……事業家　企業家　軍人　下士官　指揮官　戦術家　血気盛んな男性　若者　冒険家　鉄鋼業者　金属工　火や高熱に関係した職業　建築家　警察官　運動選手　武具商　刃物商　狩猟家　外科医　屠殺者　肉屋　パン屋　賭博者　盗賊　暴力者

人　体……筋肉　男性生殖器官

事　柄……数の9　火曜日　火　高熱　34～45才

物　品……発火物　爆発物　酸　化学製品　鉄製品　鋭利な道具　刃物　武器　防具　楯　保護物　軍需品　軍事用品　工作道具　研究用、実験用の機械や器具　酒　斧　歯科医や外科医の使う道具　解剖室や屠殺場で使われる物　太鼓　まさかり　野外スポーツや闘技場で使われる物　炉　天火　パン焼き釜　鉄床　鍛治道具　蒸気　蒸気機関　エンジン　モーター　大がかりな装置　高速自動車　オートバイ　警察や消防活動に使う乗り物　打楽器　ドリル

場　所……生存競争の場所　活気のある場所　戦場　軍事基地　警察署　交番　鉄工所　機械工場　工事現場　建築現場　騒音や機械音響のある場所　煙突　鍛治場　手術室　実験室　切断や裁断を行う部屋　天井　牧場　屋根　暖炉やかまどのある部屋　炉端　土地開拓のために焼いた地面　処女地　戦場跡や災害跡など荒れ果てた土地　事故現場や事件のあった場所　開墾した土地　火山灰地

　色　……赤色　カーキ色

宝　石……ルビー　ざくろ石　サファイヤ

金　属……鉄　鋼

動植物……刺す昆虫　害虫　害獣　生き餌になる動物　牙や鋭い歯や爪のある動物　鷲　鷹　隼　辛味のある薬用植物　刺激のある食物,調味料　刺のある植物　胡椒　芥子　焼いた食べ物　コーヒー　アルコール飲料

3　占星術概論

140

4 木星

[基本的意味]

保護

バビロニアでは最高神マルドゥク、
ギリシャではオリンポスの主神ゼウス、
ローマでは天空神ユピテル（英名ジュピター）として、
神々の頂点に立ち、世界を支配する星です。

*
木星関連神話
*

　ゼウスは時の神クロノスとレアの間に生まれました。彼は成長してから神々を率いて、ティターンの巨神族をタルタロスの底なし穴に封じ込み、オリンポスの最高神になったのです。ゼウスの宮殿はオリンポスの頂にあり、雲の門を四季の女神ホーライ達が守っています。宮殿の大広間に神々はゼウスの召しによって集まり、たいてい、宴会を開いています。ゼウスは正義の神であるとともに、雨、嵐、雷の神で、鷲を使者として下界の隅々までの情報を集めていました。

　占星術での意味もゼウスが神々の王となったような幸運や援助を表します。また、主神となった後のゼウスの采配から公正さ寛大さ、そして権威

を表します。出生図では基本的に最も力のある星であり、とくに本人の幸運の方向を示しているとされます。経過で入っているハウス（室）にも幸運をもたらします。個人にとっても集団・国家にとっても困難を緩和する感受点です。

note:
♃ **木星に関するそのほかの言い伝え**
　木星はヒンズー教では最高神インドラとして崇め、どんな願いも聞き届ける吉星です。中国では歳星（さいせい）と呼び、惑星の中でも最もめでたいものと考えました。その精は太歳と呼ばれ、しばしば地上に貴臣賢者の姿で降り立つとされています。

♃（木星）の表すもの

人　物……上院議員　司法官　法律家　将軍　高級軍人　壮年期の男性
　　　　　外国人　成功者　銀行家　内科医　理事　顧問　大学教授
　　　　　有識者　外国文学者　哲学者　神学者　宗教家　説教師
　　　　　貿易商　呉服商　毛織物商
人　体……血液　消化器官　肝臓　胆嚢
事　柄……数の3　木曜日　富　45〜57才　繁栄　膨張発展　慈悲
　　　　　利益　成功
物　品……ベルベット　ウール　儀式用の衣装，ガウン，帽子　宮廷衣装
　　　　　聖体　聖職者や裁判官の衣服　聖書数珠　メダル　バトン
　　　　　裁判官の使う木槌　金銭　法廷や教会で使われる品物
　　　　　オルガン　パイプオルガン　学術図書　専門書　論文　毛皮
　　　　　毛織物　学位　博士号　卒業証書　制服　高位や名誉を証明す
　　　　　る物　法律によって証明された権利や所有物　価値のある優
　　　　　秀な物　感銘や尊敬心を起こされるもの　大きな乗り物　汽車,
　　　　　列車などの長距離旅行用の乗り物　香辛料　香料　果物　苺
　　　　　オリーブ油　古い葡萄酒　蜂蜜　蜂蜜菓子
場　所……法廷　裁判所　大学　大図書館　大講堂　大伽藍　大会館
　　　　　会議場　銀行　威厳と荘重さのある場所　教会　寺院　祭壇
　　　　　説教壇　告白聴聞室　宗教の伝道本部　大きな部屋　広い場所
　色　……紺色　青みがかった紫
宝　石……サファイヤ　トパーズ
金　属……錫
動植物……馬　象　鯨　大型の動物　海豹　膃肭臍
　　　　　毛皮に価値のある動物　駝鳥　七面鳥　潅木　植木　果樹
　　　　　オリーブ　葡萄　匂いの良い薬用植物

感受点

♄ 土星

[基本的意味]

時間

ギリシャ神話では時の神クロノスであり、
同じ読みであることから
ティターン神族クロノスと同一視されています。
ローマ神話では農業神サトゥルヌスとされています。

*
土星関連神話
*

　時の神クロノスは、すべてを食い尽くす自己破壊的で止めようのない時の流れを示しています。また、巨神族ティターンのクロノスはウラヌス（→♅天王星）と地の女神ガイアの末子です。クロノスはガイアの求めに応じて父ウラヌスを襲い、クロノスがティターン族の王となりました。その後クロノスはウラヌスのようにガイアとウラヌスの間に産まれた怪物達を疎ましく思うようになり、再び彼らを底なし穴タルタロスに閉じこめてしまいました。ガイアとウラヌスはクロノスもまた自分の子供に殺されることを予言していて、クロノスはそれを恐れて、妻レアとの間に生まれる子供をすべて丸飲みにしていました。唯一助かったのは、レアが出産をわか

らないようにして産んだゼウスです。レアは石を布にくるんだものを産まれた子（ゼウス）だと偽り、クロノスに飲み込ませて安心させていました。この策はガイアから密かに授かったとされています。

ゼウスは後にオリュンポスの神々を率いて、ティターンと戦いクロノスをタルタロスに封じ込めてしまいました。一説ではバビロニアでは、わが子に殺されたニニブとされて、この話の原型になっています。

　占星術上、♄（土星）と♃（木星）はペアを組んでいる星です。♄（土星）の基本的な意味は「時」です。時は無情に過ぎますし、ものを古くしていきます。このことから、制限し束縛する意味が出ています。意識の段階としては実存的時間の認識に至った精神であり、意識化された認識に対応しています。最大の凶星とされていますが、単に凶の星というだけでなくその機能はよく考えてみる必要があります。♄（土星）をしっかり読めれば一流の占星術師であると言われています。困難を示し、それによる努力を求める感受点です。

note:
◗ 土星に関するそのほかの言い伝え
　土星は、ヒンズー教ではサニと呼ばれる、黒衣の目から毒気を吹く悪神です。中国では鎮星（ちんせい）または、填星（てんせい）と呼び、災いの星です。老人の姿をして地上に現れるとされています。歳星と合になると、内乱と飢饉の年と言われていました。

♄(土星)の表すもの

人　物……政治家　実業家　不動産業者　年輩者　老人
　　　　　高位から失墜した人　化学者　数学者　地質学者　運命論者
　　　　　禁欲主義者野心家　僧侶　鉱夫　農夫　労働者　皮革業者
　　　　　染め物商　整骨師　修理人マッサージ師　掃除人　墓守
人　体……骨格　老化した器官
事　柄……数の8　土曜日　57～70才　制限　束縛　抑制　忍耐力
　　　　　堅実　孤独
物　品……エボナイト　鉱石　御影石　白鑞　骨と象牙　化石
　　　　　マホガニー　デニムやサージでできている服　仕事着　皮革
　　　　　靴　長靴　ベルト　釣瓶　鎖　分銅　重り　軛　引き具
　　　　　馬小屋の道具　配管用具と材料　シャベル　鉱山や採掘の道具
　　　　　農耕用具　鍬　鋤　修理道具　掃除用具　土や漆喰の壁　柵
　　　　　石垣　閂　墓　墓石　一輪車　荷車　トラック　トラクター
　　　　　霊柩車　葬儀用の乗り物　堆肥　硬質の木　ロープ
場　所……農場　耕地　休耕地　不毛の地　見捨てられた地　鉱山　炭坑
　　　　　石切り場　砂利取り場　仕事場　家畜小屋　鶏小屋　納屋
　　　　　物置　飼料室　貯木場　サイロ　ゴミ捨て場　廃品置き場
　　　　　廃虚　孤立した家古くて貧しい家　調度の貧弱な気持ち悪い部
　　　　　屋　汚くて暗い場所　穴　洞穴　岩屋　牢獄　鉱山　地下牢
　　　　　墓地・共同墓地
　色　……黒色　茶色　暗い色彩
宝　石……縞瑪瑙
金　属……鉛　亜鉛
動植物……山羊　驢馬　駱駝　仕事をする牛馬　皮を利用される動物　鼠
　　　　　蜘蛛　烏　生き餌になる小鳥　大麦　苦みのある薬用植物
　　　　　木の根　塩　漬物　蝸牛　ドライワイン

♅ 天王星

[基本的意味]

変化

キリシャ・ローマ神話では天空神ウラヌス、
大母地神ガイアの息子で母親と結婚し
ティターン12神などを生む、神々の祖です。

＊
天王星関連神話
＊

　ギリシャ神話の『創生記』によれば、世界はカオスが最初にできたことになっています。混沌と訳されていますが、何やら霧や煙の立ちこめた無限に広がる空間という意味があります。次にできたのがガイア（大地）です。ガイアとともに、地底にあっておぼろにかすむタルタロスができました。ガイアはまず、星をちりばめたウラヌス（天空、空間）を産み大地を被いつくしました。ガイアとウラヌスは次々と子を成したのですが、多くがヘカトンケイレスと呼ばれる百腕の怪物で、ウラヌスはこれらを忌み嫌いタルタロスに捨ててしまいました。ガイアはこれが不満でもあり、タルタロスに彼らが詰まって苦しくなってきたので、子ども達に利鎌(とがま)を渡して

感受点

父ウラヌスの殺害を命じました。しかし、子ども達は父が恐く、末子のクロノス（→時、♄土星）だけが、ガイアの求めに応じてウラヌスの陽物を切って殺害しました。クロノスの血潮は大地に吸い込まれ、やがて復讐の三女神エリニュースをはじめとして、アフロディーテー（→♀金星）などの神々も生まれたとされています。

　ハーシェルによって新しく太陽系の仲間として加わったのがこの星です（P.319参照）。発見当初は新惑星ではなく、彗星と思われていたのですが、約1年後にレクセールが太陽を巡る円軌道を持っていることを突き止め新惑星であることが確定しました。発見の頃のヨーロッパは産業革命と市民革命が始まる時代でした。

　占星術で♅（天王星）は、天と地をつなぐ目に見えないエネルギーを支配し、予期しない一種独特の異常さを帯びたものすべてを表します。常に標準から外れ自己主張する星で、改革と分離をもたらします。意味的には、☿（水星）の表す初歩的な知性を組織化した大脳新皮質の知恵として考えることができます。意識された意識に近いところにある無意識の領域に対応しています。

3　占星術概論

♅(天王星)の表すもの

人　物……飛行家　発明家　科学者　天文学者　考古学者　占星学者
　　　　　放射線学者　形而上学者　思想家　革命家　クラブ員
　　　　　進歩主義者　自由主義者　専門技術や特殊技術を持つ人
　　　　　写真家　放送事業関係者　電波開発関係
人　体……神経組織　脳膜　大脳辺縁系
事　柄……数の4　70〜84才　突然の出来事　予期せぬ緊張状態
　　　　　電気　電波　光波　X線　放射線　エレクトロニクス
物　品……電話　ラジオ　TV　音響装置　有線，無線通信装置
　　　　　コンピュータ　精密機械　理工学機械　電気科学技術装置
　　　　　現代的な乗り物　航空機　宇宙船　ロケット
場　所……飛行場　天文台　気象観測所　プラネタリウム　TV局
　　　　　放送局　博物館　考古学館　科学研究所　近代的な建造物
　　　　　近代設備のある部屋　クラブやサークルの集会所
　　　　　特色を変更した土地　使用目的の変わった土地
　色　　……エレクトリック・ブルー
宝　石……琥珀　血石
金　属……ウラニウム　ラジウム
動植物……突然変異でできた新種の動植物　雑種の植物
　　　　　人工的に品種改良したもの　接ぎ穂　接ぎ木
　　　　　科学処理した食物

感受点

♆ 海王星

[基本的意味]

見えないもの

ギリシャ神話ではポセイドン、
ローマ神話ではネプトゥーヌスと呼ばれ、
ともに海を支配します。

＊
海王星関連神話
＊

　ゼウスは父クロノスが飲み込んでいた兄や姉を吐薬を飲ませて吐き出させ、クロノス兄弟（ティターン）と十年にわたる戦端を開きました。ガイアはタルタロスに閉じこめられている怪物どもを味方につければゼウスが勝つと予言しました。彼はその勧めに従い、単眼の巨人キュクロープスや百腕の怪物ヘカトンケイレス達を解放しました。彼らは喜んでゼウスに協力し、ゼウスには雷電、プルートーンには姿隠しのかぶと、ポセイドンには三ツ又の矛を贈りました。それぞれの武器をふるってティターンをタルタロスに閉じこめた後、ゼウスら三兄弟が世界を分割統治することになったのです。

くじ引きの結果、ポセイドンには海が当たりました。彼は海の支配者であり、その他にあらゆる泉、大地と地震、馬の守護神も務めています。海で彼の機嫌を損ねるとたちまち嵐に巻き込まれてしまうと言われています。

ルヴリエとアダムスが♆（海王星）を発見したことになっていますが（P.321参照）、彼らは天体力学に基づいて、新惑星の予想位置を計算しただけです。ルベリエが送った予想位置に基づいてベルリン天文台は1846年9月23日、予報位置から0.9度ほどずれた点に新惑星を発見しました。この時代はガス灯が作られ、産業革命が進み社会の中でいろいろな勢力が複雑に動いていた時代です。1859年に石油の採掘が始まり、世の中が石炭から石油の使用へ移りはじめた時代でもあります。同じように化学も進み写真が実用になってきた時代でもあります。

♆（海王星）は、不透明で神秘的で直感的なものを支配する星です。夢や想像力の星ですが、否定的な面が出ると嘘や欺瞞、詐欺の意味も出てきます。酒等の液体一般も表します。テロやインフレも♆（海王星）の守備範囲です。意識の段階としては深いところにある深層意識、時代精神を示します。決断できないことによって発生する問題も支配します。

感受点

♆(海王星)の表すもの

人　物……芸術家　音楽家　詩人　ダンサー　バレリーナ　性格俳優
　　　　　義母　寡婦　隠遁生活者　引退した人　理想主義者
　　　　　海事関係者　海上生活者　酒や液体の販売業者　薬剤師
　　　　　麻酔技師　奉仕的職業に従事している人　心霊家　霊媒
　　　　　スパイ　放浪者　逃走者　囚人

人　体……松果腺，太陽神経叢

事　柄……数の7　84～99才　夢　未知　神秘　不明瞭　欺瞞
　　　　　インフレ

物　品……ガラス　プラスチック　ネット　ベール　透ける織物
　　　　　合成繊維　合成樹脂　模造品　代用品　フィルム　写真機
　　　　　映写機　石炭　あらゆる液体とガス体　溶剤　溶媒　揮発油
　　　　　麻薬　麻酔ガス　薬品　かつら　かもじ　義眼　義歯　義肢

場　所……病院　療養所　隠居所　保護室　静養室　収容所　刑務所
　　　　　監獄　独房　幽閉場所　隔離場所　修道院　慈善院　孤児院
　　　　　暗室　現像室　映写室　酒，油，薬品，ガスの保管，貯蔵所
　　　　　鍵のかかった部屋

　色　……藤色　すみれ色　玉虫色　変わりやすい色

宝　石……アメジスト　水晶　藍玉　緑柱石

金　属……プルトニウム

動植物……貝類　甲殻類　海老　蟹　寄生虫　寄生植物　薬効のある植物
　　　　　乾燥地に生える植物　矮小植物　矮小樹木　煙草　嗜好品　酒

♇

冥王星

[基本的意味]

極限

ギリシャ神話ではプルートーン、
ローマ神話ではディースとして
冥界を支配します。

*
冥王星関連神話
*

　プルートーは、ゼウスの権威が高まるにつれ彼の末の弟のような扱いをされていますが、実はゼウスとポセイドンとの三兄弟の長兄です。
　ギリシャ神話ではプルートーの名よりハーデスの名が知られています。冥界の支配者、地下の神として地中より植物を芽生えさせる者、地下に眠る富の所有者、そして一度入れば帰ることを許されない死者に富める国の王としてプルートーンとも呼ばれます。けっして現世への帰還を許さない恐ろしい神なのですが、正義を重んじる行い正しい神でもあります。容貌はゼウスと同じく中年以上の荘重で厳粛な威厳を持ち、かなり気むずかしい神です。彼の館は三ツ頭の猛犬ケルベロスによって守られています。ケ

ルベロスは入ってくるものには吠えないが、出て行こうとするものは許さないとされています。妻のペルセポネーは元来明るく優しい穀類の生と死をつなぐ恵みの女神なのですが、後代になると不機嫌な暗い死の国の女王としての性格が強調されるようになりました。

　1930年（昭和5年）1月21日、ローウェル天文台のトンボーが双子座δ（デルタ星）近くに新天体を発見、確認観測の後、3月13日ローウェル天文台から新惑星の発見が公表され、プルートーの名が提案されました。この日が選ばれたのは、この惑星の位置推算を行ったローウェルの誕生日という理由でしたが、奇しくもハーシェルの ♅（天王星）発見の日と同じになりました。また、この名称は、イギリス、オックスフォードに住む当時11才のベネチア・バーニーが提案し、太陽系の外縁を回る星としての名にふさわしく、略号PLもパーシバル・ローウェルの頭文字であることから文句なく採用されたということです。2006年8月24日、国際天文学連合により惑星から降格され、ドワーフ・プラネットとなりました。

　♇（冥王星）は、死の世界の王として生と死に関わることを表します。物事を根底から変えたり消滅させ、まったく新しいことを始める星です。♇（冥王星）の影響は通常はほとんどありませんが、いったん発揮すると事態を決定的に左右します。地下に眠る富、資源も支配します。あらゆる異常事態の支配星です。

♇（冥王星）の表すもの

人　　物……政府や国家の要人　要職者　黒幕　軍事関係者　地下運動家
　　　　　　地下工作員　参謀　原子力科学者　物理学者　心理学者
　　　　　　分析者　検査官　改革者　絶滅者　探偵　秘術師　占術師
　　　　　　神秘家　検死官　死刑執行人　先祖
人　　体……深層意識　集合的無意識
事　　柄……数の0　99〜115才　All or nothing　核実験　核爆発
　　　　　　初めと終わり　強制的変動　大変動
物　　品……毒薬　劇薬　有害物質　汚染物質　有害放射線　地下鉱脈
　　　　　　油田　地下資源　海洋資源　原子力船　原子炉　原子力研究所
　　　　　　核弾頭　核ミサイル　核兵器
場　　所……暗黒街　地下室　暗中無音の場所　深い地底　深い海底
　　　　　　排水路　下水溝　腐敗物の匂いや悪臭のする場所
　　　　　　淀んだ水溜まり　タール溜　原油溜　死刑場　死体置き場
　　　　　　大量虐殺や大量死者のあった場所　水際や水中の廃虚
　色　　……暗赤色　真紅
宝　　石……
金　　属……プルトニウム
動植物……蠍　蛇　毒を持つ生き物　爬虫類　有毒植物
　　　　　　臭い匂いのする動植物
　　　　　　腺から香料が取れる動物無味無臭のもの

感受点

占星点・太陽系小天体

ここでは、先の12星以外の感受点を紹介します。太陽系小天体（小惑星）の他、実際の天体ではない計算上の点（占星点）を含みます。

Asc
アセンダント（ASC）
占星点

[基本的意味]

若年の運勢、行動を起こす前の状態、環境

東の地平線を上昇している黄道上の点です。ホロスコープの起点として、生まれたときの環境、物事の始まりを意味する重要なポイントです。季節、時間、位置により移動速度は変わりますが、ほぼ1日で1回転、平均で4分に1度の割で動いています。これは以下のMc（南中点）、Vt（バーテックス）、Ep（イーストポイント）も同様です。Asc に対して反対側にあるのがディセンダント（下降点、Dsc）です。

Vt
バーテックス
占星点

[基本的意味]

宿命的要素

宿命的なものをVtとAV（アンチ・バーテックス）として限定的に判断するための感受点です。AVは常にVtと☍（180度）の関係です。

Mc
南中点（MC）
占星点

[基本的意味]

環境と意識の接点、その地を治める権力

南中点はホロスコープの持ち主の努力によって到達する限界を示しています。

Ep
イーストポイント
占星点

[基本的意味]

世俗的名声

Vt とともに、個人の自由意志によって左右できない事項を表しているとされています。

P₀F
パート・オブ・フォーチュン
占星点

[基本的意味]

幸運

アラビック・パートの代表の1つで、現実的な富とその増大する方向を示し、とくに富の贈与の在処を出生図の中に示すとされています。Asc（上昇点）＋ ☽（月）－ ☉（太陽）で計算される感受点です。これらのアラビア時代に遡る感受点の設定を現代占星術が導入しているのも、古い時代の占星術への回帰現象の1つといえます。

この他にもたくさんのパートがあります。たとえばPOS（パート・オ

ブ・スピリット）は精神的な富と増加の方向を示しているとされています。Stargazerでホロスコープに表示できるのは⊕だけですが、Stargazerで計算できるものは、⊕の他に、以下のものなどがあるとされています。

アラビック・パート

POS		Asc＋☉－☽
Love to（愛する方向）		Asc＋☉－♀
Love from（愛される方向）		Asc＋♀－☉
結婚		Asc＋H7－♀
父		Asc＋☉－♄
母（友人）		Asc＋☽－♀
男子		Asc＋♃－☽
女子		Asc＋♀－☽
生命力		Asc＋☽－ルネーション
病気		Asc＋♂－♄
兄弟姉妹		Asc＋♃－♄
旅行		Asc＋H9－H9ルーラー
危険		Asc＋H8ルーラー－♄
前進		Asc＋☉－♃
援助		Asc±（☉－⊕）
死		Asc＋H8－☽
敵		Asc＋H12－H12ルーラー
裏切り		Asc＋♆－☉
破局		Asc＋♅－☉
天命		Asc＋♄－☉
物質や幸運		Asc＋♃－☉
仲間	午前出生	Asc＋♃－♄
	午後出生	Asc＋♄－♃
結婚	男性	Asc＋♀－♄
		Asc＋♀－☉
	女性	Asc＋♄－♀
		Asc＋♂－☽
親の死期		Asc＋♃－♄
出産		Asc＋☽のハウスの支配星－☽
結婚の時期		Asc＋☽－☉
財運		Asc＋☽－♄
芸術的才能		Asc＋☿－♀
性欲		Asc＋♇－♀
ステイタス		Asc＋☽－☉

表注）「H9」は第9ハウスを指します。ルーラーとは支配星のことです。

☊
ノード
占星点

[基本的意味]

社会とのつながり

月の昇交点（ノース・ノード、ドラゴンス・ヘッド）です。月の軌道（白道）と太陽の通り道（＝黄道、地球の軌道）の交点です。定説では、人間関係の結合やつながりを表すとされています。♀（金星）や♃（木星）と似た影響をアスペクトによって与えると考えられています。これの180度反対側にある降交点（サウス・ノード、ドラゴンス・ティル、☋）はアスペクトによって♂（火星）や♄（土星）に似た影響を与えるとされています。☋は常に☊と♂（180度、オポジション）の関係にあります。

最近の考え方では、☊は☋とともに前世の業（カルマ）を示すポイントとされています。☊は過去世での善行の結果、現世で受け取る福を表し、☋は過去世での悪業の結果受け取る現世での課題とみるのです。☊や☋のサインとハウス、アスペクトにも注意する必要があります。

⌀
リリス
占星点

[基本的意味]

自我と影

ダーク・ムーンとも呼ばれる月の軌道の遠地点です。人間の潜在意識にある種の刺激を与えるポイントとされ、とくに性的な面で観測されることが多く性的な魅力のポイントとされています。ホロスコープの中の敏感な点の1つと考えて間違いないでしょう。

感受点

⚀ パラス
太陽系小天体
[基本的意味]
調和

　知恵と正義の女神アテーナーの別称で、ゼウスの頭部から母なしで、甲冑を着け槍と楯を持った武装済みの姿で生まれたとされています。

　戦いを治め、心を平安に導く星とされています。しかし、戦わない星ではなく、戦えば勝つような戦いをする星でもあります。

⚳ セレス
太陽系小天体
[基本的意味]
献身、植物的生育

　1801年1月1日、つまり19世紀の初日にイタリアのシシリー島の天文台で発見されたのが⚳(セレス)です。命名は島の守護女神のコレー(セレス)から名付けられました。ギリシャ名はペルセポネーまたはデーメテールで、穀物の女神です（P.207参照）。この発見を境に次々と小惑星が発見されていきました。

　名前からわかるように、農業や穀物に関係した星と考えられます。⚀(パラス)⚵(ジュノー)⚶(ベスタ)⚷(キローン)とともにかつて小惑星と呼ばれ、弱い感受点に分類されていますが、水星と同じように重要度が低い訳ではなく、その位置やアスペクト次第では決定的な影響を与える場合があります。

ジュノー
太陽系小天体

[基本的意味]

婦人

　ローマ名ユーノー、ギリシャ神話での一般名はヘーラです。ギリシャ神話ではゼウスの后という存在です。肥った年増で異常なほどの嫉妬深さがあり、逐一夫の行動を監視し口出しする権高い神として描かれていますが、実際の信仰では、家庭に入った女性を守る最も強力な女神として、ゼウスに拮抗する権威を有する存在です。結婚、出産、主婦の働きを司り、相応の年令の女性の守り神なのです。

　権利の主張に関して、特に男女間の法的関係についての争いごとを表しているとされています。

ベスタ
太陽系小天体

[基本的意味]

義務

　聖火を守る女神の名を持つこの星は、かまどを支配しています。古来、かまどは人間の生活に不可欠な煮炊きを行い、暖房源となり、さらに金属の冶金も行うプロメテウスの火を扱うものです。安定した生活、文化を創造する根源の力、あらゆるものを清める働きの象徴です。ギリシャ名はヘスティアー。クロノスとレアの最初の子であり、あらゆる犠牲の祭典の分け前が最初に与えられる女神です。彼女は、アポローンとポセイドンの求婚をあっさりと断り、ゼウスの額に触れ永遠の処女を誓いました。ゼウスは結婚の喜びのかわりに、高い誉れと、この権利を与えたとされています。

感受点

また、アフロディーテーに冷たい態度を取るのがアテーナー、アルテミスとヘスティアーの3神とされています。

かまどを守る意味から義務、犠牲、制限とともに女神の処女性から性生活の犠牲、制限等の意味が出てきます。

ベスタまでの小天体の軌道はかなりはっきりしていますので、正確な位置が表示されます。

キローン
太陽系小天体・彗星

[基本的意味]

予言

半人半馬のケンタウルス族としては異例の優しさと能力を持ち、人々を助けること数知らずというケイローンがギリシャ名です（P.217参照）。

発見されたときは小惑星の1つとして一躍有名になりました。周期50年と長く、芸術、医術、予言、教師の星とされましたが、小惑星というより彗星の残骸であることがわかりました。Stargazerでは面白そうでしたので取り入れましたが、占星術的な意味付けは1公転と保たなかったので、当初の暫定軌道のままになっています。木星と土星の引力の影響で軌道がかなり変わるので位置は発見年から離れれば離れるほど不正確になります。

ペルセポネ
太陽系小天体

[基本的意味]

再生

惑星が9個の時代に第10番惑星と呼ばれた星を、ペルセポネと呼びます。発見されて力を発揮すると人類の数が3分の1になるというのが、ペル

セポネー伝説です。由来は乙女座宮の頁を見てください（P.207参照）。その候補として、それなりの軌道と大きさの天体が、1992年8月30日に発見されました。公転周期は290年程度、直径は100kmくらいと考えられる1992QB1です。この後、続々と海王星以遠の天体が発見されましたが、その始まりの星であり、ペルセポネの候補となっています。

　地球に小惑星規模の星が落ちてくる可能性がゼロでないことがわかったので大規模な全天捜索が始められたこと、さらに、大型望遠鏡が設置され太陽系の仲間が詳細に観測されるようになったことが、このところの発見の原因です。

　海王星以遠の天体があまり数多く発見されるので、冥王星もこのカイパーベルトと呼ばれるところにある小惑星達の仲間ではないかという論議も出てきました。なにしろ冥王星そのものは月よりも小さな星なのです。小惑星か惑星かという議論はこのあたりから始まってきました。

X
太陽系小天体
[基本的意味]
?

　2003年10月21日に初めて撮影された星が、続いての観測により太陽系の仲間であることがわかり、公転周期557年で直径が2400km以上であることから、海王星以遠で最大の天体であることがわかりました。これが2003UB313です。この星は惑星に格上げするかどうかという案が検討されたほどのもので、この星についてもペルセポネの有力な候補と考えられます。Stargazerの天文暦の追加枠は、7つあるので入れてみました。以前のバージョンではここに、1993FWという仮符号を持つ公転周期291年の小惑星を採用していました。

感受点

座相——アスペクト

アスペクトとは

　感受点と感受点との関係を角度で表しているのがアスペクト（座相）です。2つ以上の感受点が、その位置によってそれぞれの意味合いを強調されたり変化することを、アスペクトを作ると表現します。ホロスコープの中の感受点は、それぞれ大なり小なりほかの感受点の影響を受けていますが、それを角度という物差しで測るわけです。普通、アスペクトは感受点の黄経差から考えます（それ以外の方法については、立体幾何学を少しかじった上でアタックして下さい）。

　重要なのは第1種座相で、これを**メジャー・アスペクト**と呼びます。それ以外のアスペクトは**マイナー・アスペクト**と呼びますが、マイナー・アスペクトの影響力が弱いと思っていると間違いです。正確な角度を作ったときのマイナー・アスペクトは、正確な角度から離れたメジャー・アスペクトよりも強力ですから、馬鹿にできません。

note:
　PP（パラレル）は普通、赤緯を使いますが、黄緯を使うこともあります。Stargazerでは黄緯はサポートしていません。
　Stargazerのホロスコープではアスペクトを黄経差で取るだけでなく、キャンパナ・ジオグラフィックの経度差を使う方法（CG）と天球面上の実際の角度差（幾何式）を使う方法をサポートしています。アスペクトに関する皆様の研究をお待ちしています。

アスペクト一覧

記号	角度	英語表記(読み)	日本名	意味概略	区分
第1種座相 (メジャー・アスペクト)					
☌	0°	conjunction（コンジャンクション）	合	強調	
✶	60°	sextile（セクスタイル）	六分	調和、チャンス	イージィ（YOD注意）
□	90°	square（スクエア）	矩	障害、困難	ディフィカルト
△	120°	trine（トライン）	三分	成功、安定	イージィ
☍	180°	opposition（オポジション）	衝	緊張、切迫	ディフィカルト
第2種座相 (マイナー・アスペクト)					
⌴	30°	semi-sextile（セミ・セクスタイル）		調和	イージィ
∠	45°	semi-square（セミ・スクエア）		困難	ディフィカルト
⌲	150°	quincunx（クインカンクス）		圧迫	ディフィカルト
⊥	36°	desile（デサイル）		補助	イージィ
第3種座相 (マイナー・アスペクト)					
Se	51.43°	septile（セプタイル）		宿命	(360÷7)°
Q	72°	quintile（クインタイル）		援助	イージィ
⊡	135°	sesquiquadrate（セスクイコードレート）		困難	ディフィカルト
±	144°	bi-quintile（バイ・クインタイル）		調和	イージィ
PP☌	0°	parallel（パラレル）		赤緯の値の合	合と扱いは同じ
PP☍	0°	counter parallel（カウンター・パラレル）		赤緯0°をはさんで反対側にある合	合と扱いは同じ

座相――アスペクト

各角度表

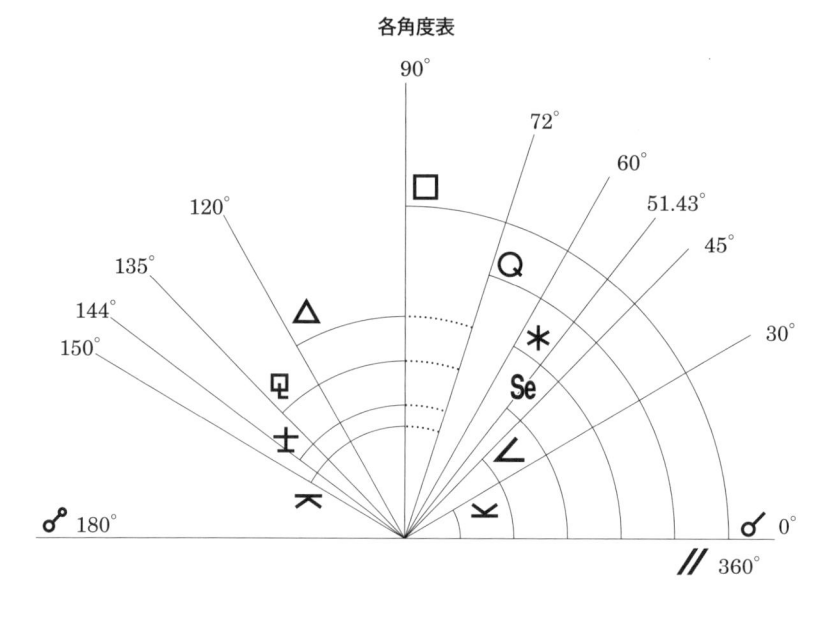

アスペクト区分早見表

イージィ	✱	60	sextile	（セクスタイル）
	△	120	trine	（トライン）
	⊻	30°	semi-sextile	（セミ・セクスタイル）
	⊥	36°	desile	（デサイル）
	Q	72°	quintile	（クインタイル）
	±	144°	bi-quintile	（バイ・クインタイル）
ディフィカルト	□	90°	square	（スクエア）
	☌	180°	opposition	（オポジション）
	∠	45°	semi-square	（セミ・スクエア）
	⊼	150°	quincunx	（クインカンクス）
	⊡	135°	sesquiquadrate	（セスクイコードレート）

アスペクトの種類による影響と効果

　アスペクトの種類によって影響、効果が違うことは確かです。アスペクトには吉座相、凶座相という分類がありますが、単純に吉凶を決定するのではなく、もたらす影響をよく考慮する必要があります。

　たとえば、グランド・トライン（後述）と呼ばれる3つの感受点がそれぞれ △（120度、安定の意）を作るアスペクトがあります。普通は大吉と考えられていますが、時と場合によっては、その影響力で感受点の働きが固定されてしまいます。幸運の波に乗っているのならよいのですが、不運の波に乗っていたら、それを変えることができないという意味になってきます。そこで吉凶という言葉ではなく相互関係が好ましいアスペクトを**イージィ**（easy）、好ましくないものを**ディフィカルト**（difficult）と呼び、とくにディフィカルトを**アフリクト**（afflict、傷ついた状態）とも表現します。イージイは安易に流れやすく、ディフィカルトは努力を必要としています。

　アスペクトの効果は双方向的です。♄（土星）と♀（金星）にアスペクトがあれば♄（土星）は♀（金星）によって制御を受け、♀（金星）は♄（土星）によって制御を受けると考えます。アスペクトの相手が象徴星（上昇サインの支配星）や☉（太陽）、☉（太陽）が位置するサインの支配星などの重要な感受点の場合は、とくに意味が強くなります。

　どのようなアスペクトでも単独で判断することはけっしてありません。必ずホロスコープのほかの部分を考えに入れて判断します。ホロスコープ上で、1つのアスペクトしかないということはまれです。たいてい複数のアスペクトがあるはずです。このような場合、複数のアスペクトの間での意味の調整が行われます。それらの複合的なアスペクトで、調停のアスペクトとなったり、あるいはグランド・クロスなどの特殊なアスペクトとなったりすることがあります。

対向・補完

アフリクトの代表は衝（☍、180度）ですが、衝を単にアフリクトと考えるだけではいけません。衝となっているからには、ホロスコープ上で反対のハウス（後述）にいることが多いでしょう。12分割のハウスの配置は、反対側のものが相互に補完しあう構造になっています。そこで衝には緊張や切迫した状況だけではなく、対立関係とそれに関係した相互の補完関係もあると考えます。

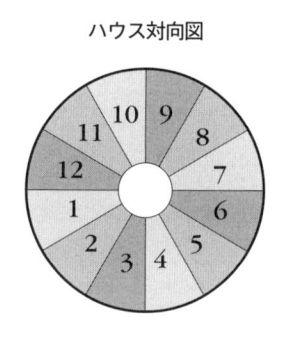

ハウス対向図

接近と離反

感受点の移動にともなって、正確な度数に近づいているのか（**接近**、apply）、遠ざかっていくのか（**離反**、separate）の問題ですが、その影響がどう出るかという点は諸説があります。一般に離反の方が強力と考えられていますが、後述のホラリーでは離反のアスペクトは取り上げません。

デクスターとシニスター

感受点の移動の速さはそれぞれ違いますから、2つの感受点のうち、速

い方が遅い方に追いついて合（☌、0度）を作った後で形成するアスペクトを**デクスター**（dexter）、衝（☍、180度）の後で形成するアスペクトを**シニスター**（sinister）と呼びます。シニスターよりもデクスターの方が強力な影響をもたらすとされています。デクスターが外向的、シニスターが内向的な働きをするという考え方もあります。

デクスターとシニスター

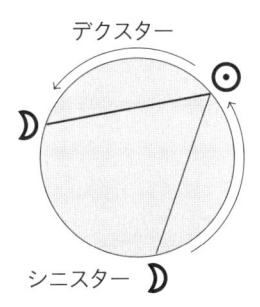

許容度（オーブ）

　感受点間の角度がアスペクトとなるかどうか、どれほどの強さになるかという点を**許容度（オーブ）**で表します。普通、判断の際には複数のアスペクトがあります。それらの優先順位を明らかにするために、感受点間の角度が「あるアスペクトの正確な度数」からどれだけ離れているのかをみるのです。許容度は、アスペクトの強弱で**タイト**、**ワイド**という2つに分類します。時にはワイドの1種座相よりタイトの2種座相の方が強い影響を持つことがあります。

　アスペクトの効果が正確な度数からどれだけ離れていてもあるのか、つまり許容度をどの程度とるのかという命題は、最終的には自分で決定しなければならないことの1つです。目安として出生図では、第1種6〜8度（ワイド）、とくに強力に作用する（タイト）のが1〜3度くらいまで、第2種以降はワイドで3度程度、強力に作用するタイトが1度程度とみて下

さい。感受点やアスペクト、位置、接近分離などで細かく許容度を決める方もいらっしゃいますが、それほど気を使う必要はないでしょう。

オーブの概念：
太陽と月がオーブを持つ場合の90度のアスペクト

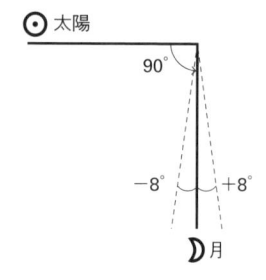

☉ 太陽
90°
−8°　+8°
☽ 月

note:
　本書掲載のStargazerによる出生円は、N-Nのオーブをメジャー（ワイド・タイト）、マイナー（ワイド・タイト）の順に、6/1/3/1としています。

✿ 特殊なアスペクト ✿

＊ G・C　グランド・クロス ＊

　□（90度）のアスペクトで4つ以上の感受点が十字形を作っている状態を**大十字（グランド・クロス）**と呼びます。入っているサインの3要素（後述）によってそれぞれ活動、不動、柔軟の十字に分けられます。各々の要素の性格が強調されるために、このアスペクトを持つ人は困難と障害の多い人生になるという判断ができます。

　しかし、それは吉凶の問題ではありません。困難な人生を歩むことで、結果的に人間的に成長して魅力ある人になるか、負けてしまうかで吉凶は決まります。成功した人のホロスコープによくみられるパターンでもあります。

活動宮の　　　　　不動宮の　　　　　柔軟宮の
グランド・クロス　　グランド・クロス　　グランド・クロス

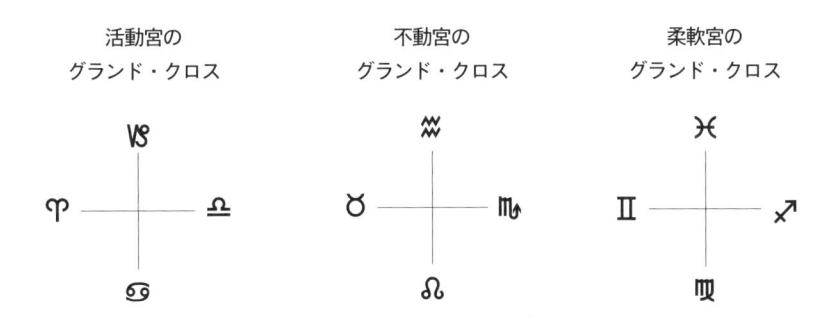

G・T　グランド・トライン

　△（120度）のアスペクトで3つ以上の感受点がホロスコープで正三角形を作るのを**大三角（グランド・トライン）**と呼びます。入っているサインの4素子（後述）により火、地、風、水の三角に分けられ、各々の素子の性格が強調されるために、特別に強い運命の潮流に乗るといわれています。

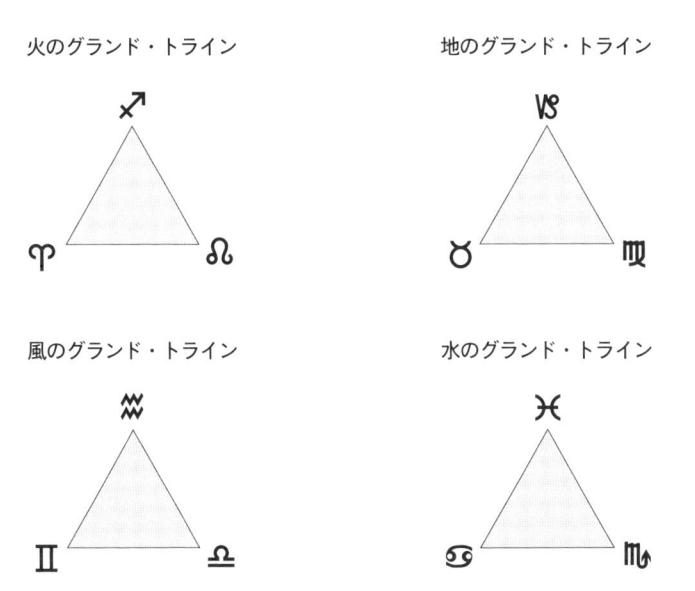

火のグランド・トライン　　　　地のグランド・トライン

風のグランド・トライン　　　　水のグランド・トライン

T字スクエア

　☌（180度）の関係にある２つの感受点に対して、□（90度）のアスペクトを持つ感受点がある場合を**T字スクエア**と呼びます。衝の緊張状態をさらに強調すると考えられます。

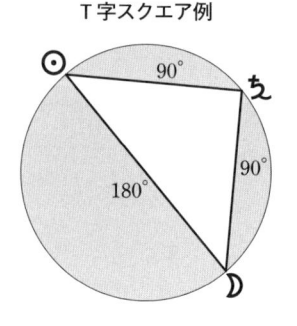

T字スクエア例

調停のアスペクト

　☌（180度）の関係にある２つの感受点にそれぞれ＊（60度）と△（120度）のアスペクトを持つ感受点が２つある場合、☌（180度）の緊張をやわらげるとみて**調停**と呼びました。最近では、☌（180度）の影響をやわらげるのではなく、緊張状態を呼び起こし現実のものにするという考え方も出てきています。

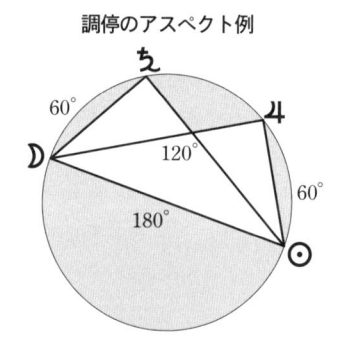

調停のアスペクト例

YOD

　＊（60度）のアスペクトを持つ２つの感受点にそれぞれ⚻（150度）のアスペクトを作るもう１つの感受点がある状態を、**ヨード（YOD）**と呼びます。３つの感受点を宿命的に連結して、ほかの働きができないよう

にしてしまうと考えられています。✷（60度）がイージィのアスペクトであるとだけ考えていると、YODを見逃してしまいます。形としては✷（60度）のアスペクトがYODになる場合と⊼（150度）のアスペクトがYODになる場合があるわけです。ディフィカルト・アスペクトの特殊例と考えてよいでしょう。

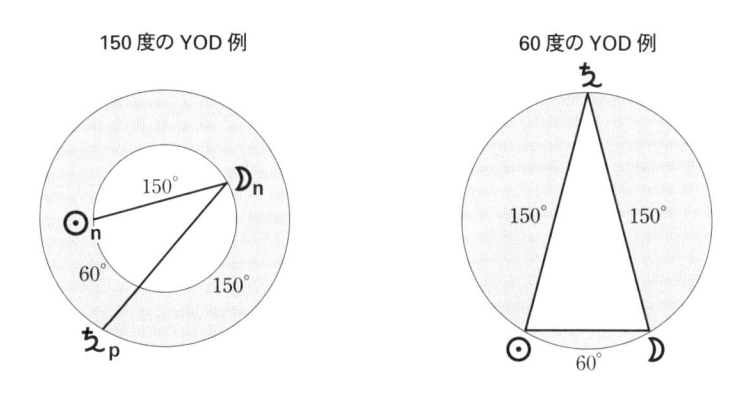

150度のYOD例

60度のYOD例

このほかに、60度になっている2つの感受点にそれぞれ30度のアスペクトを作る天体がある時も、YODと同じ効果があると考えられます。この場合をYODと区別して**セミヨード**（semi-YOD）と呼びます。

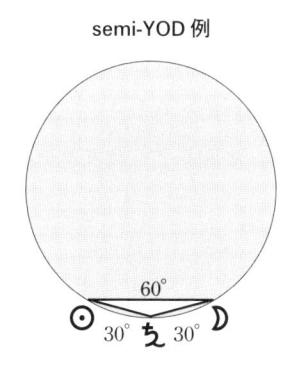

semi-YOD例

交換（Mutual Reception：ミューチャル・リセプション）

これはアスペクトではありません。2つの感受点が相互に互いの支配するサインにいる状態で、2つの感受点は互いに協調し問題解決を図ろうとします。たとえば、♉（牡牛座宮）の☿（水星）とⅡ（双子座宮）の♀（金星）の関係はミューチャル・リセプションです。両者のサインの意味は良い点を強調し、障害を克服し成功に導くとみます。

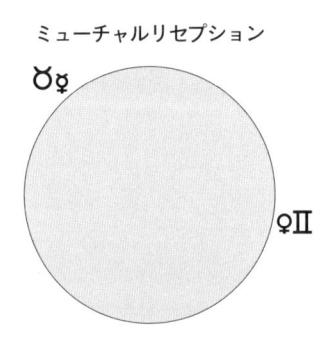

ミューチャルリセプション

　進行、経過の感受点が移動して特定のポイントに来ることで、以上に挙げた特殊なアスペクトを作る場合があります。ホロスコープの中でそれらの点は、とくに敏感な場所、時になります。出生図でタイトな ✶（60度）、□（90度）、△（120度）、⚻（150度）のアスペクトがある場合、進行や経過の感受点がそれらの特殊なアスペクトを作る位置に来るというのは重要なエポックです。YOD に関しては時期を算出するために、YOD 時期表を別に用意してあります。

アスペクト一覧

☉ 太陽

判例　☌ 合（0°）
　　　△ イージイ（60°ほか）
　　　☍ ディフィカルト（180°ほか）

- ☉－☽
  - ☌ ハウスと宮の意味を強調　新計画　成功出世昇進　男性には良い
  - △ 成功　調和　実現
  - ☍ 内面の心理的葛藤　緊張　健康障害

- ☉－☿
  - ☌ 利発　巧妙　言葉による表現力　機知
  - △ 向学心　観察力
  - ☍ 口論　苦情　神経症

- ☉－♀
  - ☌ 社交性　温和　優雅　美術や快楽の愛好
  - △ 成功　人気　美的感覚
  - ☍ 社会的拘束　愛情面の困難な状況　虚栄　贅沢

- ☉－♂
  - ☌ 大胆　勇敢　活力　短気　横暴　頑固　我侭　指導力　欲望　女性の結婚運悪し
  - △ 指導力　寛容　勇気　活力　強靭な肉体
  - ☍ 横暴　無分別　独断　暴力沙汰　事故

- ☉－♃
  - ☌ 快活　寛大　満足　ラッキーチャンス　長寿　健康
  - △ 誠実　幸運　成功　宗教心
  - ☍ 自惚れ　贅沢　高慢　不満足　自信過剰　金銭的損失

- ☉－♄
  - ☌ 健康障害　陰気　忍耐　持久力　自己訓練　厳しい人生体験
  - △ 真面目　勤勉　努力　忍耐心　持久力　堅実性
  - ☍ 我侭　怠惰　計略　不活発　抑圧　別離　孤立

- ☉－♅
  - ☌ 個性的　反抗心　栄枯盛衰の激しい人生　革命的精神
  - △ 独創的　個性的　特異な分野での成功　友人知人間の好評と支援
  - ☍ 頑固　独裁的　突然の損失や災害　友人知人の離反　緊張状態

- ☉－♆
  - ☌ 直感的　精神的　具体性に欠ける　リズム、芸術、神秘学、海には良い
  - △ 表現力　直感力　音感　リズム感　神秘性
  - ☍ 自己欺瞞　失望　好色　不信行為　裏切り

- ☉－♇
  - ☌ 新機軸を開く　両極端、どちらか一方　支配欲　力への依存
  - △ 新機軸　活力　指導力
  - ☍ 信念なし　自身喪失　変化　抑圧

- ☉－Asc
  - ☌ 他人に対する態度　エネルギッシュ
  - △ 他に認められるような行動　自信　仕事の前進
  - ☍ 他人との軋轢　妨害　別離

- ☉－Mc
  - ☌ 個性　人生の目的　魂と身体　成熟した性格と理性
  - △ 目的意識　個人的な成功と前進　積極性
  - ☍ 困難な目的　無目的　無趣味

- ☉－☊
  - ☌ 知的で肉体的な絆　公的家族的つながり
  - △ 受容能力　適応能力　親和力
  - ☍ 非協調性　絆の切断

- ☉－⚷　☌ 家庭的
- ☉－⚶　☌ 美術芸能
- ☉－⚵　☌ 厳密過ぎる平等への要求
- ☉－⚴　☌ 禁欲

☽ 月

☽-☿	☌	活発な知性　感受性　機知　語学力　気配り　優しさ　旅
	△	機敏な知性　同情心　思慮深い　判断力
	☍	移り気　陰口　虚言　中傷　神経過敏
☽-♀	☌	良き品行　品位　美しい容姿　特に男性は結婚運よし
	△	家庭的幸福　愛情豊か　芸術的才能　優雅　品位
	☍	不安定な愛情表現　好色　酒好き　はすっぱ　異性関係のもつれ　家庭の不和
☽-♂	☌	過激な性格　無思慮　短気　官能的　興奮　衝動
	△	活動的　やりすぎ　早合点　強い意志と情念
	☍	短気　衝動的　喧嘩　口論　人と争いやすい性格　反抗的
☽-♃	☌	楽観主義　富と結婚の成功　幸運な旅　女性との良い関係
	△	楽天的　富と結婚の成功　幸運な旅
	☍	不用心　無頓着　財産を潰す　トラブル
☽-♄	☌	陰気　内気　瞑想的　打ち解けない性格　自己コントロール
	△	実直　計画的　実際的　克己心　義務感　保守的　遺伝的
	☍	不機嫌　気難しい　憂鬱　不安　コンプレックス
☽-♅	☌	ヒステリア　発作的　型破り　独立心
	△	変化と移動　風変わりな手段と方法による成功
	☍	強情　反目　女性関係の乱脈　結婚の失敗　神経への負担
☽-♆	☌	非常な感受性　心霊能力　インスピレーション
	△	想像力　直感力　同情　慈善　隠遁生活
	☍	異常な敏感さ　小心　衝動性　怠惰　利用されやすい
☽-♇	☌	生活方針の転換　新生活を作る　新しもの好き
	△	変化に富んだ出来事　生活の改革、復活、再興
	☍	逆転　後退　思惑外れ　ショック
☽-Asc	☌	他人への態度　自分の環境としての女性　調和的で妥協的
	△	協調性　受容能力　謙虚　他人との関係よし
	☍	不調和　過敏　苛立ち
☽-Mc	☌	自己の魂　女性的　感性　深い表現力
	△	豊かな魂　自己の使命の自覚　母性的　女性との霊的なつながり
	☍	定まらない人生の目標　信頼性に欠ける
☽-☊	☌	他人との霊的な絆　女性との関係　血縁
	△	女性との出会い　巡り会い
	☍	過敏　疎遠　他者を遠ざける
☽-?	☌	縁の下の力持ち
☽-⚳	☌	霊感的能力
☽-⚶	☌	平等に対する敏感な反応
☽-⚴	☌	責任

3　占星術概論

☿ 水星

☿－♀	☌	文芸愛好　知的指向　楽しい会話
	△	趣味人　デザイン能力　感性　陽気
	☍	悪趣味　軽率な恋愛　浪費　無目的
☿－♂	☌	鋭い奇智　辛辣　皮肉屋　嘘つき　盗癖　技術的才能　スピード愛好
	△	技術、工学、数学の才能　器用　積極的
	☍	闘争的　皮肉　争い　神経質
☿－♃	☌	判断力　独断的　賢明　博学多彩
	△	知的分野での成功　構成的知能
	☍	偏見　誇張　偽善的　懐疑的　悪い評判
☿－♄	☌	狡猾　狭量　不精　意地悪　不正直
	△	実務　数学的能力　堅実
	☍	嘘つき　悲観的　馬鹿真面目　悪巧み　取り越し苦労
☿－♅	☌	聡明　独創的　想像力　発明の才能
	△	独創的な発明や考案　企画力　科学的　エレクトロニクス
	☍	神経質　無愛想　卑劣　無情　詮索好き
☿－♆	☌	空想力　直感力　鋭い神経　抽象的なものへの理解力
	△	詩的映像的才能
	☍	散漫な精神　嘘言　乱雑　気まぐれ　移り気　不信　不正直　盗癖
☿－♇	☌	思想の転換　困難な状況を乗り切ることに長ける
	△	観察力
	☍	邪推　詮索　健忘症　記憶力悪し　記憶喪失
☿－Asc	☌	他者への興味と姿勢　個人的な交際
	△	会話好き　他者との出会い
	☍	批判的　他人に対する誤った評価
☿－Mc	☌	自己認識　思考力
	△	瞑想的　はっきりした人生の目的
	☍	批判能力の不足　過大評価
☿－☊	☌	思考の一致　人付き合い
	△	コミュニケーション拡大
	☍	自分本位の付き合い　人間関係の悪化
☿－⚳	☌	発明研究
☿－⚴	☌	直感と楽観
☿－⚵	☌	利益配分
☿－⚶	☌	浄化

♀ 金星

♀−♂	☌	性的魅力　衝動的な恋愛　享楽的　快楽的　無頓着
	△	情熱的な恋愛　社交性　広い趣味　好色
	☍	好色　肉欲　不品行　不摂生　痴情
♀−♃	☌	豊富な恋愛　贅沢　華美　浪費
	△	幸運　恋愛の成功
	☍	派手好み　浪費　欲求不満　情事過多　怠け癖
♀−♄	☌	抑圧される愛情問題と結婚問題　年長者への愛情　控えめな愛情表現
	△	慈悲心　同情深い　人情家　安定した結婚
	☍	愛情問題の障害や失敗　失恋片想い　低級な異性と交わる
♀−♅	☌	磁力的魅力　刺激的な恋愛　芸術や美術への特殊な才能
	△	ファッショナブル　風変わりな恋愛体験や性的傾向
	☍	スキャンダル　恋愛や結婚の解消　秘密の男女関係　財産の浪費
♀−♆	☌	センチメンタル　異性に敏感　多情　美的感受性
	△	理想的恋愛　官能的　夢想的
	☍	偽りの恋愛　官能指向　飲酒や薬品の常習
♀−♇	☌	恋愛などによってもたらされる人生の徹底的な変化　再スタート
	△	熱烈な恋愛　変化と改革
	☍	背徳の恋愛　愛情問題の破局　破産
♀−Asc	☌	調和的な性格　美のセンス　良い趣味　上品
	△	社交的　美的センス　芸術への傾倒
	☍	人間関係や環境の不調和　浪費　快楽主義
♀−Mc	☌	愛情のセンス　思いやり　感受性
	△	豊かな愛情　芸術への理解
	☍	自惚れ　不人気　嫉妬
♀−☊	☌	愛の絆　恋人の関係　協調　よい人間関係
	△	愛情関係の出現　明るく魅力的な性格
	☍	協調心に欠ける　愛情の不調和
♀−⚳	☌	献身的な愛情
♀−⚴	☌	タレント性
♀−⚵	☌	武器としての愛想の良さ
♀−⚶	☌	性欲

♂ 火星

♂−♃	♂	エネルギッシュ　勇猛果敢　議論好き
	△	活動力　贅沢
	☍	無謀　熱狂　賭け事、投機による損失
♂−♄	♂	悪い意味やマイナス面の強調　暗い性格　病気　事故　厳しい人生
	△	忍耐力　強靭な神経
	☍	冷酷　サド　不運な事故
♂−♅	♂	革命精神　興奮と緊張　激情　ヒステリー　大胆な着想　意志強固
	△	意志強固　自尊心　冒険心　月並みでない思想と信条
	☍	過激　攻撃　突発事故　分裂　死別　険悪な状況　衝動的な行為
♂−♆	♂	理想主義　主観力　実験研究による追及　焦り　弱さ
	△	感情のコントロール　直感力　援助
	☍	不摂生　不健全　不品行　官能的　不健全な空想　麻薬中毒
♂−♇	♂	現状の打破と終結　爆発的　暴力による解決
	△	征服　革新的　闘争的　自信　集中
	☍	残忍　苛酷　野獣性　危機的な状況
♂−Asc	♂	闘争精神　同志　同僚　自己主張　性本能　意欲や希望
	△	意志の押し付け　成功への努力
	☍	闘争　葛藤　競争
♂−Mc	♂	リーダー性　組織力　統率力　自己主張
	△	決断力　行動力　職業的成功　集中力　分別
	☍	衝動的　感情的　失敗
♂−☊	♂	協力性　肉体的魅力　共同関係
	△	協力　連帯感　交際
	☍	争い　協力関係の悪化
♂−⊕	♂	多忙な生活
♂−♀	♂	働きすぎ
♂−☀	♂	成功に対する焦り
♂−☋	♂	融通の効かない行動

座相——アスペクト

179

♃ 木星

♃-♄	☌	厳格　剛直　堅実　偉大な仕事の完遂　努力による信用と財産の獲得
	△	宗教的哲学的造詣
	☍	唯物的　困難　金銭の損失　計画の挫折
♃-♅	☌	ヒューマニズム　信仰　独自の信条　異常な体験　高揚する精神
	△	先見の明　予期せぬ利益　宗教哲学への独自の見解
	☍	偽善的　突然の出来事による経済的破綻　相続の支障困難　裁判の敗
♃-♆	☌	博愛主義　直感力、感受性、洞察力の発揮　自然愛好
	△	慈善　心理学、芸術、推理力に長ける
	☍	不運な信頼　不節制　自惚れ　騙される
♃-♇	☌	金権主義　建設的な再出発　宗教的転換
	△	カリスマ　宗教的分野の改革
	☍	財力と権力の渇望　損失
♃-Asc	☌	協調性　礼儀　富や力を持つ人との関係
	△	寛容　前進的　認知　成功
	☍	協調性の欠如　浪費　反対意見
♃-Mc	☌	人生の目標　目的意識　生活の良い変化
	△	幸福で協調的な人物　成功への意欲と努力　楽観的
	☍	ソシアルクライマー
♃-☊	☌	人間関係好調　内輪のグループ　出会い
	△	機転　協調性　新しい人間関係　婚約　結婚
		人間関係の不調和　不和　仲たがい
♃-☽	☌	実務的な成功
♃-♀	☌	現実的自信
♃-⚹	☌	押し付けがましい態度
♃-⚼	☌	寛大さのある責任観念

3　占星術概論

♄ 土星

♄-♅	☌	意志と努力　障害　わがまま
	△	重責ある地位
	☍	孤独　反社会的　風変わりな趣味、思想　利己主義
♄-♆	☌	計画の実現　物質的な援助　理想と現実のギャップ
	△	犠牲と受難　神秘的な力　自制心　集中力
	☍	劣等感　悲観的　自虐趣味　むら気　自己欺瞞
♄-♇	☌	禁欲主義　非常な自己統制力と克己心　暴力事件
	△	忍耐力　哲学や思想的な見解の革命的な変化
	☍	冷酷無情　変革の失敗
♄-Asc	☌	生得的環境の孤独　隔離された環境　欲求不満
	△	年長の人々との交際　厳しい環境から学ぶ
	☍	引っ込み思案　ひねた生活態度
♄-Mc	☌	成長の妨害　発展の阻害　病気
	△	着実だが遅い進歩　粘り強さ　集中力
	☍	困難　劣等感　落胆
♄-☊	☌	孤独　人間関係の問題　苦しみ　ショック
	△	年長の人の好意と引き立て
	☍	辛い人間関係　交際不調
♄-☉	☌	信頼される献身
♄-♀	☌	責任と信用
♄-⚹	☌	強すぎる権利義務
♄-♋	☌	過大視された責任

座相──アスペクト

♅ 天王星

♅−♇	☌	内なる幻想　空想的世界での独創性　心霊問題への興味
	△	幻想　奇抜な発想
	☍	迷いと不吉な予感　風変わりな気質と空想　急激な変化
♅−♇	☌	目的への強烈な自覚
	△	自覚　世俗的習慣に対する抵抗
	☍	狂信　偏執　反社会的行為　悲劇
♅−Asc	☌	環境適応能力　興奮性　神経反応　皮膚反応　休みない活動
	△	変化していく思考と行動
	☍	興奮性　失望　事故
♅−Mc	☌	独特の自己主張　転職　緊張
	△	目標の追求　独創性　組織力
	☍	興奮性　早急な行動　失敗　突然の悪い変更
♅−☊	☌	他人との共有経験　仕事関係、家庭問題の困難
	△	他人に対するハッキリした意志表明　突然の人間関係
	☍	落ち着きなし　神経症的　突然のできごと
♅−⚷	☌	開発研究
♅−♀	☌	理想
♅−☀	☌	非現実的な自由
♅−⚹	☌	自由と保安との間の矛盾

♆ 海王星

♆−♇	☌	超自然界における純粋な霊的生活　神秘能力　内なる啓示
	△	霊的生活　精神や意識の内的な革新
	☍	魔道　オカルトや魔術への関心　狂信
♆−Asc	☌	感受性　過敏　ノイローゼの傾向　幻覚
	△	同情深い　霊的な出会い
	☍	他人に影響されやすい　自信不足　裏切り　失望
♆−Mc	☌	不安定性　理想　危険　無意識や超常現象に左右される
	△	特定の思考、夢に集中する
	☍	人生の目標が不安定　非現実性
♆−☊	☌	社会的感性の欠如　半社会性　幻想的な行動　不眠
	△	他人には不可解な社会的な適応性　霊的援助
	☍	人を騙すあるいは騙される　失望　判断力なし
♆−⚷	☌	鋭い直感力
♆−♀	☌	直感
♆−☀	☌	手練手管
♆−⚹	☌	行き過ぎた自己犠牲

♇ 冥王星

♇−Asc	☌	自己の環境を支配する　強力な自己主張
	△	強い意志力　成功への努力　不思議な出会い
	☍	他人を抑圧する　激しい環境の変化　闘争　事故　怪我
♇−Mc	☌	特殊な個性　同志との関係　名声
	△	共通の目標を持つ人との関わり　協力関係
	☍	協同作業が困難　極端な自己主張
♇−☊	☌	世代的な影響　重要人物との出会い　カルマによる強い絆
	△	新しい人間関係　大きなプロジェクトに参加する
	☍	トラブル　他人との関係による不利益
♇−☋	☌	破壊的闘争
♇−⚴	☌	計画的破壊
♇−⚵	☌	行動の自由
♇−⚶	☌	的確な判断

⚴ ⚵ ⚶ 小惑星

⚴−⚵	☌	効率の良い生育
⚴−⚶	☌	金銭的関心
⚴−⚷	☌	理想と現実の矛盾
⚵−⚶	☌	専門業の商才
⚵−⚷	☌	自信喪失
⚶−⚷	☌	犠牲に対する恐れ

座相 ─ アスペクト

星座宮——サイン

12サインについて

　サイン（星座宮）とは、黄道を春分点を基準に30度毎に分割したもので、12宮あります。恒星による星座がもとになってはいますが、春分点の移動に従い、現在の星座とは関わりがなくなっています。これを区別するために宮の別称を使ったりもしますが（→ P.185 note）、本書では星座の名前に「宮」を付けるだけにしておきます。全体を総轄して黄道12星座または獣帯12星座とも呼びます。サインは在宮している感受点の性質や能力の傾向とパターンを暗示します。さらに12宮を分類する方法として**二区分**（性別）、**三要素**、**四素子**があります。

　各々のサインにはそのサインを統括する**支配星**（ルーラー）が決まっています。また、サインにより各感受点の品位が決まっています。支配星となっているサインに感受点がある場合は、その感受点の特性が最も素直に表現されると考えます。これに対し、その感受点が反対のサインにある場合を**損傷**（デトリメント）と呼び、その感受点は性質の表現が下手であると考えます。ある感受点が勢力を最大にするサインにいる時は**高尚**（エキザルテーション）、最小になるサインにいるときは**減退**（フォール）と表現します。基本を押さえるために、サインを一覧にしてまとめてみましょう。

　P.186のサイン一覧表の「支配星」項で、（　）内は惑星発見以前の支配星です。「高尚」項ではサインだけでなく度数まで入っているものがあります。そのサインにあるだけでも高尚なのですが、そのサインの度数が最も高尚であるとされているためです。

天体はそのサインにいることでサインの影響を受けます。たとえば、二区分では☉（太陽）が♈（牡羊座宮）にあれば、♉（牡牛座宮）にあるよりも積極的で行動的になります。三要素、四素子も同様に考えて下さい。そして後述の各サインの伝説のイメージとともに充分に習熟して下さい。

note:
🌀 宮の別称
　牡羊座宮より順に、白羊宮－金牛宮－双児宮－巨蟹宮－獅子宮－処女宮－天秤宮－天蝎宮－人馬宮－磨羯宮－宝瓶宮－双魚宮

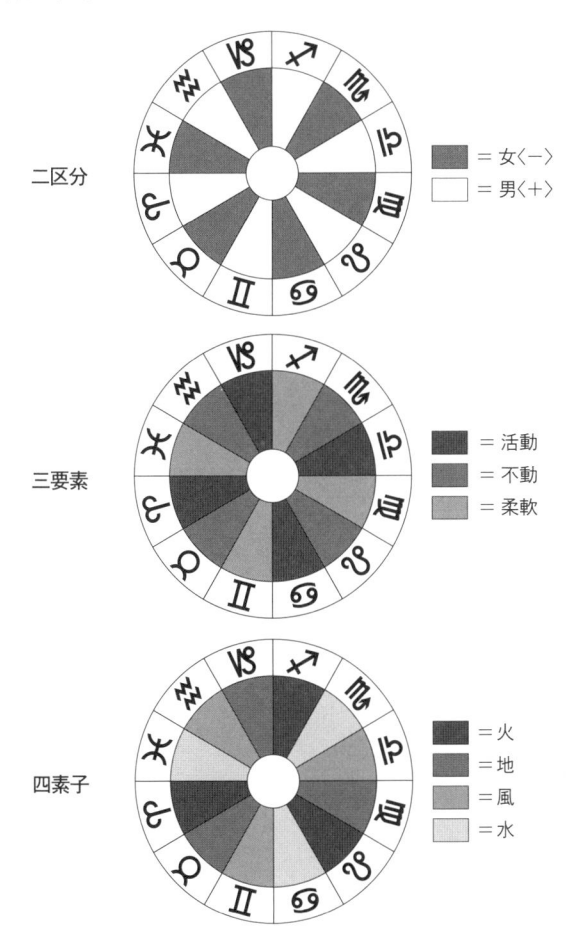

二区分
■ = 女〈－〉
□ = 男〈＋〉

三要素
■ = 活動
■ = 不動
■ = 柔軟

四素子
■ = 火
■ = 地
■ = 風
■ = 水

サイン一覧

記号	名称	星座	読み	二	三	四	支配星	高尚	減退	損傷
♈	白羊	牡羊	おひつじ	男	活動	火	♂	☉19°	♄	♀
♉	金牛	牡牛	おうし	女	不動	地	♀	☽3°	♅	♇
♊	双児	双子	ふたご	男	柔軟	風	☿		♃	
♋	巨蟹	蟹	かに	女	活動	水	☽	♃15°/☊	♂	♄
♌	獅子	獅子	しし	男	不動	火	☉	♇	♆	
♍	処女	乙女	おとめ	女	柔軟	地	☿	☿15°	♀	♆
♎	天秤	天秤	てんびん	男	活動	風	♀	♄21°	☉	♂
♏	天蝎	蠍	さそり	女	不動	水	♇(♂)			☽
♐	人馬	射手	いて	男	柔軟	火	♃	☋		☿
♑	磨羯	山羊	やぎ	女	活動	地	♄	♂28°	♃☊	☽
♒	宝瓶	水瓶	みずがめ	男	不動	風	♅(♄)	♆	♇	☉
♓	双魚	魚	うお	女	柔軟	水	♆(♃)	♀27°	☿	☿

二区分・三要素・四素子

二区分			
男 (Masculine)	♈Ⅱ♌♎♐♒		積極的 行動的 指導性
女 (Feminine)	♉♋♍♏♑♓		消極的 従順
三要素 (Qualities)			
活動 (Cardinal)	♈♋♎♑	(創造)	活動的 決断力 自己顕示欲
不動 (Fixed)	♉♌♏♒	(保守)	沈着 頑固 反抗的
柔軟 (Mutable)	Ⅱ♍♐♓	(破壊)	神経質 融通性 受動的
四素子 (Elements)			
火 (Fire)	♈♌♐	(霊的人間)	独立心 意志強固 短気
地 (Earth)	♉♍♑	(物的人間)	現実的 着実 慎重 忍耐力
風 (Air)	Ⅱ♎♒	(知的人間)	美意識 社交的 知識欲
水 (Water)	♋♏♓	(情的人間)	内省的 感情的

3 占星術概論

サインの歴史

　星座の起源は人類の歴史の始まりとともにあります。現在、天文学の分野で使用している星座はいろいろな変遷を経た上で88個が選ばれて使われています（使われているといっても一般名称で、研究論文の中にはまず出てきません）。

　星座を考案したと考えられていたオリエントの歴史は、19世紀の始め頃までは伝承の域を出ませんでしたが、ロゼッタ石の発見以降、急速に研究が進み次第に明らかになってきています。また地球科学的な研究も進み、気候変動と文明の関係も徐々にですが明らかになってきています。

　地球を取り巻く南北30度付近の乾燥ベルトは8千年前には南極の寒気に押されて北へ移動し、それにともない、湿潤な原生林であった中近東の広大な地域は乾燥化が進み、砂漠やステップになってしまいました。また、4千5百年前に始まる南極の寒気の後退によって乾燥ベルトは南に拡大し、乾燥化は一層拍車がかかっています。現在のサハラ砂漠の南下拡大はこの流れに乗ったものです。しかし、すべての地域で乾燥化してしまったわけではなく、河川の氾濫が起こるナイル、インダス、ガンジス、黄河そしてチグリス・ユーフラテスの三日月地帯は、農耕を中心とする文明が築かれる基礎ができたのです。農耕自体は、確かな証拠としては8千5百年前にイラクで行われたことがわかっています。

　5千5百年前、チグリス・ユーフラテス両河川の間の地域（メソポタミアはこの意味）に東からやってきた人種不明のシュメール人は、放牧を主体とする生活を営んでいたらしいのですが、都市国家を造り楔型文字を使い、文化的にとても進んでいたようです。遺跡などの研究から証拠として残っている物からすれば、天球を区分し星座として名称を付けたのは、シュメール人が最初だと考えられています。黄道の星座は12分割でそのほかの天球の部分にも星座を配置していました。

　この地は4千4百年前にアッカド人に征服され、初めて統一国家を形成しましたが、まもなく分断し、3千8百年前にアムル族がバビロンを中心

星座宮─サイン

にバビロン第1王朝を形成しました。栄華を誇ったバビロンは3千6百年前にはヒッタイトの侵入を受け、次いでカッシート、2千7百年前にはアッシリアに征服されオリエントの統一が初めて達成されました。アッシリアもペルシアに滅ぼされ、ペルシアがギリシャに滅ぼされるまでの2百年間の統一を維持していました。このように、この地の歴史は変転極まりない状態ですが、天文学や占星術をはじめとして、知識の集成は多少の影響は受けながらも絶えることなく伝承されてきました。

　また、エジプトの第1王朝は5千3百年前頃と推定されていますが、ここでも星座が考えられていたと推定されます。確かな遺物は第19王朝のセチ1世の墓室で、3千3百年代前に1年を36分割しています。また黄道12宮も存在していたようです。しかし、エジプトでは来世的な指向が強く、占星術が大きく発達したとは言えません。やはりメソポタミアのように現世的な傾向が強い文明だからこそ、占星術が発達する素地があったといえます。

　これらの星座は、発祥のシュメールからフェニキアやヘブライに伝えられ、西洋文明の哲学的な産みの親であるところのギリシャ・ローマ文明に受け継がれています。それ以前の文明の神話と占星術の要素の関係はあまりはっきりしませんが、ギリシャ・ローマ神話において、あらためて意味付けがなされているのです。

現代は水瓶座宮の時代

　地球の自転の首振り運動のために、赤道は約2万6千年の周期で黄道に対して回転しています。このため、春分点が恒星基準の天球に対して逆回転をしています。これが歳差運動です（P.311参照）。サインはその時の春分点を基準に30度ずつ分割するものですが、恒星による星座に基準を置いて考え、春分点が星座のどこにあるかによって時代区分を考えるやり方があります。

　プラトンによって提言されたとされるこの時代区分が、天球のどこにあ

るか、いつのことかは諸説がありますが、時代をみれば、現在はすでに水瓶座時代に入っていると考えて間違いないでしょう。境は17〜20世紀のどこかであると考えられますが、それ以前は春分点が魚座にあり、木星の支配する宗教の時代であったとされます。約2千2百年弱のサイクルで時代区分を当てはめれば、順に、牡羊時代は火星の支配する戦争の時代、牡牛時代は金星の支配のもとで農耕を開始した文明の時代と考えられます。

　天文学的には現在、魚座に春分点が存在しています。学者が決めた天文学上の水瓶座との境に春分点が移動するのは、あと6百年ほどかかるのですが、古い星座絵等を見るとすでにその境を越えていると考えられます。と言いますのは、学者の決めた境界は赤経赤緯に平行な線で区切ったもので、厳密なようでいい加減なものです（学者達はすでに星座を使っていないことも知っておいて下さい）。黄道星座は厳密に30度おきに作られているのではなく、あくまでも占星術で使う星座はサインなのです。現在は水瓶座時代に突入しているのです。

　水瓶から流れ出す聖なる水が、古い時代の原理、魚座の象意のことごとくを押し流そうとしています。たとえば、新しい時代の理念と考えられた共産主義も思想の根に旧約思想が流れている魚座の時代のものであり、キリスト教などとともにこの聖なる流れに最終的には逆らうことはできません。言ってみれば人類の深層意識の基盤が押し流されているのです。キリスト教や社会主義の問題だけではなく、政治も宗教も、科学も技術も、日常生活全般に至るまで、この宝瓶宮の浄化の水、透明な知性と神の叡知が染みわたることになるでしょう。その前に魚座時代の特徴である「矛盾」が爆発してしまえば、すべてが破壊しつくされる可能性も残っています。

サインをどう勉強するか

　感受点のところで述べましたように、表面の意識だけで捉えるだけでなく、深い意識のレベルから、これらの占星術の要素をつかむことが大事です。表面の意識は理屈付けで動きますが、深い意識はイメージで動きます。

占星術の要素として理解するためには、基本分類から得られるイメージだけではなく、ギリシャ・ローマ神話等をある程度理解した上で、さらに豊かなイメージを捉える必要があります。そのために伝承とサインを結び付けて考えるのはよい勉強の仕方ですが、しかし、それがすべてと考えてしまっては間違いです。なぜならば、星座の伝承はいくつもありますし、相互に矛盾する内容も含まれています。そのうちの1つを取ってこれが正しいと主張することはできません。また、おおもとにたどれない伝承が大半で、ざっとした流れを捉える分にしか使えません。

　つまるところ語句の1つ1つにこだわるのではなく、正確なイメージをつかむことが重要なのです。最初の方針として具体的には、入っているサインに大きく影響されるという感受点の性質より、サインのイメージを「性格」として把握する方法が的確だと思われます。

　ここで注意しなければならないことがあります。それはサインの性格に関してその良悪、吉凶は単純に判断してはいけないということです。なぜならば、性格の良い点と悪い点は表裏一体であるためです。そのどちらが強調されるかは、感受点の持つ意味、位置、アスペクト等の条件によりますが、ある時は良い点となるけれども、ある時は悪くなるということもあるのですから慎重に判断する必要があります。とくに「表裏一体」のことは忘れないで下さい。

サインの意味と伝承

　過去より伝えられた伝承からサインの意味を知ろうとする際に、注意していただきたいことがあります。

　第一に、言い伝えに書かれてあることすべてが意味付けの材料になるわけではありません。長い歴史の中で占星学とは関わりのない道を歩んできたのですから、余計なものが混じり、あるいは大切なものが落ちてしまっていることもあるでしょう。

　第二に、伝説のイメージをつかもうとするときに我々は（少なくとも私

は）原語で読み理解するわけではありませんから、微妙なニュアンスに関しては、訳者の能力による壁があります。これをそれまでつかんだイメージと直感で乗り越えることができればよいのです。

　最後に、1つのサインの意味付けはその反対側に位置するサインに関わってくることも憶えておいて下さい。たとえば牡羊座宮には非常に高い攻撃性があります。これに対して天秤座宮は平和と外交のサインです。しかし、牡羊座宮の中は攻撃性一色なのではなく、天秤座宮の平和と安泰への志向があるのです。平和への志向があるから攻撃性が出てきているとも考えられます。同じように、天秤座宮は平和一本の弱腰ではなく、牡羊座宮の（12星座宮随一の）攻撃性も隠し持っているのです。

　次ページより、星座宮の詳細についてまとめました。

♈

牡羊座宮

[支配星]

火星

♂

[二区分]

男性宮

積極的　行動的　指導性

[三要素]

活動宮（創造性）

活動的　決断力　自己顕示欲

[四素子]

火の宮（霊的）

独立心　意志強固　短気

◆ワンポイント……♈の天体の意味

- ☉　行動的
- ☽　積極的・感情的
- ☿　好戦的積極的知性
- ♀　熱情型、思慮浅い
- ♂　強い制御しかねる欲望
- ♃　自由への欲求
- ♄　不屈、欲求不満
- ♅　反逆的、独立自由
- ♆　直感、思想を伝える
- ♇　束縛からの解放

♈(牡羊座宮)の基本的な意味付けは、天地創造の時であり、この世に初めて現れた生物の強い生命力でもあります。受精したばかり、発芽したばかり、生まれたばかりの状態で、躍動する生命力の象徴として勇ましく力強い男性を表し、労働や忍耐、そして富と冒険への積極性、攻撃性をも示しています。しかし性的な意味合いを含んでいるために、太陽の明るさとは少し違う何かしら暗い影を伴っています。星座宮の表す職業は支配星の♂(火星)の表すものと同じです。

牡羊座に関してギリシャ神話ではいくつかの逸話があります。ゼウスが巨神族との戦いで破れた時に牡羊に変身して逃れたことから作られたという説とともに、アルゴー号遠征隊の目標であった金毛の羊だという説が主流です。神話の中には、勇士が金毛の羊皮(宝物)を求めて航海し多くの冒険の後これを手に入れるというテーマがあり、この説話自体も異説が非常に多く伝えられています。金毛の羊皮は希望や栄誉、富の象徴でもあり、欲望の対象でもあります。

牡羊座宮神話

テッサリアの王、アイオロスの子アタマスは、最初の妻、妖精ネフェレーとの間にプリクソスとヘレーの兄妹をもうけました。しかし、ネフェレーは事情があって去ってしまったので、カドモスの娘イーノを次の妻としてめとりました。イーノは実子レアルコスとメリテルコスができると、先妻の子に優先継承権があることから憎くてたまらなくなり、自分の手を汚さずに殺してしまおうと考えました。そこで、まずイーノはテッサリアの国中の麦の種を火であぶって麦が取れない大凶作の状態にしました。そして、凶作の原因を問うデルファイ神殿への使者を抱き込んで、プリクソスとヘレーの兄妹をゼウスの生け贄にすれば凶作が止まるという神託があったと報告させました。アタマス王はさすがに実行できずにいたので、イーノはこの情報を農民に流しました。飢えた農民は王宮に押し寄せ、生け贄の儀式を要求しました。

ネフェレーはこのことを知り、ゼウスに子供達を守らせたまえと祈りました。ゼウスは敬虔篤実な信者であったネフェレーと兄妹を哀れに思い、伝令神ヘルメスに命じて金色の毛を持ち空を飛ぶ牡羊を送りました。そして、ゼウス神殿の前で、まさに犠牲を捧げようとするとき、ネフェレーは我が子を雲霞に包んで羊に乗せました。

　二人を乗せた牡羊は、コルキスを目指して矢のように飛びました。しかし、あまりの早さにヘレーは目が眩んで手を離してしまい海に落ちて死んでしまいました。この海はヘレスポントス（今のマルマラ海）と名付けられました。コルキスに着いたプリクソスは、コルキス王アイエーテスから歓待され王女カルキオペを妻に迎えました。そして牡羊をゼウスの生け贄として捧げ、金色に輝く毛皮をコルキス王に送りました。王はこの毛皮をアレースを祭る森の樫の木に架けて、不眠の火龍に守らせ国の宝としました。

　後に行われたギリシャ神話屈指の冒険談、アルゴー船の遠征は、王位奪還と実力の証明のために行われた、富の象徴である金羊毛を取り戻す旅でした。

♉

牡牛座宮

[支配星]

金星

♀

[二区分]

女性宮

消極的　従順

[三要素]

不動宮（保守性）

沈着　頑固　反抗的

[四素子]

地の宮（物的）

現実的　着実　慎重　忍耐

◆ワンポイント……♉の天体の意味

- ☉　物質的
- ☾　官能的・衝動的
- ☿　遅発型実務的知性
- ♀　独占欲、忠実
- ♂　贅沢への欲望
- ♃　建設的構築
- ♄　慎重、依存性
- ♅　決断力、頑固
- ♆　治癒力、芸術的事業的才能
- ♇　変わらないものへの希求

♉（牡牛座宮）は♈（牡羊座宮）に引き続いて生まれ出た生命の成長した姿を表しています。妊娠や孵化、あるいは乳児の状態、そして、あらゆる富と豊かさを象徴するこのサインは、牛のイメージから、暖かな母性、豊かな大地とその生産力、ねばり強い努力をも表しています。

基本的には、わがままでガッチリしていますが、無骨ではなく感受性が豊かで親切、内気で引っ込み思案の反面、頑固なくらい一度決めた方針を守る性格です。不正や虚偽を嫌っているがゆえに、逆に偽善的なものに引っかかってしまいやすい傾向もあります。

♀（金星）は♉（牡牛座宮）と♎（天秤座宮）の支配星になっていますが、♀（金星）の力は2つの星座宮にそれぞれ違った働きをしています。星座宮の表す職業は♀（金星）的な職業の中でも声楽家、画家、園芸家、調理人、装飾装身具製作販売、家具インテリア等デザインなどが♉（牡牛座宮）の示す職業です。

牡牛座には、ギリシャ神話では、河の神イーナコスの娘イオの変わり果てた姿という話、フェニキア王の娘エウローペーをさらった時のゼウスの姿であるという話があります。

*
牡牛座宮神話
*

レルネの川岸でイーナコスの娘イーオーとゼウスが戯れていたことから始まります。ゼウスの妻ヘーラはオリュンポスの頂きから、めざとくこれを見つけて降りてきました。ゼウスは浮気の現場を隠すために、大慌てで雲を出し、イーオーを牛に変えてしまいました。ヘーラは現場を押さえられなかったのですが、牛が怪しいと感付き、むりやりもらい受けて、百の目が交互に眠るために監視人としては最高のアルゴスを見張りに付けました。

夜も昼も苦しめられているイーオーのために、ゼウスはヘルメスを羊飼いに変装させてアルゴスを殺させたのですが、執念深いヘーラは、今度は大蛇を放ってイーオーを追いかけ回させました。イーオーは世界中を逃げ

回り、エジプトに渡ってようやくゼウスにもとの姿に戻してもらいました。そこでエパフォスを産んだのですが、ヘーラは暴漢を差し向けて赤ん坊をさらいました。さすがのゼウスも堪忍袋の緒が切れて暴漢に雷を投げ、その子をビュブロス王の妻に育てさせてイーオーに返しました。イーオーは後にエジプト王テレゴノスと結婚し、エパフォスは後を次いでエジプト王になったとのことです。

　もう1つの話もあります。イーオーの子孫エウローペーが海辺の牧場で次女達と草摘みをしている時、どこからともなく雪のように白くおとなしそうな牛が現れ、エウローペーの側にうずくまりました。エウローペーは気を許して戯れに背に乗ってみると、牛はあっという間に走り出し、海の上を地面のように駆け抜けていきました。彼女が助けを呼ぼうにも、たちまち陸は遠ざかり霞んでしまいました。ようやく我にかえったエウローペーが事の次第を牛に尋ねると、牛は自分がゼウスであり彼女を花嫁としてさらったことを明かしました。ちょうどこの時、ゼウスはフェニキアから地中海を渡りクレタ島に着きました。ゼウスはそこで、エウローペーを守るための青銅の巨人タロス、必ず獲物をしとめる猟犬、投げれば必ず当たる槍を彼女に与えました。エウローペーはここでミーノース、ラダマンチュス、サルペードーンら3人の子供を育てました。ミーノースはクレタの王、ラダマンチェスは正義の立法家、サルペードーンはリキュアの王となりました。

星座宮―サイン

Ⅱ

～双子座宮～

[支配星]

水星

☿

[二区分]

男性宮

積極的　行動的　指導性

[三要素]

柔軟宮（破壊性）

神経質　融通性　受動的

[四素子]

風の宮（知的）

美意識　社交的　知識欲

◆ワンポイント……Ⅱの天体の意味

- ☉　知的
- ☽　散漫・皮相
- ☿　多才早発型知性
- ♀　多情、気まぐれ
- ♂　瞬間的爆発的欲望
- ♃　多才・言語的才能不屈
- ♄　打算的、束縛への恐怖
- ♅　精神的、神経質
- ♆　説得力、狡猾、軽重浮薄
- ♇　相互的対話を求める

二元性を象徴するⅡ（双子座宮）は、2つのものの間を取り持つ言語や情報伝達・知識を表します。2つに裂かれる不安から口数も多く行動も早くなりがちな部分に、この星座の性格が出ています。愛しながら憎むような2つの面を持ち、口八丁手八丁、文筆や外交の才能もあります。概して肉体労働より精神的な仕事が合っています。星座宮の職業としては、☿（水星）の示す職業の中でもとくに語学関係、数学、法律、商業等への適性があります。

　ギリシャ神話の中でも双子座については異説が多くありますが、通説ではゼウスとスパルタ王妃レーダの間に、卵で生まれた、双子の神だとされています。一説では双子でありながら父親が違い、カストルはレーダと夫のテュンダーレホオスの子で人間として生まれ拳闘の名手、ポルックス（ポリュデウケース）はゼウスの子で神として生まれ馬術の達人とされています。

　彼らはいつも仲良く連れ立ち、白馬にまたがる青年として考えられています。数々の冒険をし、二人は互いに協力して難関を越えていきました。アルゴー船の冒険に参加した50人の選りすぐりの英雄豪傑智者の中には、カストルとポルックスの二人とも入っていました。

＊　双子座宮神話　＊

　アルゴー船の航海中に大嵐に遭い沈没の危険が出たとき、アポローンの子オルフェウスがサモトラケー島の神に琴を奏でて助けを祈ると、双子の頭上に大きな星が1つずつ輝き海が静かになってしまいました。これは、海の支配者ポセイドンが二人の日頃の友情に感じていて嵐を鎮めたためとされています。嵐の夜にはセントエルモの火と呼ばれるマストからの放電が見えることがありますが、これを古代ではカストルとポルックスの双子の火と呼んで、これが見えればどんな嵐も静まると信じられていました。さらには、暗い夜や暴風雨の折に船のへさきに立ち船人を導く神霊として祭られるようになりました。

また、アルゴーの一行はポスホロス海峡に入る直前にビテュニア国に入ってしまいました。この国には、旅人が国王と拳闘の試合をし、破れると奴隷になるか死ぬかという掟がありました。ポセイドンの子にして力自慢、負けたことのない拳闘の名手、国王アミュコスの挑戦を前にして、ポルックスは固い拳に牛の生皮を巻いて対戦し倒してしまいました。王の仇と飛び出してきた臣下はアルゴーの仲間が片づけ、旅の障害となるやっかいな国を討ち滅ぼしてしまいました。

　双子の冒険は、カストルが人間であり、死す運命であることから終わりになりました。最後の冒険はアルカディアに牛を捕まえに行ったことです。従兄弟のイーダス、千里眼リュンケウスと同行したのですが、この二人の企みにかかって捕まえた牛をだまし取られてしまいました。それを奪い返すために先回りして二人を待ち伏せしたのですが、リュンケウスに運悪く見つかり、カストルが射殺されてしまいました。これを見たゼウスはイーダスの所行に腹を立てて雷電で撃ち殺しました。ポルックスは、カストルと一緒に死ぬことを願ったのですが、不死身の身では叶いません。ポルックスは、ゼウスに願って、自己の不死の齢をカストルとわかちあうようにしました。ゼウスは、兄弟が一日おきにオリュンポスと冥界で暮らせるように計らい、二人の友愛を記念して星座にしたとされています。

♋ 蟹座宮

[支配星]

月

☽

[二区分]

女性宮

消極的　従順

[三要素]

活動宮（創造性）

活動的　決断力　自己顕示欲

[四素子]

水の宮（情的）

内省的　感情的

星座宮──サイン

◆ワンポイント……♋の天体の意味

- ☉　感覚的
- ☽　受け身・感情的
- ☿　記憶力のある感情的知性
- ♀　愛敬、母性愛、多情
- ♂　強く官能的な欲望
- ♃　仕事の才能、実際的
- ♄　執念深さ、自己防衛
- ♅　想像力、家庭の破壊
- ♆　回想力、心霊的、情緒的
- ♇　家の獲得と保全を望む

♋（蟹座宮）は、形ある世界と形のない世界の架け橋として、豊かな創造力、母性を象徴します。最初の「水」の星座宮で、内的精神生活、直感、記憶を支配します。感受性が強く気分はすぐ変わってしまいがちです。同情心があり争いは好みませんが、頑固で案外怒りっぽい性格で、なにかとためこみやすい傾向もあります。星座宮の表す職業は支配星☽（月）の示すものになります。

　蟹座は5千年の昔、バビロンで知られていましたから最も古い星座の1つです。しかし、神話に伝わる意味付けでは、あまり目立たない存在です。小さなカニを想像させるこの星座は、ギリシャ神話では巨大な化け蟹カルキノスです。

　暗い水底に潜み、外見は異様で、堅い殻に包まれています。しかし、意外に臆病で、その奥には傷つきやすい優しさを秘めています。また、順応性もあり想像力も豊かで、とくに模倣の才があります。また、何事によらず守ろうとする意志は強く、支配星が月であることからも母性の象徴となるサインです。

　中国ではこの星座を鬼宿と呼びました。この星座に積尸気（ししき）・英名プレセペと呼ばれる、肉眼では白い雲のようにみえる星団があります。鬼とは「たましい」のことで、積尸気とは死骸から立ちのぼる気のことです。不気味な名前が付いていますが、ここを出入り口として、死者の魂が天に上がると考えられていたのです。

*
蟹座宮神話
*

　ヘラクレスはペルセウスの曾孫にあたり、牡牛のイーオーの末裔にあたります。ゼウスの妾腹であることから女神ヘーラに疎まれて、自分の妻子を殺してしまい、贖罪の旅に出ます。そして神託により、12の功業をすることになります。その中の2番目、アミモーネの沼レルネーに住む水蛇の化け物ヒドラと戦ったときに、ヘラクレスの足を鋏んでヒドラに味方をしたのが、大蟹カルキノスです。ヒドラは蛇でありながら複頭で、その

うち中央の1つが不死身であり、首を切り落としても次々に新しい首が生えて来るという化け物です。ヒドラはヘラクレスに巻き付いて押さえ付け、さらにカルキノスがヘラクレスの足を挟み込んで動けなくしようとしました。ところが、いかに大きな化け蟹といえども、怪力無双を誇るヘラクレスによってたちまち踏みつぶされてしまい、またヒドラも切り落とした首の切り口を焼くことによって再生できず、不死の頭を大石で押さえられてしまい退治されてしまいました。しかし、ヘラクレスを憎むヘーラが、功績を認めてヒドラとともに天に上げて星座にしたといわれています。一説によれば、カルキノスはヒドラを助けるためにヘーラが送り込んだとされています。

　他の説では、酒の神バッカスと火の神ヘーファイトスの2匹の馬とそのまぐさ桶だとされています。ゼウスに率いられたオリンポスの神々が巨神族ティターンと戦った時に、大いにいななき敵を驚かせ、戦いに功績があったことから、まぐさ桶とともに天に上げられたことになっています。また、バッカスがオリュンポスへ行こうとしたときに広い沼があって通れなかったとき、そばにいたロバが親切に渡してくれたことを感謝して星座にしたという噺も伝わっています。

星座宮―サイン

♌ 獅子座宮

[支配星]

太陽

☉

[二区分]

男性宮

積極的　行動的　指導性

[三要素]

不動宮（保守性）

沈着　頑固　反抗的

[四素子]

火の宮（霊的）

独立心　意志強固　短気

◆ワンポイント……♌の天体の意味

- ☉ 創造的
- ☽ 情熱的
- ☿ 創造的権威的知性
- ♀ 感情過多、独占欲、誠実
- ♂ 衝動的で熱烈な欲望
- ♃ 世辞・賛辞を望む
- ♄ 独善的、人並を嫌う
- ♅ 誇り、音頭を取りたがる
- ♆ 指導性、創造的直感、誇張
- ♇ 独創的な自己の表現

◆ 電子書籍・雑誌を読んでみよう！

| 技術評論社　GDP | 検索 |

で検索、もしくは左のQRコード・下の
URLからアクセスできます。

https://gihyo.jp/dp

1. アカウントを登録後、ログインします。
【外部サービス(Google、Facebook、Yahoo!JAPAN)でもログイン可能】

2. ラインナップは入門書から専門書、趣味書まで3,500点以上！

3. 購入したい書籍を 🛒 カート に入れます。

4. お支払いは「**PayPal**」にて決済します。

5. さあ、電子書籍の読書スタートです！

● **ご利用上のご注意**　当サイトで販売されている電子書籍のご利用にあたっては、以下の点にご留意く
■ **インターネット接続環境**　電子書籍のダウンロードについては、ブロードバンド環境を推奨いたします。
■ **閲覧環境**　PDF版については、Adobe ReaderなどのPDFリーダーソフト、EPUB版については、EPUBリ
■ **電子書籍の複製**　当サイトで販売されている電子書籍は、購入した個人のご利用を目的としてのみ、閲覧、
ご覧いただく人数分をご購入いただきます。
■ **改ざん・複製・共有の禁止**　電子書籍の著作権はコンテンツの著作権者にありますので、許可を得ない改

紙面版 **電脳会議** **一切無料**
DENNOUKAIGI

今が旬の書籍情報を満載してお送りします！

『電脳会議』は、年6回刊行の無料情報誌です。2023年10月発行のVol.221より**リニューアル**し、**A4判・32頁カラー**と**ボリュームアップ**。弊社発行の新刊・近刊書籍や、注目の書籍を担当編集者自らが紹介しています。今後は図書目録はなくなり、『電脳会議』上で弊社書籍ラインナップや最新情報などをご紹介していきます。新しくなった『電脳会議』にご期待下さい。

大幅増ページで**ボリュームアップ！**

◆ Software Design も電子版で読める！

電子版定期購読がお得に楽しめる！

くわしくは、
「Gihyo Digital Publishing」
のトップページをご覧ください。

📖 電子書籍をプレゼントしよう！

Gihyo Digital Publishing でお買い求めいただける特定の商品と引き替えが可能な、ギフトコードをご購入いただけるようになりました。おすすめの電子書籍や電子雑誌を贈ってみませんか？

こんなシーンで…
- ご入学のお祝いに
- 新社会人への贈り物に
- イベントやコンテストのプレゼントに ………

●**ギフトコードとは？** Gihyo Digital Publishing で販売している商品と引き替えできるクーポンコードです。コードと商品は一対一で結びつけられています。

くわしいご利用方法は、「Gihyo Digital Publishing」をご覧ください。

ーソフトのインストールが必要となります。
印刷を行うことができます。法人・学校での一括購入においても、利用者1人につき1アカウントが必要となり、他人への譲渡、共有はすべて著作権法および規約違反です。

電脳会議
紙面版

新規送付の
お申し込みは…

| 電脳会議事務局 | 検索 |

で検索、もしくは以下のQRコード・URLから
登録をお願いします。

https://gihyo.jp/site/inquiry/dennou

一切無料！

「電脳会議」紙面版の送付は送料含め費用は一切無料です。
登録時の個人情報の取扱については、株式会社技術評論社のプライバシーポリシーに準じます。

技術評論社のプライバシーポリシーはこちらを検索。

https://gihyo.jp/site/policy/

技術評論社 電脳会議事務局
〒162-0846 東京都新宿区市谷左内町21-13

♌（獅子座宮）は、♈（牡羊座宮）でともった火が燃え上がり、輝きわたる状態を表します。

名前の元の「獅子」は、百獣の王として、王権の象徴、男性原理を表します。中国では伝説の支配者、黄帝が晩年に乗って昇天したとされる龍がこの星座です。龍も獅子も高貴な存在であり、権威の象徴となっています。明るく、勇気をもち、野生的で、不屈の意志がみせる堂々とした自信は獅子座特有のものです。拍手と賞賛を望み、人の上に立とうとします。自分の考えをもち、他人の意志では動かない強情さがあります。しかし、意外にセンチメンタルな点もありロマンチストでもあります。

ギリシャには昔から獅子（ライオン）はいませんが、ギリシャ神話では、ヘラクレスの12偉業の1つに化け獅子退治が出てきます。また、オディプスの謎で登場するスフィンクスも化け獅子です。スフィンクスといってもいくつかの形があり、オディプスに出てくるものは、人間の女の頭と乳房を持ち胴がライオンで翼を持っています。エジプトの遺跡で知られているスフィンクスは、頭と手が人間の男で胴体がライオンのアンドロスフィンクスです。このほかに頭が雄羊や鷹のものもあります。

＊ 獅子座宮神話 ＊

ギリシャ神話によれば、ネメアの谷に棲み人畜を殺傷していた不死身の化け獅子が獅子座です。最悪の怪物ティフォーンと上半身女、下半身蛇の怪物エキドナの間に生まれたという、とんでもない素性を持つ魔性の化け獅子退治が英雄ヘラクレスの最初の仕事でした。彼は棍棒を使い、獅子を追いつめ、怪力にまかせて締め上げ、窒息死させてしまいました。そして、皮を剥ぎミケナイへ持って帰りました。ヘラクレスの偉業を讃えてゼウスは化け獅子を天に上げました。

化け獅子で他に有名なのは、スフィンクスです。

テーバイの王ラーイオスは、過去の所業により、子供に殺されるとアポローンから予言されていたので、男の子が産まれると殺そうとしたのです

が、王妃イオカステーは忍びず嬰児を山中に捨てます。そして子供は、拾われコリントス王妃メロペーに引き取られます。

　成長したオディプスは自分の素性に疑問を持ち、デルファイの神殿で神託を求めました。巫女から、故郷に帰れば父を殺し母と結婚するだろうと告げられ、仰天しコリントスへ戻ることを諦めます。彼は山中をさまよい、テーバイに向かってしまいます。その途中の分かれ道で、馬車に乗った老人ラーイオス王の一行と出会い、互いに道を譲らず、馬車を谷底に突き落としてしまいました。

　郊外に怪物スフィンクスが現れて困っていたテーバイは、王を失って、王妃の兄弟のクレオーンが摂政となります。クレオーンは、スフィンクスの出す謎を解いて、これを退治した者に王位を継がせ、王妃を娶らせると布告します。そして、何も知らないオディプスは謎を解き、テーバイの王となり、予言のすべては成就します。

　エキドナとテューポーンの子スフィンクスの謎は、朝は四つ足、昼は二本の足、晩は三本の足で歩く者は何かという問いです。答えられない者は食われてしまうのですが、オディプスは人間であると答え、スフィンクスは解かれたことを恥じて身投げして死にます。

　そして時が経ち、コリントスからの帰国を促す使者が、オディプスがメロペーの実子ではないことを告げ、同時にラーイオス王殺しの犯人が自分だということが明らかになります。イオカステーは一切を悟って自決し、オディプスは両眼を潰して盲目となりました。

♍

乙女座宮

[支配星]

水星

☿

[二区分]

女性宮

消極的　従順

[三要素]

柔軟宮（破壊性）

神経質　融通性　受動的

[四素子]

地の宮（物的）

現実的　着実　慎重　忍耐

◆ワンポイント……♍の天体の意味

- ☉ 学芸的
- ☽ 分析的
- ☿ 論理的批判的知性
- ♀ 冷静、批判的、情薄い
- ♂ 昇華あるいは不発の欲望
- ♃ 鑑識眼
- ♄ 高潔、猜疑、未知への恐怖
- ♅ 不安定、繊細な神経、皮肉
- ♆ 教育力、理想
- ♇ 生活向上の意志

星座宮——サイン

♍︎（乙女座宮）は力の発動をコントロールする機能を持ちます。

性格は、知的で秩序に重んじ、行動は丁寧です。判断は正確ですが批判的な面が強く、物質的な観点から物事を捉えます。誠実で神経質なほど緻密な面を持ち、繊細な感受性があります。愛情面では自分本位なところが出て冷たく思われることもあります。支配星は☿（水星）ですが、その働きはⅡ（双子座宮）と違う面を持ち、職業では緻密で正確、鋭い識別能力に重点がおかれて調査研究、評論、編集、医療関係等に適しています。

星座絵に描かれた乙女座は女神なのですが、それが誰なのか？は諸説いろいろです。ギリシャ神話の中でも正義の女神アストレーア、農耕の女神デーメテール（ローマ名ケレー）または、その娘のコレー（別名ペルセポネー）、アテナイ王イカリオスの娘エリゴーネ等と伝えられています。エジプトの神話ではオリシスの后イシスとされています。バビロニアではイシュタル、あるいは地の神ベルとされ、いずれも農作を司ります。

非常に古い歴史を持つバビロンに残されている星座絵では、女神の絵ではなく麦の穂だけが描かれています。エジプトでも同様です。女神が星座絵として出現したのはギリシャ神話のデーメテールか、その娘コレーが祭られてからと考えられます。また、デーメテールとコレーは同一視されることも多く、一身両体と考えられている場合もあります。

＊乙女座宮神話＊

ギリシャ神話によれば、乙女座はゼウスの妹、農耕の女神デーメテールまたは、その娘ペルセポネー（別名コレー）とされています。

彼女に想いを寄せていた死者の王ハーデス（プルートーン）は、ペルセポネーが野原で花積みに夢中になって友達とはぐれた隙に、強引に冥界へつれ去ってしまいました。デーメーテールは娘を捜しまわりましたが、太陽神ヘリオスからハーデスがさらって后にしてしまったと聞かされ、エンナ谷の洞穴に閉じ込もってしまいました。このため、地上は草花1つ育たなくなってしまいました。人間も獣も食べ物がなくなりどんどん死んで、

3分の1になってしまいます。困った神々はハーデスにペルセポネーを返すように命令しましたが、ハーデスはペルセポネーにざくろの実を4粒食べさせてしまいました。冥界の食べ物を食べてしまっては地上に帰れません。デーメテールはゼウスに懇願し、ゼウスの裁定でペルセポネーは地上に8ヵ月、冥界に4ヵ月生活するようになりました。ペルセポネーが冥界に行っている間、デーメテールは洞穴にこもってしまうので、その期間が冬になり、世界に四季が始まったとされています。この粗筋は古事記によるイザナギの黄泉の国訪問と似通った点があります。別の神話では、ゼウスとテーミス間に生まれた正義の女神アストレーアとするものもあります（→ ♎ 天秤座宮）。

　エジプトの神話では神代第四王朝オリシス王の后イシスとされています。オリシスは徳高い王として知られ、政治を后に任せて国中に農耕を広めました。残念なことにオリシスの弟にセトという闇の悪神がいて、オリシスを付け狙い、殺害します。イシスは殺されたオリシスの体を見つけだし、再生させますが、セトの一味は体を切り刻み各地にばらまいてしまいます。しかし、イシスは遺体の断片を集め、神通力により再びオリシスを復活させます。オリシスは死に打ち勝ち、冥界の王として君臨するようになりました。イシスは政治を引継ぎエジプトをますます立派に盛り立て、子ホルスはセトを討ったそうです。

♎ 天秤座宮

［支配星］

金星

♀

［二区分］

男性宮

積極的　行動的　指導性

［三要素］

活動宮（創造性）

活動的　決断力　自己顕示欲

［四素子］

風の宮（知的）

美意識　社交的　知識欲

◆ワンポイント……♎の天体の意味

- ☉　外交的
- ☽　協調的
- ☿　合理的比較的知性
- ♀　優しさ、異性遍歴
- ♂　調整された欲望
- ♃　芸術への欲求
- ♄　高貴、偏執への恐怖
- ♅　妥協、バランス感覚
- ♆　調和的環境、妥協
- ♇　公正で美しい状態への願望

♎（天秤座宮）はすべての二元論的対称のものの間の均衡を表します。

性格は、明朗快活で公平さや秩序のある環境を好み、芸術に理解を示します。比較すること、認識することに適性があって、穏やかな雰囲気で人を説得することが非常に上手です。上品で身ぎれいでもあります。天秤そのものの意味に「釣合」があり、バランス感覚は研ぎすまされていますが、それゆえに決断力が弱くお人好しで移り気でもあります。異性の魅力に敏感に反応するのですが、結構気まぐれで心変わりしやすいので浮気者とも思われかねません。三角関係も平気なタイプです。

♎（天秤座宮）にある感受点は、絶妙なバランス感覚を持ちます。職業は♀（金星）的な芸術方面、デザイン関係、美容師等の他に、バランス感覚を生かす外交関係、法律関係、医者も適しています。

天秤座宮神話

アストレーアは大神ゼウスと伝統の神テーミスの間に生まれた正義の女神で、その手に持つ天秤は、人間の罪を計るために使うと伝えられています。

世界が黄金時代の頃、神々は下界の人間の中に混じって生活していました。一年中、春の陽気で食べ物に困る者はなく平和な世で、アストレーアは率先して人間と交わり正義を教えていました。やがて、銀の時代がやってきて、四季が巡るようになると、人間達は家を建て、畑を耕すようになりました。貧富の差、強者と弱者の差が段々と多くなり、争いが起こるようになりました。神々のほとんどは人間に愛想をつかして天界へ引き揚げてしまいましたが、アストレーアは望みを捨てずに、踏みとどまって人間に正義を説いてまわっていました。銅の時代になると、人間は嘘と暴力に染まり、剣を取って親子兄弟や国同士で戦争をするようになりました。ここに至って、とうとうアストレーアは人間を見限り、天秤を持って天に帰り乙女座と天秤座になりました。

というわけで、天秤座は正義の女神アストレーア（→♍乙女座宮）の持つ

星座宮――サイン

ていた公平さと調和を保つ天秤とされています。ギリシャ時代の初めでは「はかり」（ズゴス）と呼ばれていました。この名前の由来ですが、三千年前にはここに秋分点があって、太陽がここにあるとき昼夜を等しく分けることを天秤で表したのではないかと思われます。バビロニアではジバニーツ（死の天秤）という名で、秋分以降の太陽が冬の冥府に落ちていくことを表していたようです。とても小さな目立たない星座なので、時代と地方によりいろいろな見方があったようです。ギリシャ時代の末頃までは乙女座と蠍座の入り交じった場所でした。後に隣の蠍座の2つの爪とみなして「蠍の爪」（ケラエ・スコルピオニス）と呼ばれました。

　独立の星座としての成立は遅く、紀元前46年のユリウス歴制定からです。制定直後の星座の図は天秤を持った女神かシーザーが書かれていましたが、後に天秤だけになりました。12星座はローマで完成したと思われていますが、バビロニアの伝統の復活と見るのが正しいでしょう。

♏ 蠍座宮

[支配星]

冥王星

♇

[二区分]

女性宮

消極的　従順

[三要素]

不動宮（保守性）

沈着　頑固　反抗的

[四素子]

水の宮（情的）

内省的　感情的

◆ワンポイント……♏の天体の意味

- ☉　支配的
- ☽　熱烈・永続性
- ☿　洞察的実証的知性
- ♀　嫉妬、秘密、性愛
- ♂　情熱的肉感的で強い欲望
- ♃　科学的研究の欲求
- ♄　自己中心性、執着したものを失う恐れ
- ♅　頑強、集中力、肉欲
- ♆　調査能力、変身願望
- ♇　強烈で内在する性衝動

♏（蠍座宮）は現世的な死とその対極の生を支配します。

　この星座宮の性格は理解しにくいとされています。それは、矛盾に満ちているからです。相反する生と死、物質と霊を結び付け、生命や自我に対するあくことのない探求を続けることができます。追求は哲学的、あるいは宗教的なかたちではなく神秘的な考えに導かれています。感情はあまり表に出しませんが深刻で激烈なものがあります。

　蠍は隠れているのがうまく、予想外の動きをして、逃げるのも早いというイメージがあり、暗い無意識の世界を象徴しています。内に隠れている対立と矛盾がこのサインの主調音です。職業は持続力と探求力から、心理学、医学、神秘学研究、科学関連産業等が適しています。

　蠍座は、冬のオリオンとともに形の見事さゆえに星座の代表とされています。この星座は歴史が古く、各地に多くの伝説があります。それも当然で、古いものではメソポタニアの遺跡から、天球を描いた壺などに蠍が書かれているものが数多く発見されています。バビロニアではこの星座は最も不吉なものとされていました。中心となる赤い１等星（アンタレス）を闇の力の星とみて、太陽が秋分以降次第に低くなって光と熱を弱くしていくのを、この星の仕業と考えていたのです。また、不吉なだけでなく宗教的な崇拝の対象であった生命の女神イシュハラは、この蠍座に住んでいるとされています。

　錬金術で鉄を金に変えるには、太陽が蠍座にある期間を使わなければならないとされています。

*
蠍座宮神話
*

　ギリシャ神話では、オリオンを殺した蠍です。オリオンはポセイドンとミノス王の娘エウリュアレーの間に生まれました。一説ではガイアから生まれたとされ、いずれにしても巨大な体格とたぐいまれな美しさを持っていました。彼は自分に大変な自信があったので月の女神アルテミスと狩をして歩いたときに、地上のあらゆる野獣を射止めてみせると大口を叩き

ました。これに腹を立ててガイアあるいはヘーラが怒って大蠍を送り付けました。狙い違わず大蠍は一刺しで、怪力無双のオリオンを殺してしまい、その功績でこの蠍は天に上げられました。オリオンもアルテミスの願いによって天に上げられましたが、蠍の反対側で蠍が天に昇るとオリオンは西の空から隠れてしまい、蠍が沈むまで出てこないのだと伝えられています。

　また、別の伝承では、この蠍は太陽神ヘリオスの通り道に横たわり、たまたま父ヘリオスの代わりに日輪車の手綱を持ったフェートン（パエトーン）を脅かしたとされています。蠍に驚いて手綱を放してしまったフェートンはなすすべもなく、軌道を乱してしまった日輪車は勝手気ままに走り回り、ある時は地上に近づきすぎ、大地を焼き払い人間を黒くしてしまったり、遠ざかり過ぎて極寒の地にしてしまったりしました。このまま放っておくと人間が皆滅びてしまうので、ゼウスはしかたなく日輪車をフェートンもろとも雷電で打ち落としてしまいました。フェートンはエリダヌス河にまっさかさまに落ち、水のニンフ達は屍を河畔に葬りました。

星座宮──サイン

♐

射手座宮

[支配星]

木星

♃

[二区分]

男性宮

積極的　行動的　指導性

[三要素]

柔軟宮（破壊性）

神経質　融通性　受動的

[四素子]

火の宮（霊的）

独立心　意志　強固　短気

◆ワンポイント……♐の天体の意味

- ☉　自由的
- ☽　本能的・あたたかさ
- ☿　直接的衝動的知性
- ♀　自由、奔放、誠実
- ♂　衝動的欲望
- ♃　博愛、人間性、美意識
- ♄　独立的、見栄、制約への恐怖
- ♅　神経症的、勇気、霊的志向
- ♆　映像化、予言的
- ♇　正しい方向性の指向

♐（射手座宮）は、半人半馬の複体に象徴される二重性とその統合による新しい力を示します。

性格は思弁的な理性と野性的な本能の二面性のぶつかり合いですが、表裏はありません。哲学的な知恵や直感的なカンの良さがあり、正直で行動的、楽天的、努力家です。理解も早く、時として軽率でもあります。決めた目標には矢のようにまっしぐらです。束縛を嫌う自由で独立な気性ですが、革新的というよりは保守的です。職業は文学、哲学、宗教、法律関係、外交官、公務員等多岐にわたり恵まれています。

この星座宮は人馬宮とも呼ばれ、ギリシャ神話では弓を引き絞ったケンタウルスです。バビロニア神話ではネルガルと呼ばれ火星を表していましたが後にケンタウルス族のケイローンを表すようになります。下半身は獣性、上半身は霊性、つがえた矢は神性を表し、完全な人間を象徴しています。

射手座宮神話

この星座はティターンの末裔クロノスとニンフのピリュラーの間に生まれたケイローンです。ケンタウルス族は上半身が人間、下半身は馬という姿です。このような姿は、クロノスが妻の目をごまかすために馬となってピリュラーに会いに行っていたためという説と、ピリュラーが海の神々のならいに従って牝馬となって受胎したためという説があります。

ケンタウルス族は乱暴で野蛮な種族とされていますが、ケイローンは善良で正義感が強く、音楽の神アポローンと月の女神アルテミスから音楽、医術、予言、狩り、馬術、弓等を授けられました。ペーリオンの山中に住み、百芸の師としてギリシャの若い英雄達を多数導きました。

ギリシャ神話に出てくる大半の勇者は、ケイローンの弟子となり武芸百般を伝授されています。最も代表的な話は、後にアルゴー船を建造し遠征隊を率いて金羊毛を取り返しに行ったヤーソンを育てたことです。ヤーソンはイオルコス王の息子として生まれましたが、いわゆる「お家騒動」で

乗っ取りグループに殺されかけたところを、乳母に助けられてケンタウルスに預けられたのでした。その日から彼はケンタウルスの息子として育てられ、武芸百般をたたき込まれました。そして、たくましく成長し二十歳になった時に自分の出自を知って、イオルコスの王位を取り戻すために山を降りて行きました。

ほかに12星座絡みだけでも、怪力ヘラクレス（→♌獅子座）に天文を、カストル（→♊双子座）には馬術を教えています。もちろん、ケイローンは単なる技術コーチではなく、ヘラクレスが馬人族と戦ったときも一緒に戦いました。しかし、乱戦の時に誤ってヘラクレスの放った毒矢がひざに刺さってしまい、不死の身ゆえ死ぬことができずにひどく苦しみ、傷の痛みに堪えかねて不死の身を英雄プロメテウスに譲りやっと死ぬことができました。ゼウスはケイローンの死を悼んで、天に上げ星座にしたとされています。

♑

～ 山羊座宮 ～

[支配星]

土星

♄

[二区分]

女性宮

消極的　従順

[三要素]

活動宮（創造性）

活動的　決断力　自己顕示欲

[四素子]

地の宮（物的）

現実的　着実　慎重　忍耐

◆ワンポイント……♑の天体の意味

- ☉ 権力的
- ☽ 自己中心的
- ☿ 慎重で集中力のある知性
- ♀ 保護的、抑制
- ♂ 抑制された長続きする欲望
- ♃ 管理能力、打算的
- ♄ 野心、計画性、見返りを期待する
- ♅ 野心、使命感、責任
- ♆ 熟慮、完全主義
- ♇ 独裁への欲望

♑（山羊座宮）は山羊が魚の尾を付けている姿であり、現実の世界での機能性を重視し豊饒の時を表します。また、冬至点から太陽が回帰し、新たな旅立ちをも象徴しています。

♑（山羊座宮）の性格はどちらかというとおとなしいのですが、頑固で一度首を横に振るといくら命令しても動かないところがあります。冷静で勤勉、慎重ですが内心には野心があります。地位に執着し、保守的で孤独な面も持っています。この星座宮が感じる最大の恐怖は、自分のものが失われるという考えです。嫉妬深い面も♏（蠍座宮）のような感情的な面からではなく、自分の所有物に対する観念から発しているのです。職業は地位のあるものが適していて、医学研究、法律関係、政治家、思想家、教育関係、牧師、楽器演奏家等があります。

山羊座宮神話

ギリシャ神話では、森の神パーンの姿とされています。パーンはヘルメス（→☿水星）とドリュオプス王の娘ドリュオペの間に生まれたのですが、上半身は毛深い人間で頭には山羊の角と毛の生えた尖った耳があり、下半身は山羊で蹄のある姿をしていました。生まれたときから笑い好きで、しかも髭だらけの顔をしていたので、乳母は怖がって逃げてしまいました。しかしヘルメスは大喜びでオリュンポスへ連れていってお披露目をしました。

パーンは元祖プレイボーイと呼ばれるほど女好きです。彼が追いかけて逃げられた話はいくつもありますが、その始めの方の話として、水の妖精シュリンクスとの話があります。狩りの帰りにばったり出会い、いつもの例のごとく追いかけ回したとき、もう少しで捕まえそうになったところで、シュリンクスは葦に姿を変えてしまいました。パーンは葦を1本取ってシュリンクス（葦笛）を造り、その思い出を込めて愛用しました。

その笛を吹きながらナイルの川岸で宴会をやっていると、酒の匂いにつられて大怪物ティフォーンが乱入してきました。あまりに突然に出現した

ので、神々は大慌てで逃げましたが、パーンも仰天したのでしょう。魚になって逃げようとしたのですが、ナイル川に入った部分が魚になり、水の上に出ていた上半身は山羊になってしまいました。神々はパーンのこの姿をみて大笑いし、ゼウスはこの出来事を記念して星座にしてしまいました。それがこの星座の姿です。

　なにやらユーモラスなイメージがありますが、気難しく怒りっぽい点もあり、寝起きはとくに悪いと伝えられています。パニックの語源は、パニックの起こし手であるパーンのもたらす恐怖だそうです。神々は、パニックの起こし手がパニックに陥ったのを喜んで星座にしたわけです。

　また、この星座宮は神々の門にあたり、人の魂はここをくぐって天国へ行くと信じられていました。

星座宮――サイン

水瓶座宮

[支配星]

天王星

♅

[二区分]

男性宮

積極的　行動的　指導性

[三要素]

不動宮（保守性）

沈着頑固　反抗的

[四素子]

風の宮（知的）

美意識　社交的　知識欲

◆ワンポイント……♒の天体の意味

- ☉　革命的
- ☽　気むずかしい
- ☿　独創的抽象的知性
- ♀　博愛、愛情より友情
- ♂　異常性を帯びた欲望
- ♃　独創的、友好関係
- ♄　孤独、制御できないものへの恐怖
- ♅　進歩的、片意地
- ♆　論理的構成能力、独立
- ♇　自己表現の自由化

♒（水瓶座宮）はとめどなく水を流し出す瓶です。その水は世界を洪水にして、新しい土地をもたらします。

♒（水瓶座宮）の性格は寂しがりやで、親切、同情心があり友情に厚く、内気です。神経質でストレスをためやすい傾向もあります。自由を愛し、束縛するものに対しては外見からは信じられないほど反抗的になります。創造性もあり美術や文芸の作り手としても優秀です。ただし無から有を生むような創造性ではなく、存在しているものから新しく再編するタイプです。職業としては科学技術関係、電気、写真、飛行機、批評家、ジャーナリスト、文芸関係、舞台関係、演出関係が適しています。

若い男が水の流れ出している水瓶を担いでいる姿がこの星座です。エジプトでは、ナイルの増水は水源にこの瓶が投げ込まれるためと信じられていました。古代バビロニアの彫刻にも、肩に担いだ水瓶を傾けている人物が描かれています。地中海から中近東にかけての地域は、太陽が水瓶から魚にあたる冬が雨期であったことからこれらの星座が造られたとする見方もあります。

*
水瓶座宮神話
*

ギリシャ神話では、ガニメーデスと彼が担いだ瓶とされています。ガニメーデスはトロイア王家の祖トロースの孫ラーオメドーンの子です。金色に輝く美少年として、その名は近隣を越え、神々の世界までも聞こえていました。興味を持ったゼウスは、牧童をしていたガニメーデスを鷲の姿に化して（またはゼウスの使い鷲がにわかに舞い降り）、オリュンポスにさらってきました。ゼウスはガニメーデスの代償として、父親に、鍛冶の神ヘーパイトスの作った黄金の葡萄と、風のように足の速いトロースの馬を与えたと言われています。ガニメーデスは人間のうちで最も姿麗しき少年とされ、永遠の若さと美に輝いて、果てることなく続く神々の天上の供宴の給仕役を勤めています。他の神話では、ゼウス自身が水を大地に注いでいるとも言われています。

一方、エジプトでは、ナイル川の神アビスそのものと豊かさをもたらす毎年の洪水を表しているとされます。流れる水は、河畔を浸食し堆積しどんどん状況を変えていきます。変化してやまないこの瓶から流れる水が象徴しているのは、物質としての水だけではなく、知識を象徴し、この世を浄化していく聖なる水でもあります。

♓ 魚座宮

[支配星]

海王星

♆

[二区分]

女性宮

消極的　従順

[三要素]

柔軟宮（破壊性）

神経質　融通性　受動的

[四素子]

水の宮（情的）

内省的　感情的

◆ワンポイント……♓の天体の意味

- ☉　信仰的
- ☽　活発な豊かな感情
- ☿　直感的情緒的知性
- ♀　献身的、ロマンチック
- ♂　官能的耽美的欲望
- ♃　多情多恨、献身的
- ♄　自己犠牲、孤独の恐怖
- ♅　犠牲的、不協和、不安定
- ♆　理解力、同情心、霊的傾向
- ♇　新しい表現方法の案出

♓（魚座宮）は、古い周期の終わりと新しい周期の始まりを象徴します。左右に分かれる変わりやすさとともに、内部に相反する2つのものをもち、統合調和させることができずに大きな矛盾を抱えてしまう状態を暗示します。

♓（魚座宮）の性格は表向きは簡単そうですが、実は大変むずかしいものです。2匹の魚が違う方向へ行こうとするこの星座は、物質的充足をまず求めますが、それが目的にはなりません。♓（魚座宮）は心身ともにのめり込むことがあれば、幸せに満たされます。自己の充足をはかりながら自分を捨て去り、そのような自分に救いを感じています。この自己犠牲は他人のためであると同時に自己救済でもあるのです。職業は芸術芸能一般、美容師、占い師、社会福祉関係、幼稚園経営、液体関係扱い一切が適しています。

魚座宮神話

この星座が魚となったのはギリシャ神話の成立よりも前で、バビロニアでも魚（ニューネ）という名前が付けられていました。シリアでは美の女神イシュタルとその子とされています。ギリシャ神話でも美の神アフロディーテーとその子供エロースとされています。

2人がユーフラテス川の畔を歩いていたときに、悪名高き半人半蛇の大怪物ティフォーンが現れたので、2人は川に飛び込み、魚に姿を変えて逃れたことを表した星座です。

パーンを驚かして山羊座を作らせるもとにもなったティフォーンは、ゼウスによって巨神族ティターンが滅ぼされてしまったことを悲しんだ大地の女神ガイアがゼウスを恨んで作った怪物で、首が百もあり、目と口からは火を吹き、口真似がうまかったとされています。突然現れることが多く、神々を脅かしたので、結局ゼウスはティフォーンの上にエトナ山を乗せてしまいました。そのためエトナ山は火を噴いているのだと伝えられています。

バビロニアの美の女神を示すシンボルに、「魚のいる家」があります。生命や豊かさ、多産と性欲を象徴し、再生と不滅を表します。始原の海に生息する2匹の魚は、神ヤハウェの永遠に戦う2人の息子でもあります。その戦いは真理を招来します。

　魚は蛇より高い権威を持ち、始原の海に生まれた意識と無意識の世界と、その中の自己、魂をも表します。星座宮の並びの最後として、完成を意味し、次の周期の入り口ともなります。そして、ここから不滅と再生の意味が出てくるのです。

サインのその他の事項

伝統的なサインの解釈は、前節で述べたような基本的な分類の上に立った性格とともに、これらの命名のもとになった事項と支配星、ハウス対応を絡めて行われています。

この他にも意味付けしようとする試みに**デカネート分割**という方法があります。これは、各サインを10度おきに分割しそれぞれの副支配星をそれぞれのエレメント（四素子）の順に配置するという方法です。たとえば、火のエレメントは♈（牡羊）、♌（獅子）、♐（射手）の3サインです。♈（牡羊）0度から9度までは♈（牡羊）そのもので♂（火星）支配下、♈（牡羊）10度から19度は♌（獅子）の支配星☉（太陽）の影響も受け、♈（牡羊）20度から29度までは♐（射手）の支配星♃（木星）の影響を受けて、性格に表れると考えるのです。

最近ではこれらの分割法を集大成したハーモニックと呼ばれる手法が出てきていますが、いきなり難しい方法に飛びつくのではなく、あくまでも基本に忠実に勉強を進めることが最もよい方法です。

12宮の身体配置

サイン	部位
♈	頭　顔　目　脳
♉	首　喉　顎　耳　舌　声帯
♊	腕　肩　手　上胸部　肺
♋	乳房　上腹部　胃　子宮
♌	背中　脊椎　心臓　血管
♍	腹　腸　腹部神経
♎	腰　腎臓　副腎
♏	股間　鼻　生殖器
♐	腿　肝臓　座骨
♑	膝　骨格　関節
♒	脹ら脛　循環器系
♓	足　末梢神経　分泌腺

12宮の身体と方向配置

星座宮──サイン

꩜ サインと感受点について ꩜

　それぞれの感受点は、サインの影響を受けて性質を変化させていきます。これは感受点とサインの意味を充分に修得していればおのずと理解できる事項なのですが、一応 ☉（太陽）と Asc（上昇点）についてまとめてみました。

　上昇星があると Asc に対するサインの影響だけでなく、意味合いが加わってきます。

☉のサイン性格

♈	指導力　勇気　精力的　独断的　自己中心　無頓着　積極的　決断力
♉	実務的　保守的　消極的　安全第一　頑固　自己中心的　物質欲
♊	きびきびしている　適応力　落ち着きなし　軽薄　むら気　計画倒れ
♋	細かい感情　保育者　動揺しやすい　気弱　受動的　気難しい
♌	高慢　スケールの大きさ　寛大　親分肌　見栄坊　誇示
♍	理詰め　計画的　几帳面　勤勉　こうるさい　おせっかい　義務感
♎	快活　調子良い　如才ない　優柔不断　呑気　強情　乱雑　あきらめ
♏	容赦せず　ひたむき　秘密性　逆恨み　執念深い　継続的
♐	能動的　浪費性　無鉄砲　世俗性のなさ　活動的　機転のなさ
♑	社交性の不足　用心深い　実利的　根気よい　執着性　厳格　狭量
♒	公平　奇抜　博愛　つむじ曲がり　冷静　変人　不誠実
♓	思いやり　霊的　感銘　感動　当惑　非現実的　交感神経

Ascのサイン外見

♈	男性的な容貌　赤いか浅黒い顔色　広い額と狭い顎　筋肉質　中肉中背
♉	肉質の丸い顔立ち　童顔　太り肉で短躯　丸い可愛い目
♊	細長い顔　背高く痩せ型　暗い感じの顔色と視線　切れ長の目
♋	月のような顔だち　短躯で肥満体　体重は軽い
♌	快活な卵型の顔　気迫のある見開いた目　血色好し
♍	細面の若々しい顔　視線の弱い静かな目　細身
♎	美貌　優美な卵型の顔　均整のとれた体形　礼儀正しい紳士淑女
♏	骨張った鋭い顔　荒い眉　高尚なタイプは背高く痩せ型
♐	卵型の面長の顔　小麦色の肌　若々しい容貌　背高くスマート
♑	痩せた細い顔　貧相な顔立ち　小さな耳　中背痩身
♒	卵型の整った顔　中肉中背　人道主義　個人主義
♓	血の気の薄い顔　たるんだ皮膚　短躯　柔らかい肉体

Asc のサイン性格

♈		活動的　衝動的　規則に従う　断固として自分の意見を通す
♉		頑固　食べたがる　継続性のあるゆっくりした動作　ほしがる
♊		すばやい動き　直ぐ疲れる　多芸多才　多弁　反応が早い
♋		感覚的人間　休みない動き　献身的　間食好き
♌		解放的　威厳のある動作　誇り高い　見栄っぱり　短気　やり過ぎ
♍		目立たない　勤勉　律気　神経質　実利的
♎		社交的　柔らかい声の調子と穏やかな話し方
♏		人格の低いタイプはずんぐりと短躯　執念深い
♐		野外活動の好きな哲学者　陽気　直情径行
♑		厳格　確実　持久力　感情の冷めきった理屈っぽさ
♒		友愛精神　独創的　エキセントリック
♓		直感的な理解　心配性　嘘欺瞞に罪の意識がない

Asc の影響

☉		威厳と高貴さ　整った体形　肌や顔色は冴えて明るい
☽		愛敬　丸顔　小太り　白い肌
☿		痩せ型　高背　利口そうな容貌
♀		美貌　上品
♂		強健　赤みがかった皮膚
♃		大柄　重厚
♄		短躯　軽量　浅黒いか青白い肌
♅		細身　際立った個性　風変りな風貌
♆		脆弱　消耗しやすい
♇		暗さ　鋭さ　並外れなところがある

支配星配列（ディスポジター）

　感受点の存在しているサインの支配星を順番に追っていき、感受点がほかの星の影響をどのように受けているかという順列をみるのが支配星配列（dispositor、ディスポジター）です。

　自分の支配するサインにいる感受点は「根」（ファイナル・ディスポジター）と呼ばれて、自分の配列の感受点に強力に影響します。また、出生図の解釈の一環としてナチュラル・ハウス（ハウスをサインに変換して考える方法、後述）による支配星配列も考えられます。

　根が存在していたり、根に相当する部分にミューチャル・リセプション（交換）がある場合は、その天体配列が支配統合されるので、本人の判断力は「根」によって統一されることになります。

　ホロスコープの解読は、主星（ある問題を統括する星）の選定に始まります。その1つの方法と考えてよいでしょう。

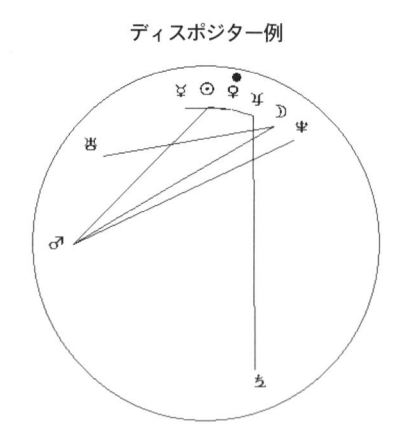

ディスポジター例

note:
♫**Stargazer で表示する根とミューチャル・リセプション**
　ディスポジター例では、根やミューチャル・リセプションにあたる感受点の上にマーキングがされます。根のマーキングは設定された星座宮色、ミューチャル・リセプションは設定されたホロスコープ線色を使用するようになっています。

☾ サインの発展物、サビアン ☽

　獣帯12サイン（ゾディアック）の理解の方法として、従来は前節までに述べたやり方が唯一絶対であるというように捉えられていたのですが、ハーモニック理論（後述）の浸透とともに、他の方法が模索されてきました。ハーモニックの考え方では、サインはHN＝12、デカネート分割はHN＝36という方法なのです。従って、他のハーモニック数でのゾディアック（黄道）理解が可能なわけです。現実に東洋では12サインも知られていましたが、「宿曜」の名で27あるいは28分割が行われていました。
　しかし、12星座を充分に知らないうちにハーモニック絡みの話を聞きかじることは、誤解のもとになりかねません。最初に誤解してしまうと訂正に大変苦労することになりますから、初学のうちは「まだまだ奥があるぞ」と思って次のハウスに目を進めた方がよろしいかと思います。
　ゾディアック理解の中で、最近とくに注目されるようになってきたのが**サビアンシンボル**です。これは1925年に、マーク・エドモンド・ジョーンズによりエリス・フィラーを介して筆記されました。1度おきのカードをフィラーに与え、湧き上がるイメージを記録するという作業でした。各サインのそれぞれの度数に意味を認め、シンボルとしてのイメージを付与したわけです。
　サビアンは、人間が生まれてから完成していくまでの過程をゾディアックでなぞっていると捉えてよいでしょう。ディーン・ルディヤーはこのシンボル体系に着目し、その体系を再編し、あらためて解釈を施しています。
　サビアンシンボルは1度ごとに決められているのですが、大枠からすると90度、15度、5度の区切りでまとめられていて、解釈の際は2つの度数をペアにするのが基本です。サビアンにおける重要な枠組みは15度です。サインにしてみれば、サインの前半と後半で意味がかなり違ってくるということでもあります。15度を5度毎に分けてそれぞれのレベルを活動的レベル、情感的・文化的レベル、個人的・知性的レベルと考えます。
　サビアンを使う場合の注意は、占星術の方法とはやや違う領域への接

触だという点です。度数そのものにシンボルが割り当てられ、その解釈が問題となるという方法は、よりタロットとその解釈に近い形であり、また、この技法だけで占星術全体が現代化するものではありません。占星術を現代化しようとする試みの1つだと言えます。

Stargazerではホロスコープ・チャート中の感受点をクリックすることで、チップヘルプの形でサビアンシンボルを表示できます。また、ダブルクリックすることで一覧表を出すことができます。もちろん、それらはそれぞれの度数のシンボルを表示できるだけですから、その解釈は自分で行う必要があります。

サビアンシンボルは各星座宮を1から30に割り当てています。しかし、Stargazerでは、感受点位置は0度から29度の数学的表示を標準としていますので、この体系を混乱させることを避けるために度数は0から29度で表示します。また、シンボルは日本語訳に若干の差異があります。

サビアンシンボル概要一覧
異化の過程

♈	0 − 14	欲望
	0 − 4	存在の芽生え
	5 − 9	始源的な概念の理解
	10 − 14	現実に人を動かしている原理についての学習
♈	15 − 29	潜在的可能性
	15 − 19	個人の持つ潜在的可能性の発芽
	20 − 24	生命力と官能の喜びが高まる
	25 − 29	自分捜しの結論
♉	0 − 14	実体化
	0 − 4	運命の実践
	5 − 9	エゴの殻を捨てた助け合い
	10 − 14	個人的な欲望の発達と洗練
♉	15 − 29	確信
	15 − 19	新しい個性を確立するための哲学的な戦い
	20 − 24	能力を通じて社会参加する喜び
	25 − 29	社会の分化的産物の消費
♊	0 − 14	発見
	0 − 4	純粋な知性に対する関心
	5 − 9	集合的な意識に対する関心
	10 − 14	未知の体験に飛び込む知性
♊	15 − 29	外部化
	15 − 19	知性の社会化
	20 − 24	知的なエントロピーの超剋
	25 − 29	知性と存在の本質化

安定化の過程

♋	0 – 14	決断
	0 – 4	情感の再生　新しい地図
	5 – 9	新しい生存のための獲得と蓄積
	10 – 14	究極の価値への指向
♋	15 – 29	統合
	15 – 19	自己と世界の構造的な関係
	20 – 24	社会参加のあり方の模索
	25 – 29	伝統に支えられた富と名声
♌	0 – 14	燃焼
	0 – 4	生命の活性化
	5 – 9	創造と破壊の感情
	10 – 14	精神の緊張を解き放つ遊戯性
♌	15 – 29	解放
	15 – 19	遊戯から真面目な探求心への変化
	20 – 24	サイキック・エネルギーの使い方
	25 – 29	自己表現の達成
♍	0 – 14	性格化
	0 – 4	自己の客観化
	5 – 9	情感や情念による支配
	10 – 14	待ち望んだ夢の実現
♍	15 – 29	教育
	15 – 19	潜在意識の反撃
	20 – 24	実務的な能力の高まり
	25 – 29	個としてのあり方を純化した神聖な世界

集合化の過程

♎	0 – 14	変容
	0 – 4	変容の過程
	5 – 9	理想を実現する時に現れる反動や否定性の処理
	10 – 14	知恵の伝達に必要な工夫　探求の方法
♎	15 – 29	再構築
	15 – 19	潜在意識を扱いかねて傷ついた心の修復
	20 – 24	自然界の力を制御
	25 – 29	知の道の完成
♏	0 – 14	霊的な交渉
	0 – 4	仲間とともに体験する喜び
	5 – 9	冒険が作り出すダイナミックな感動
	10 – 14	新しい絆による新しい自分の確立
♏	15 – 29	信頼
	15 – 19	受容性の発達
	20 – 24	荒々しい衝動性の処理
	25 – 29	束縛と支配から逃れる手段
♐	0 – 14	抽象
	0 – 4	自由な魂の戦闘力の復活
	5 – 9	フェアプレイ精神
	10 – 14	人の基準を古代の知恵に求める偉大な進化の夢
♐	15 – 29	移動
	15 – 19	未来に生き延びる知恵
	20 – 24	未来的な新しい世界への移動
	25 – 29	社会の中での代表的な活動

星座宮―サイン

資本化の過程

♑	0 – 14	結晶化
	0 – 4	権力と実行力の直接的な表現
	5 – 9	社会の根底にあるものへの関心
	10 – 14	選ばれた人の貴族的な活動
♑	15 – 29	集団行為
	15 – 19	健康な実際性
	20 – 24	競争原理
	25 – 29	五感の支配
♒	0 – 14	貢献
	0 – 4	理想の具体化
	5 – 9	仮面の演技
	10 – 14	純粋に自由を獲得した人の本当の公正さ
♒	15 – 29	管理能力（マネジメント）
	15 – 19	壮大な世界地図の中に生きる
	20 – 24	個人的な感情を淘汰し公正な存在への改造
	25 – 29	あらゆる問題の技術的解決
♓	0 – 14	連合（フェデレーション）
	0 – 4	商業的な流通活発な交渉
	5 – 9	犠牲と奉仕
	10 – 14	訓練された組織の一員の自覚
♓	15 – 29	永久化
	15 – 19	社会を全体的に動かしている潮流に関係
	20 – 24	超越的体験
	25 – 29	魂の１つのサイクルの閉幕

3 占星術概論

室 — ハウス

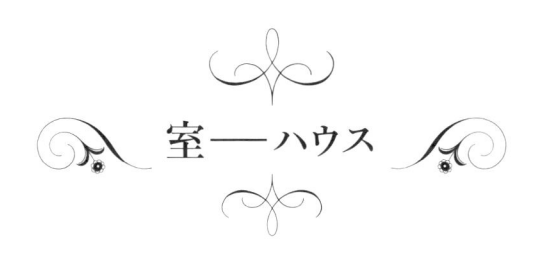

12ハウスについて

　サイン（星座宮）は天の枠組みですが、ハウス（室）は地の枠組みです。ハウスは、感受点やサインによって示された性質や能力が、ホロスコープの持ち主の人生にどのように現れるかを示しています。

　天球を地球上の緯度経度をもとに分割したものがハウスで、それぞれのハウスは地上的な人生の諸々の事柄を分割して受け持っています。ここに入っている感受点やサインによって吉凶禍福を判断します。

　12分割でない方式は別ですが、ハウスはサインとそれぞれ対応して定位が決まっています。たとえば、第1室は♈（牡羊座宮）対応で、基本的には♈（牡羊座宮）の支配星♂（火星）の支配を受けていると考えます。

ホロスコープ上の各ハウス

サイン、ハウス、天体対応一覧

ハウス		サイン	支配星
第1室	←→	♈（牡羊座宮）	♂（火星）
第2室	←→	♉（牡牛座宮）	♀（金星）
第3室	←→	♊（双子座宮）	☿（水星）
第4室	←→	♋（蟹座宮）	☽（月）
第5室	←→	♌（獅子座宮）	☉（太陽）
第6室	←→	♍（乙女座宮）	☿（水星）
第7室	←→	♎（天秤座宮）	♀（金星）
第8室	←→	♏（蠍座宮）	♇（冥王星）
第9室	←→	♐（射手座宮）	♃（木星）
第10室	←→	♑（山羊座宮）	♄（土星）
第11室	←→	♒（水瓶座宮）	♅（天王星）
第12室	←→	♓（魚座宮）	♆（海王星）

　12宮の身体配置と方向配置はそのまま第12室の身体配置と方向配置に置き換えることができます。また、その意味付けについては、人生の中で起こったある事件が何室の事項なのかがわかるような知識と経験、能力を身に付けることが必要です。

12ハウスの身体配置

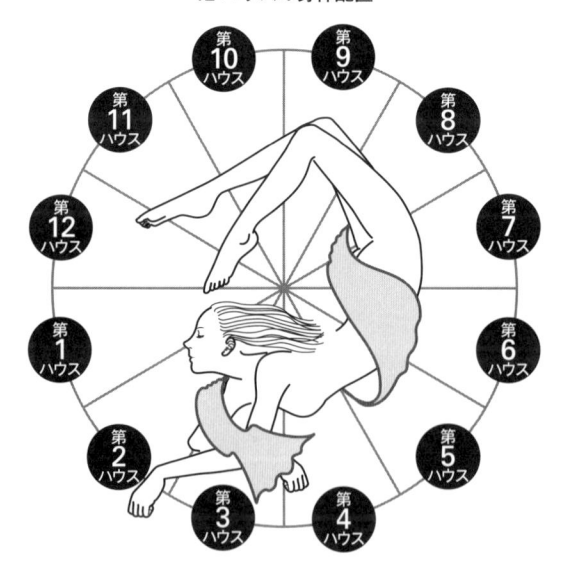

ハウスの代表点、カスプ

1つのハウスを代表する点を**カスプ**と呼びます。これも感受点の1種と考えることができます。キャンパナス方式のハウス分割ではハウスの中心になっていますが、その他のハウス分割方式ではハウスの境界となっています。

第6ハウスのカスプ位置

キャンパナス法の場合

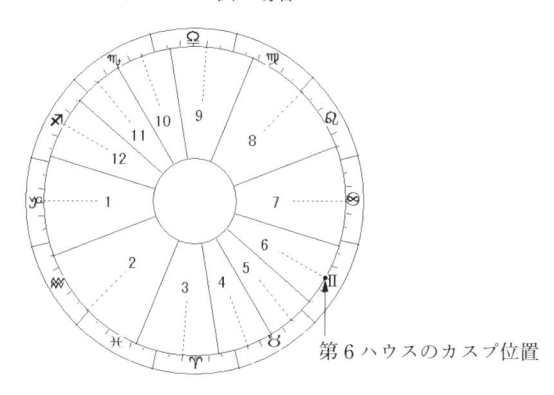

第6ハウスのカスプ位置

イコール法の場合：
キャンパナス・エジプシャン以外

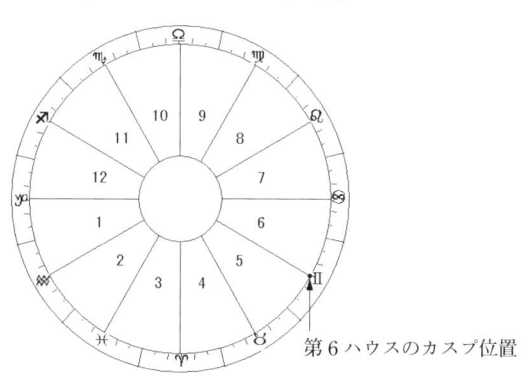

ハウスのグループ

各ハウスが表す意味を以下に示します。

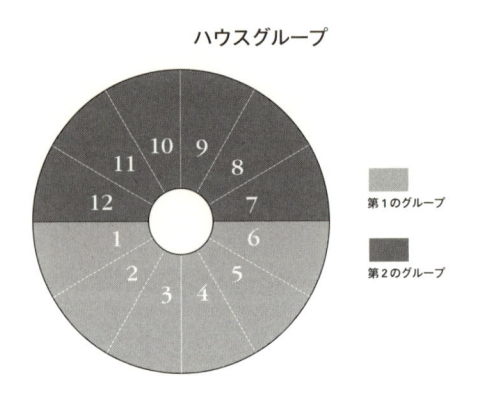

ハウスグループ

■ 第1のグループ
■ 第2のグループ

第1のグループ　　個人的な関係と私生活に関する部分

第1室	本人自身を表す　外見、体質、人柄、資質
第2室	金運、収入源、財政、祖先
第3室	旅行、通信　兄弟姉妹、親族、隣人　興味
第4室	家庭、遺伝　異性の親と相続　晩年
第5室	子供　恋愛　投機　土地、不動産　共有財産
第6室	病気　労働　部下　義務

第2のグループ　　対人関係と社会生活に関する部分

第7室	結婚　共同事業　契約、訴訟、論争　移転
第8室	死、遺言、遺産　持参金　外科手術
第9室	哲学、宗教　海外旅行　儀式　大学
第10室	職業　履歴　名誉　信用　同性の親
第11室	友人　希望　家族の死　養子の男女
第12室	秘密　隠れた敵　障害　犠牲　退職　監禁　寡婦、後家

ハウスの区分

アングル、サクシデント、キャデントという3つの分類があります。ラテン語で、角、角に続く、角に遠く落ちるという意味です。

ハウスをサインの対応と考えると、このほかにもハウスの分類が考えられますが、一般に使われていないようですので割愛します。

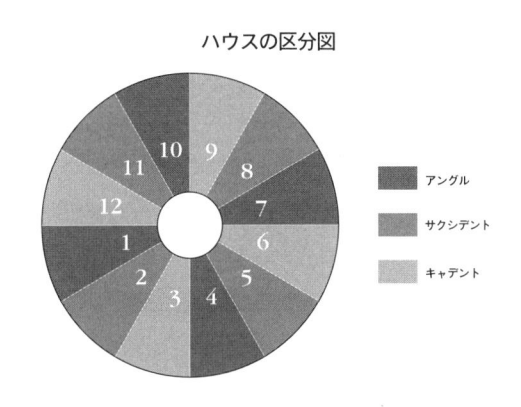

ハウスの区分図

ハウスの区分

アングル	人生のキーポイント
第1室	本人の運命
第4室	家庭と本人の人生の終局
第7室	結婚、協同
第10室	職業と社会生活
サクシデント	**アングルで示されたことの努力した結果**
第2室	財産
第5室	子供　共有財産
第8室	配偶者、協力者の財産
第11室	友人　願望、目的
キャデント	**サクシデントで展開した人生のアングルへの橋渡し**
第3室	精神的な興味の対象
第6室	労働と仕事
第9室	科学や哲学思想の研究、旅行
第12室	隠されていること

さまざまなハウス分割法

　Stargazerは分割法として、日本で最も一般的なプラシーダスをはじめ、幾何学的に最も美しいキャンパナス、レジオモンタナス方式、欧米で一般的なコッホ、手軽で簡単な等分法とその延長のソーラ・サイン、ソーラ・ハウス、特殊な古代エジプシャン、ジオデテック方式を採用しています。

プラシーダス法（Placidus）

　等分法とともに日本に早くから紹介された方法で、日本では最もよく使われているとされています。

　　表示感受点：☉ ☽ ☿ ♀ ♂ ♃ ♄ ♅ ♆ ♇ ☊ Asc、以下同

キャンパナス法（Campanus）

　キャンパナス（Campanus Giovanni Campani, 1233～1296）が考えた方法です。天球の12分割法の1つで、地平線上の真東を基準に同じく

真西、天頂、天底を通る大円を基準に分割します。

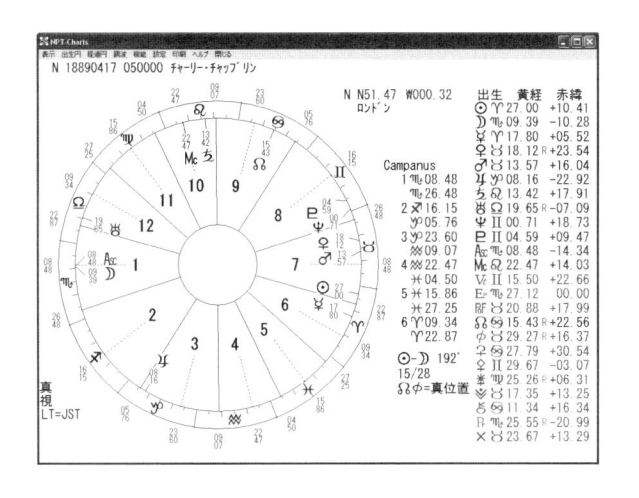

レジオモンタナス法（Regiomontanus）

分割の計算はキャンパナスと同じですが、ハウスの取り方が違い、カスプをハウスの境界にしている普通のものとなっています。サインとハウスの対応を取るには一番理解しやすいタイプです。

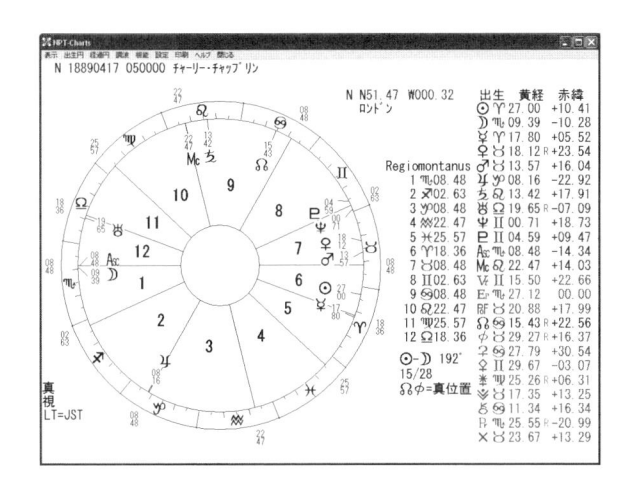

エジプシャン法(Egypt)

　古代エジプトで使われていたと推定されている方法です。基本的にはキャンパナスと同じ分割方法ですが8分割で逆向きであることが特徴です。12分割でないために、通常のサインとハウスの対応はとれていません。使用するハウスの意味は、12分割と同じで第1室から第8室だけを使い、9から12のハウスの意味を用いません。

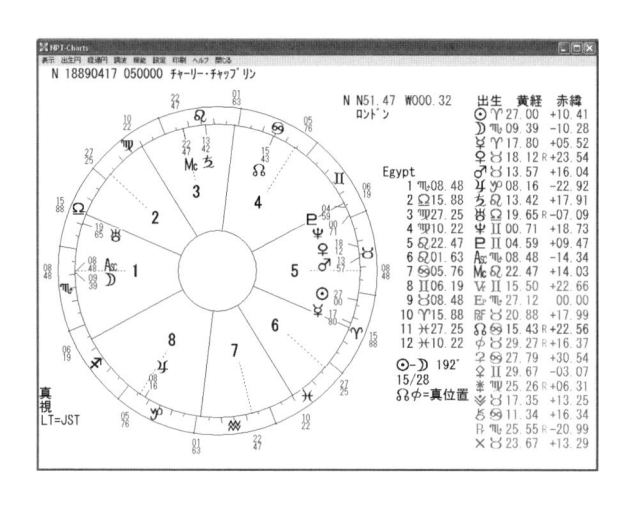

コッホ法(Coch)

　コッホによる分割方法で、プラシーダスに比べて、高緯度地方でもそれほどハウスが偏らないために、ヨーロッパでよく使われているようです。

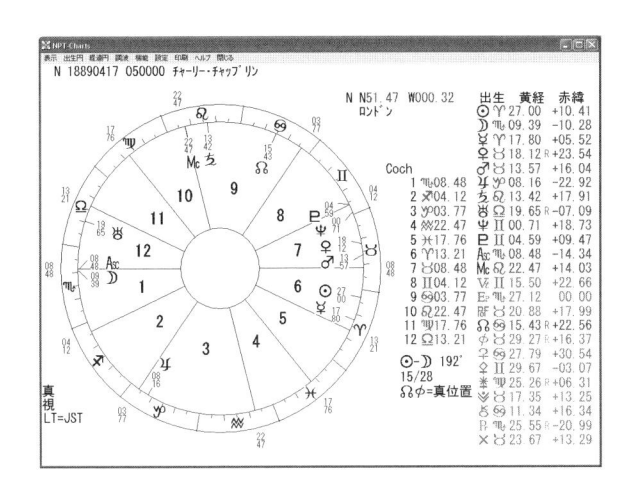

等分法（イコール、Equal）

最も簡略な方法で上昇点から黄道上を30度ずつ区切るハウス分割法。作図の際の手間が少ないことから初心者向けの方法として紹介されています。

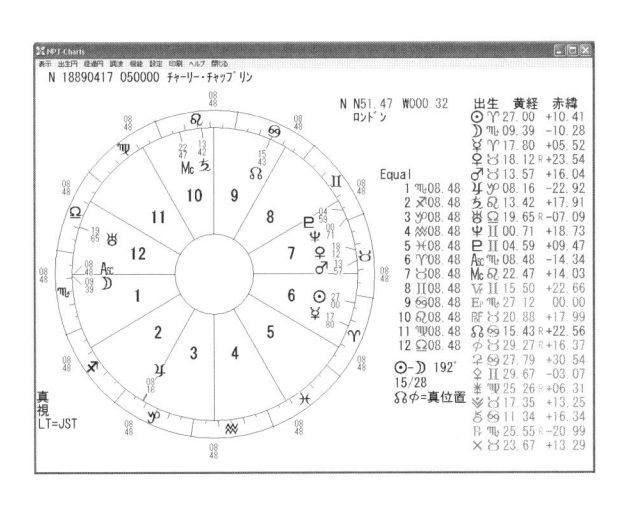

ソーラーサイン法（SolorSign）

　上昇点を太陽のあるサインの０度にする等分法。星座占いなどで、出生の太陽と経過の感受点だけで運勢判断をする場合に多く使われます。

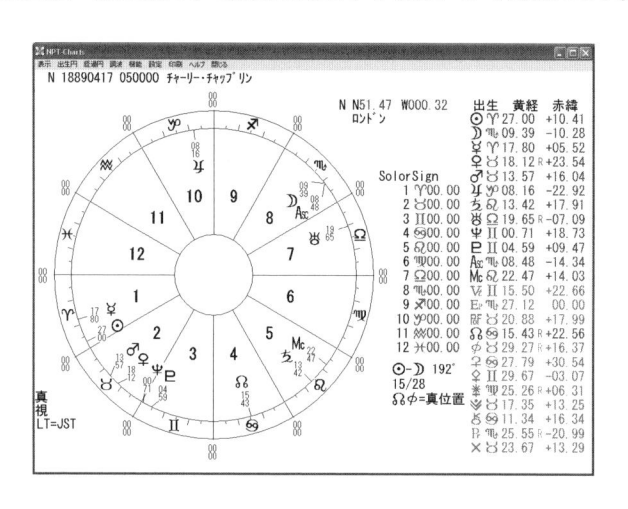

ソーラー法（Solor）

　上昇点に太陽の位置をそのまま使う等分法。ソーラーサイン法とともに、出生時間のわからない場合に最終手段として使う方法と考えて下さい。当然、☽（月）や Asc（上昇点）などの動きの速い感受点は使用できません。

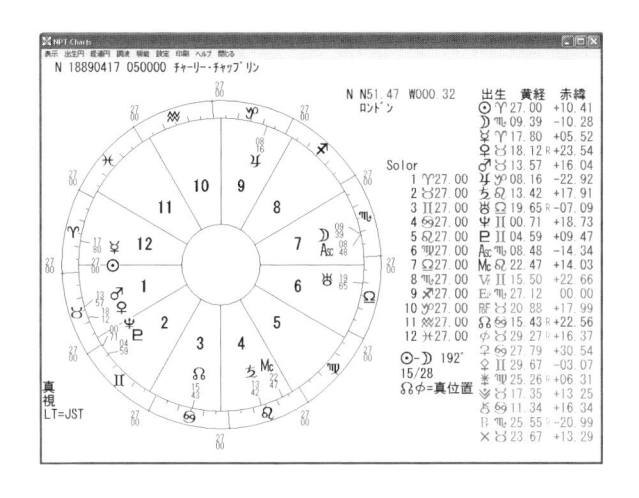

ジオデテック法（Geodetic.Pla.／Geodetic.Coch）

この方式は、マップやアストロカートグラフィなどの場所に依存する方法を使う場合に使用することがあります。計算の基準としてその場所の緯度経度を黄経や赤経に換算し、それを基準としてハウス区分を作ります。このため、この方法は既存のハウス分割に追加する方法論になっています。Stargazer ではプラシーダスとコッホについてこの方法を選択できます。

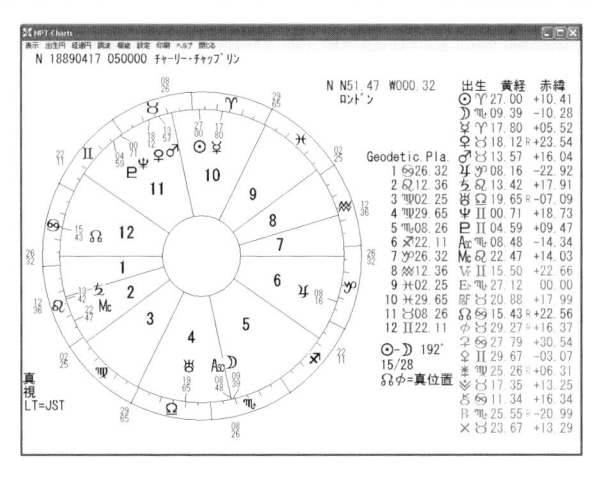

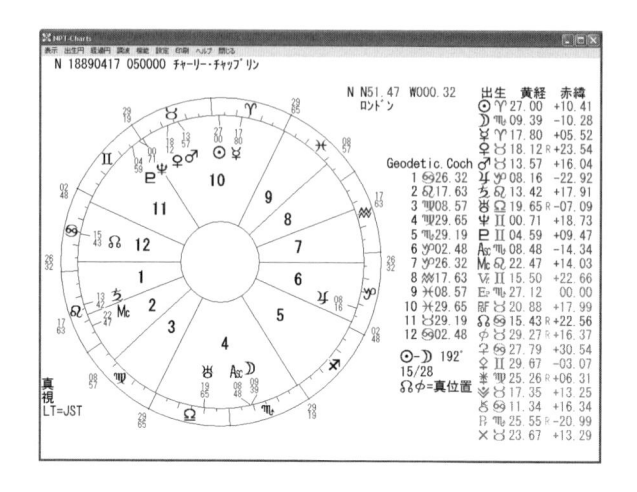

アセンサイン法（AscnSign）

上昇点を上昇星座宮の０度にする等分法。上昇星座宮を有効にしながら、ハウスと星座宮が食い違わない簡便な等分法で、ソーラサイン法に通じるものがあります。星座占いから一歩進んだ判断を行う個人占星術入門の方法です。

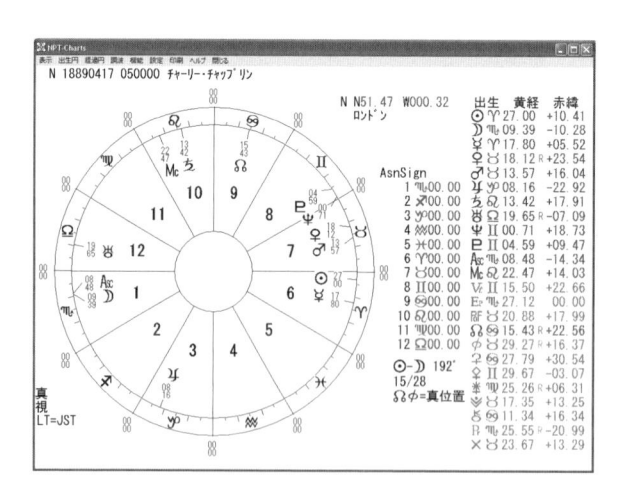

3 占星術概論

ハウス分割には以上のほかにも実に多様な方法が考案されています。その占星術上の差が論議されたこともありますが、優劣は決まりませんでした。占星術のようなドグマでは、方法論の優劣は論議したり批判的検証する類のものではないのですから、比較すること自体間違いであると言えます。

　わたくしはキャンパナスやレジオモンタナスの幾何学的に完成された形が好みですし、時に応じてほかの方法を用いています。どのように使い分けているのかと改めて質問されると困るのですが、「当たる」方を使っているというのが正直なところです。これはほかの分割法でも事情は同じだろうと思います。このことは、多分、人間の運命構造を解読する手法の不備ということではなく、人間の運命構造に多様性があるためなのではないかと想像しています。

　ほかの人にはほかの方法が合っている場合もあるでしょう。多分、等分法かレジオモンタナス、あるいはプラシーダス、コッホが気に入るのではないかと思います。12分割法は分割の方法が違うだけで、運用は同じですから、とりあえず一通り使ってみて下さい。昔は日本のプロのほとんどは等分法でホロスコープを作っているという話もありましたが、それは機械を使えなかった時代に表を引く手間を省くためのもっともな方法で、今は様子が違います。

ハウスと感受点について

　サインによる感受点の強弱がありましたが、ハウスによる強弱もあります。アングルの支配星はアングルにあるときが強いし、サクシデントの支配星はサクシデントにあるときが強いのです。たとえば☉（太陽）は♌（獅子座宮）の支配星です。♌（獅子座宮）は第5室と対応ですから、もし☉（太陽）が第5室にいれば強い☉（太陽）というわけです。さらに☉（太陽）が♌（獅子座宮）だと最も強いし、第5室のカスプが♌（獅子座宮）である場合も同じです。第5室はサクシデントですから、☉（太陽）

が第2、8、11室にあれば、これも強化されることになります。また、♌（獅子座宮）をカスプに持つハウスに☉（太陽）があれば、これも重要になります。♌（獅子座宮）をカスプに持つハウスがアングルであれば、☉（太陽）がアングルのハウスにあると強くなります。

しかし、実占では、同時に在室する複数の要素の強弱が問題になる場合を除いて、それほど位置の強弱について細かくこだわる必要はありません。感受点の強弱より、それらの関係が判断の際に問題となります。ハウスに感受点があるのが最も関係が深いのですが、直接在室することだけが関係することではありません。それらの関係の強弱の順を明らかにしておきましょう。

たとえば「☉（太陽）が第1室と関係している」場合には、以下のような順序があります。

1 ☉（太陽）が第1室にあり、第1室のカスプに最も近い感受点である

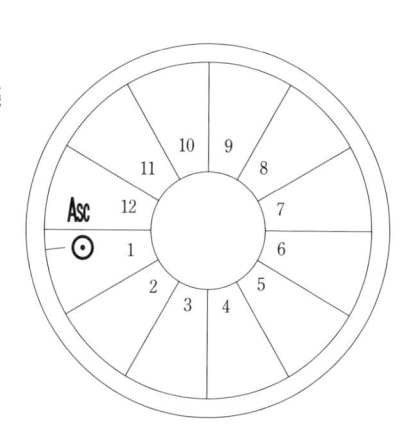

2　⊙（太陽）は第1室にあるが、ほかの感受点が第1室のカスプとの間に入っている

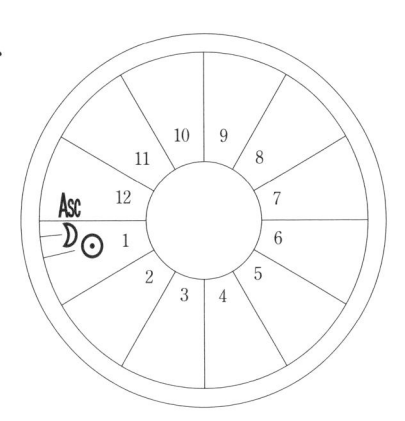

3　第1室にいる感受点と⊙（太陽）がアスペクトしている

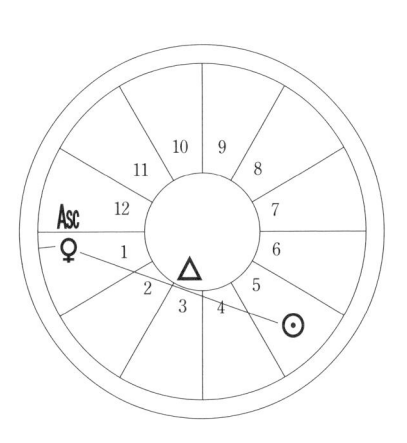

4　第1室のカスプが⊙（太陽）支配の♌（獅子座宮）の場合

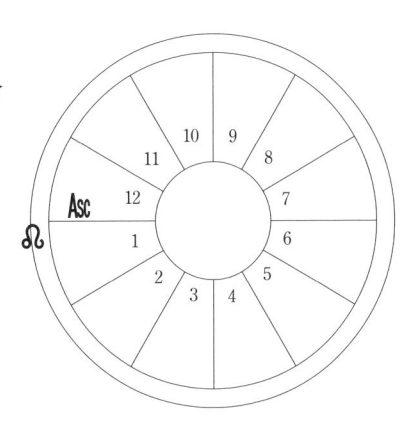

室──ハウス

5 　第1室の定位 ♈（牡羊座宮）の支配星 ♂（火星）と ☉（太陽）がアスペクト（とくに △）

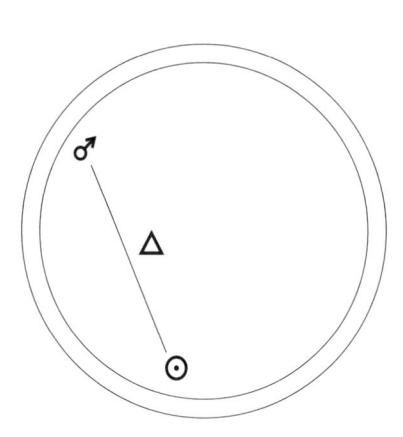

6 　☉（太陽）が第1室の定位 ♈（牡羊座宮）にある

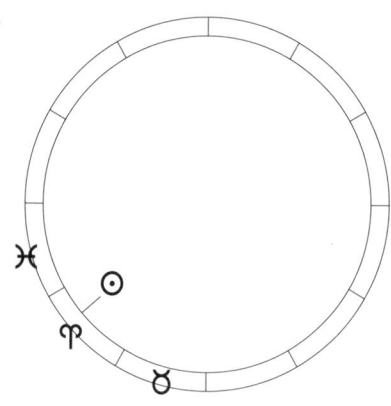

7 　第1室の定位 ♈（牡羊座宮）にいる感受点と ☉（太陽）がアスペクトしている

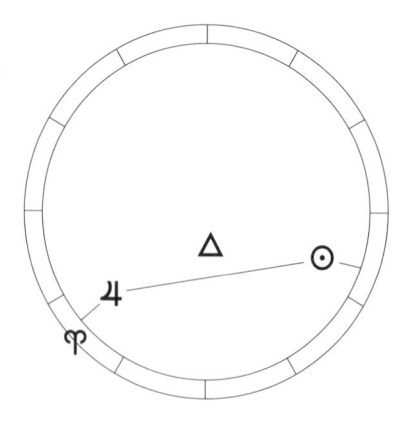

ハウス座標系──ナチュラル・ハウス

　ナチュラル・ハウスは、通常のサインによる感受点の意味付けを別の方向から探ろうという方法です。♈（牡羊座宮）0度としての役割を上昇点に与えて、感受点の位置を考え直し、感受点のハウスによる意味付けとして扱うわけです。占星術の技術であるところのサインとハウスの対応を、度数の1つ1つに意味を求めるサビアンの方法の拡張として応用すると、ナチュラル・ハウスに行き着きます。

　ナチュラル・ハウスのやり方はいくつか提唱されていますが、いずれもAsc（上昇点）とMc（南中点）の角度が90度にならない場合にどうするかという、処理の問題の違いと言えます。Stargazerで採用したハウス座標系は、計算地の地表の南北線を軸とし、真東から天頂、真西、天底を通る大円を基準とした球面座標系です。ハウス座標系によるナチュラル・ハウスは、当然ですが上昇点と南中点は直角基準面にありますから常に90度で、度数の出し方にいささかの予断も入る余地はありません。

　感受点とサインの対応で手一杯の状態では、ナチュラル・ハウスの技法は混乱以外の何ものでもありませんので、ハーモニックなどと同じように充分に占星術の基礎分野の習得をした上で研究と実践にかかって下さい。

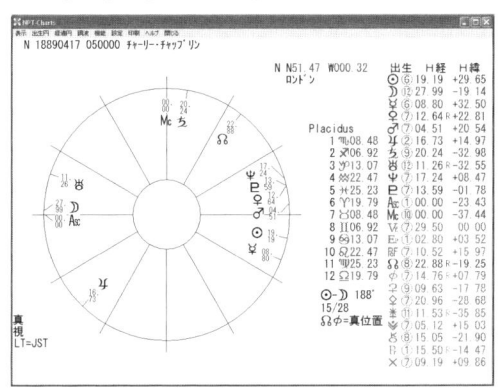

［設定］──［ハウス座標系］を選択したチャート

253

Stargazerでは、通常の黄道を基準にした表示方法とともに、赤道を基準にした方法と、このナチュラル・ハウスのためのハウス座標の3種の表示方式を持っています。

　これを切り替えると、サビアンの表示機能と座相の表示方法も逐次表示されている方法に切り替わります。結局、天球は立体ですので、立体的に表示するのがよいのでしょうが、どのようにしても、天球儀が目の前にある状態にはほど遠くなってしまいます。そこで、それを2次元で表示するために、使用上有効な方法を採用しています。

　ハウス座標系（HZ系）の位置表示は、サインの表示を使うと混乱しますから［1］〜［12］の数字でサイン相当の位置を表します。［1］が牡羊座宮、［2］が牡牛座宮に相当しているわけです。

　ナチュラル・ハウスはハーモニック（調波）や分割調波（P.292参照）を使用していても考慮することは理論的にはできますが、その位置について意味があるのかどうか決められていません。有効かどうかわからないのです。というのも、調波を使用する場合に黄経の位置については計算しますが、黄緯や赤緯については定義されていないので、立体としての天球上で、どのように写像されるのかということが決められないのです。ハーモニック2の時に牡羊座宮20度の感受点は、牡牛座宮10度となります。しかし、黄緯あるいは赤緯の値をそのまま使うとしても、映された位置での赤緯または黄緯が違ってきます。このため、ナチュラル・ハウスでの位置は不定となります。赤道座標でも同じような状況があります。Stargazerでは調波モードの際に、赤道座標系、ハウス座標系についての調波計算をしないで表示します。

　ハーモニックの方法論としては、立体として考えていませんので、座標系の変換については論議もされていません。いろいろな占星術の新しい技法がたくさんありますが、このようなことを含めて、研究、論議していかなければならないと思います。

ハウス内天体の意味一覧

第1室

　本人の生まれた時から幼少期の環境やその状況、それらによって決まる性格や体質、健康、容貌を表します。生まれで人生が決まる時代、このハウスは決定的に人生を表しました。住民や国民を表し、また、国民性や国民の状況を示します。

第1室に入る天体の意味

☉	権力への意志と野望　健康と活力　若年にして人生を開く　活気と自信に満ち、誇りと威厳がある　自分の個性と能力を強く世間に打ち出す	♄	環境的物質的ハンディ　病気　不運　臆病　忍耐力　執念と自制心　豊かな思想と実務能力
☽	不安定　感覚的で豊かな想像力　変化しやすい　移転、旅行が多い　変化に富んだ環境を求め絶えず目新しい感情を求めて前進する	♅	風がわりで頑固　人目に付く性格　わがままで無愛想　落ち着かず気まま　浮き沈みの多い人生
☿	活発な精神と旺盛な知識欲に恵まれている　新しい話題、情報に敏感　知的頭脳的作業への適性　文才　適応性　敏速で巧妙　話し好き	♆	空想的　非現実的　浪慢的　超感覚力　神秘　芸術性　漠然とした曖昧な性格　不注意　忘れっぽい
♀	美貌　美術的　素直　社交的　親切　座相が悪ければスキャンダルとなる	♇	独特の人生観　虚無的な暗さと底抜けの明るさ　変動する人生　強い自我　説明しがたい魅力　霊的感覚性への興味
♂	困難と戦う力　体質の強化　勇気と自信　勤勉でせっかち	☊	創造
		⚹	芸術
♃	寛大　高尚　行政的才能と成功	✹	主張
		☋	禁欲

第1室のカスプ位置の意味

♈	活動的、積極的、衝動的、目立ちたがり、自己中心型	♎	均衡・調和能力、社交的、美的感性
♉	実際的、勤勉、物質的欲望	♏	沈黙、激情、直感力、執念、秘密
♊	行動的、直感的、好奇心旺盛、新しいもの好き、多弁	♐	自由性、融通無碍、出た所勝負、陽気
♋	情念的、想像力、回想、休みない動き、献身的	♑	権力志向、厳格、確実、持久力、実際的
♌	野心家、見栄っぱり、栄誉を求める	♒	学究的、推理力、友愛精神、独立心
♍	識別能力、はっきりした好悪、律気、神経質	♓	情緒的、おとなしい、直感的霊的な理解、欺瞞性、耽溺性

第2室

自分の自由になるもの、所有しているものを表します。金銭に代表される所有物とともに、それらを自分で稼ごうとする行動、意志、欲望も含みます。景気や財政状況、総生産高もこのハウスです。

第2室に入る天体の意味

☉	財政的手腕　有力者の引き立て 金銭獲得願望の強さ 金銭は自分自身の社会的地位や職業から得られる	♄	不足する収入　節約と勤勉 経済的困難
☽	経済的感情的変化と移動 定収入となることは少ない 公衆相手の商売職業で、金運と人気運は結びついている	♅	財運の突然の変化　紛争と損失 棒給や人の援助によらない独特の財源
☿	頭脳の組織的な職業からの利得 サイド・ワークを持つこともある	♆	当てにならない収入 経済的手腕の欠如　詐偽による損
♀	利財性と商才　金銭は社交や財力のある人との交際を通して得る 収入は美術、装飾、芸術の関係から得る	♇	金銭獲得への集中力 手段を選ばない金儲け　物質的変動
♂	財産を作ることに努力する 短期で決まる儲け方が好き 投機的利得　浪費的	☊	収穫
		☋	賞与
		✴	請求
♃	財政的繁栄　所得能力　投機は好まず公明正大な金儲けをする	☇	支払

第2室のカスプ位置の意味

♈	金銭の浪費、消費の欲求	♎	物質欲、依頼性
♉	貯蓄、獲得欲求	♏	勤労意欲、ものすごく働く
♊	正業のほかに副業を持ちやすい	♐	楽観的、衝動買い
♋	土地や家作からの金運	♑	金銭欲、倹約
♌	投機的、虚栄的浪費	♒	偶然の金運、先見の明あり
♍	倹約、経営能力	♓	変動運、詐偽による損失

3　占星術概論

第3室

自分の手の届く範囲の出来事を示します。変化していく動きの中でも、短期的であり、興味を引く対象でもあります。文筆や商売、通信手段、兄弟姉妹の意味もここから出ます。交通機関、通信やマスメディア、義務教育も表します。

第3室に入る天体の意味

☉	研究好きな精神と鋭い観察眼　文筆能力　教育や社会の改善を志向する　文学、科学、通信、情報関係の仕事に適する	♄	教育は十分でない　才能を伸ばす機会を得にくい　失望と不安定　憂鬱　兄弟は少ない　近親者との仲がよくない　時間に不正確
☽	ロマンチックで空想的な心を持ち新しい知識や体験を求める　気まぐれ、思いつきで行動する　旅行が多い	♅	変わった思想と行動　発明的　奇行が多くなる　兄弟親戚との間に離反や紛争が起こりやすい
☿	頭脳労働の能力　精神的能力　文筆　研究　通信　宣伝に適する	♆	敏感で傷つきやすい　霊的素質　幻想と脅迫観念　秘密への興味　頼りにならない兄弟親戚
♀	知的活動の才能　芸術と旅行による利得	♇	物事を見透す精神力　創意と工夫の才能　思想の質的変化と再生
♂	冒険的な気性　活動的な精神　機知　教育への熱意　議論好き	⚷	研究
♃	寛大で哲学的　教育著述で成功　教養や学問を身に付ける機会に恵まれる　旅行で有益な人物と知り合うこともある	⚶	文芸
		✱	芸力
		⚸	浄化

第3室のカスプ位置の意味

♈	機械、発明の才	♎	人間的学問の才
♉	集中力、計画性	♏	神秘学方面の才
♊	多芸多才、文才	♐	哲学的方面への才
♋	想像力、記憶力	♑	実利実用的な才
♌	芸術・教育の才	♒	電気・オカルトなどの才
♍	緻密、批判的	♓	芸術・神霊方面への才

室—ハウス

第4室

1室から始まったものが帰結するのが4室です。帰るところ・行き着くところの意味から、社会生活から帰るところが家庭であり、人生の行き着くところが晩年です。国にとっては国土や気候を表します。

第4室に入る天体の意味

☉	恵まれた家庭と家族　社会的地位の高い父親　土地と不動産は有望　長子の役割　両親の地位と職業を継ぐことが結局吉となる	♄	冷たく厳格な家庭に育つ　厳しく困難な家庭状態　家庭の障害、束縛と制約
☽	人生の初期の家庭環境の変化　引っ越し　暖かい家庭を懐かしむ気持ちが強い　先祖や家系に関した事項に強い興味を持つ	♅	普通ではない家庭環境　家庭生活や社会生活に紛争や困難　気ままな生活　たび重なる引っ越し
☿	知的で活気のある家庭で育つ　職業上からの住居の移動　自分自身の財産の管理能力がある	♆	奇妙な説明しにくい家庭環境　秘密のある家庭　閑静な晩年の生活
♀	平和で幸福な家庭環境で育つ　家族間の円満　幸福　室内装飾やインテリア・デザインなどの才能	♇	孤独な生活　家族との死別　無情で冷酷な両親　行方不明
♂	紛争と苦労の多い家庭に育つ　家庭内の不和口論　両親との対立　家出	☊	忍従
		☋	安泰
♃	自由で伸び伸びした家庭環境　家族は教育水準が高い　大家族　裕福な晩年	⚸	復権
		⚷	責任

第4室のカスプ位置の意味

♈	にぎやかな家族	♎	社交的な家族
♉	安定した家庭	♏	変動のある家庭
♊	変化と活気のある家庭	♐	転居の多い家庭
♋	絆の強い大家族	♑	保守的倹約的家庭
♌	家風を重んじた家庭	♒	友情を重んじる家庭
♍	口やかましい家庭	♓	同情と犠牲のある家庭

第5室

　見える結果、人にわかる結果の意味から、子供が出てきます。また、興味関心の結果の行動は恋愛や趣味、ギャンブル、投機など、自分が直接関わる事項を表します。観光・レジャー、株価、人口の動向も表します。

第5室に入る天体の意味

☉	恋愛　創造的　娯楽好き 投機勝負事を好む 本人の独自の才能や個人的魅力によって世間に知られるようになる	♄	不満　野暮で無趣味 子供や恋愛の不運 投機や賭事の失敗
☽	人々の人気と愛願を喜ぶ 子供好き　多くの恋愛 移り気	♅	習慣道徳の否定　ありきたりのことには興味を持たない ロマンスを熱望する
☿	知的で洗練された趣味 恋愛は兄弟愛や姉妹愛に似た傾向がある　快楽や恋愛の変化と多様性	♆	芸術への優れた才能　恋愛の秘密 幻滅と失望
♀	芸術　装飾　美容に強い関心を持つ 幸福な恋愛　子供に恵まれる	♇	芸術の創造的能力 あらゆる分野の思想や技術を吸収し、模倣し再現する能力 深刻な性的情緒を伴う恋愛
♂	活動的なレジャー、スリルや興奮の伴うスポーツ、競技、賭事を好む 娯楽や異性への興味　新しい可能性に敏速な洞察力を持つ	⚷	発明
		⚳	芸能
♃	有望な恋愛と子供 社会的な発展と膨張	⚴	愛妾
		⚶	忍従

第5室のカスプ位置の意味

♈	猪突猛進的な恋、 情熱的で熱中しすぎる	♎	優雅で誇示できる恋、 どろどろした関係は避ける
♉	慎重で受け身の恋、 持続性は抜群	♏	粘着力と独占欲の恋、 シークレットラブ
♊	クールで移り気、恋愛ゲーム	♐	奔放で情熱的な恋、 熱しやすく醒めやすい
♋	情緒的で没頭する恋、 浮気だが嫉妬心や独占欲が大きい	♑	用心深く誠実な恋、 器用な恋はできない
♌	ダイナミック、ドラマチックな恋、 持続性はあるほう	♒	知的で余り情熱的でない恋、 べたべたした関係は避ける
♍	受け身で批判的な恋、積極的ではない	♓	陶酔する恋、 流されやすく自主性に欠ける

第6室

　自分以外に尽くす労働の提供の意味から無償の奉仕、有償の仕事である職業、職場、そして部下の意味が出てきます。また、病気にも労働が必要とされますので健康も表します。労働争議や食料生産、軍隊も表します。

第6室に入る天体の意味

☉	公務や実務的な仕事への適性 職場での成功　強いといえない体質 弱い病気の回復力 医学や健康法への関心	♄	慢性病に注意 病気は主に風邪や身体を冷やすことから起こる 仕事や健康による負担と責任と紛争
☽	奉仕的な仕事への適性 転職が多い 浮き沈みのある職場と使用人	♅	神経症に注意 神経の異常な興奮から病気になる 科学的な仕事に適す
☿	頭脳労働者としての適性 細かい判断力と注意力 精神的な過労を起こしやすい 神経性の疾患	♆	サービス、流動物、抽象物を扱う職業に適性 消耗性疾患に注意 衰弱、麻痺性の病気
♀	楽しく愉快な仕事　良い雇用関係 良い健康　自然治癒能力がある	♇	職業に対する強烈な奉仕性 職業病　公害病　不摂生による病気
♂	仕事は勤勉で意欲的 雇用関係に争い　炎症性の疾患 火傷　事故 強壮な体質を過信して急病となる	☊	奉仕
		⚷	福祉
		⊕	配当
♃	健康は良好　薬物療法が有効 職場に恵まれる	☋	義務

第6室のカスプ位置の意味

♈	勤勉で丈夫、酷使	♎	健康、協同作業向き
♉	忍耐力、頑健	♏	伝染性の病
♊	知的、神経症的仕事	♐	回復力、変化のある仕事向き
♋	脆弱、家庭的雰囲気の仕事	♑	勤勉、管理能力、自営業向き
♌	健康、経営者向き	♒	創造的な仕事向き
♍	中間管理者向き	♓	病弱

第7室

自分と関係する他人を表します。配偶者や職業上の協力者であり、結婚や共同事業も示します。また、自分で選んでいく新しい環境でもあります。外交関係、同盟国、すべての協力関係も表します。

第7室に入る天体の意味

☉	結婚による繁栄　一流の取引相手と協力者　他人と協同する生活方針体裁と形式的な礼儀正しさをつくろう権力や威光を傘に着た態度の配偶	♄	晩婚　離婚　孤独と悲しみ結婚拒否　再縁　実業、共同事業での逆運と失望
☽	世間的な人気や評判を気にする座相が良ければ結婚は吉	♅	普通でない結婚運　予期しない離婚予期しない対人関係や協同関係の変動　配偶者は自由で独立的で束縛されることを好まない
☿	理知的で勤勉な妻　ホワイトカラーの夫　落ち着かない結婚生活知識人、放送出版関係での共同作業に向く	♆	不確定要素の強い結婚運風変わりな結婚の状態結婚に対する理想化と幻滅内縁関係や同棲
♀	凶座相がなければ適齢期の恵まれた結婚　結婚や愛情生活への強い憧れ満足できる共同事業、共同経営	♇	結婚による人生の大きな変化運命的な結婚　卓越した外交手腕
♂	せっかちで不運な結婚夫婦間の争い口論　離婚職業上の競争者が存在する利害が対立する者を多く持つ	☊	献身
		⚵	社交
		⚹	恋人
♃	恵まれた結婚と協同関係結婚による経済的な繁栄	⚶	情欲

第7室のカスプ位置の意味

♈	衝動的な結婚、結婚してから相手を支配しようとする	♎	恋に恋する結婚、容姿端麗な配偶者を望む
♉	誠実な結婚、結婚は配偶者の経済能力や財産を考慮して決定	♏	性愛のための結婚、配偶者の強い性欲と嫉妬心
♊	数多い性交渉と再婚運の暗示、配偶者は知的なタイプ	♐	再婚の暗示、配偶者とは旅行や長い別居で離別
♋	結婚の目的は家族と家庭を持つこと。配偶者の健康に注意	♑	職業財産地位を確立させるための結婚、晩婚、年の離れた配偶者
♌	職業や野心を満たすための結婚、経済的な状況が結婚の第一要因	♒	理想の実現としての結婚、晩婚、年下の配偶者
♍	憧れによる結婚、知的で財政的な手腕を持った配偶者	♓	誤解による結婚、幻滅、情熱と実際的な生活能力を同時に求める配偶者

室――ハウス

第8室

自分で自由にならないものを表します。先祖や死、相続、遺産はここから出ています。結婚後の生活と、死とその対極の誕生のための器官として生殖器も関係しています。死亡率や海外経済も示します。

第8室に入る天体の意味

☉	物質的精神的な遺産相続による発展 才能のある配偶者	♄	結婚生活の不運と不幸 性的な不満 霊的な思想 不運な死
☽	結婚後の家庭状況が不安定 結婚後の財政の好調 性生活への強い関心	♅	結婚後の財政上のトラブル 結婚後の生活の変化 常識的でない夫婦関係
☿	結婚後の夫婦生活での小さな変化 とくに重要な配置ではない	♆	結婚後の夫婦関係の悩み 常識を逸した性生活
♀	結婚後の夫婦関係の安定と幸福	♇	結婚後の生活、夫婦関係に常識を越えた変化 他人の所有物への支配力
♂	遺産の拡大と増加 性的好奇心 生殖能力	⚴	闘争
		⚵	再建
♃	豊かな遺産の継承 性的な満足 幸運な死	⚶	自由
		⚷	忍耐

第8室のカスプ位置の意味

♈	脳障害、事故死、荒々しさの伴うセックス	♎	腎臓・尿・排泄関係、官能的なセックス
♉	心臓・喉の病気、濃密なセックス	♏	房事過多・事故死、精力絶倫のセックス
♊	呼吸器障害、一人の異性に満足しないセックス	♐	腰・股・事故死、自由奔放のセックス
♋	胸・腹部の病気、癌、成熟したセックス	♑	長生き・もうろく・老人ぼけ、執拗で時間のかかるセックス
♌	脳・心臓・背骨の病気、強い情熱のセックス、消耗も早い	♒	体液の問題、突然の性衝動とセックス
♍	消化器・腹膜・背骨の病気、初々しいセックス	♓	早死・薬物による死、無限的な陶酔のセックス

第 9 室

　手の届かないところの意味から、遠いところ、長期的な動きを表します。同じく、遠いところに伝達される出版や、海外の物事、人とは遠い神との契約（宗教）を表します。貿易や海外旅行、大学や大学院、哲学・宗教界も表します。

第 9 室に入る天体の意味

☉	広い視野　高い理想　研究心	♄	深い思索　旅行の不運
☽	宗教的　好奇心　想像力	♅	旅行中の急変と困難
☿	意義のある旅行	♆	直感力　想像力　放浪性
♀	楽しい旅行	♇	特異な精神生活
♂	旅行中の事故や危険	☊	実務
		⚷	自信
♃	旅行は利得と成功をもたらす	✴	迷信
		⚸	献身

第 9 室のカスプ位置の意味

♈	冒険・探検・長期の旅行	♎	楽しむ目的の旅
♉	仕事上の旅行	♏	旅嫌い
♊	短期の旅行、回数は多い	♐	移住
♋	海や川の旅（水に関係した旅）	♑	仕事目的の旅
♌	長期の旅行	♒	希望や願いの実現の旅
♍	多目的な旅	♓	目的のはっきりしない旅

第 10 室

到達し得る最高の意味から、地位・身分が出てきます。人生で努力して到達できる限界を示し、職業や職業適性、権力者や主人そのものや、それらとの関係も表します。政府組織もこのハウスです。

第10室に入る天体の意味

☉	社会的成功　名誉と地位	♄	遅れる成功　忍耐
☽	女性や大衆の援助　公共生活の成功	♅	独立的　権力に反抗
☿	知的職業での手腕	♆	芸術的趣味の成功
♀	栄光と昇進	♇	職業上のユニークな才能
♂	過剰な活動力	?	信頼
		?	役得
♃	信用と繁栄　公職　人望	?	強権
		?	義務

第10室のカスプ位置の意味

♈	独裁的、直情傾向	♎	綺麗好き、協同事業向き
♉	富や名声に対する欲求	♏	独立自営業
♊	知的、情報関係向き、エゴ	♐	コンサルタント・補佐向き
♋	評判を気にする	♑	管理職・経営者向き
♌	指導者・権威者になる欲求	♒	知的集団作業向き
♍	慎重で効率的、厳格、補佐役	♓	奉仕的、部下向き

3　占星術概論

第11室

友人を表します。本人の希望・願望の目的と方向を実現する方法としての、そう濃密でない友人関係を示します。本人の友人だけでなく親族の友人も表すこともあります。姉妹都市、友好国や議会も表します。

第11室に入る天体の意味

☉	友人は有名人や一流人が多い　暖かく善意に満ちた友人や知人の援助	♄	少数だが忠実沈着な友人　年輩や年上の友人が多い　人生の目的は長期の忍耐と健全な努力によって得られる
☽	さまざまな一般的団体に関係し、サークル活動や地域の活動に参加して多くの友人を作る　交友は変化しやすく、長続きしない新しい仲間はすぐに作られるが、真実の友情であるかどうかは疑わしい	♅	風変わりで新鮮な魅力のある友人　友人との分裂や損害と事故
☿	著名人や知識人との間の友情　友情は親密な感情を基礎とするものではなく共通の知的目的や精神的結合による	♆	同情心厚く理想的な友人　魅惑的であるが稀にしか姿を現さず物質的には無力　友人は芸術家や、精神的な仕事や奉仕的な職業に携わる人々が多い　凶座相があると裏切りと暴行、欺瞞的
♀	親切で善良な友人を多く持つ　社交　友人は豊かな教養と良い趣味を持つ人々や、文芸や美術の愛好者が多い	♇	友人を作る特殊な才能　人間性と状況に対する優れた観察眼と洞察力によってどのような立場の相手とも友情を結べる　友人によって性格や運命を変えられる　交友関係の再三にわたる変貌
♂	率直で活動的であるが、性急で短気な友人　友人知人との喧嘩口論　派閥を作りやすい　友人はスポーツや冒険的な娯楽や事業を好む人々が多い	♀	開発
		⚥	親友
♃	多くの誠実で信頼できる友人　知人仲間の援助　友人や仲間との交際を通して社会的な信用と声望を得、幸運の機会をつかむ	✸	逸脱
		⚶	義理

第11室のカスプ位置の意味

♈	男性の多い友人関係	♎	友人を簡単に作る
♉	長続きする友情	♏	嫉妬から友人関係を壊す
♊	変化する友人関係	♐	色気抜きの友人関係
♋	家庭的な友人関係	♑	内気のために友人を作りにくい
♌	ハイソサエティな友人関係	♒	多様な友人関係、関係は長続きする
♍	批判的で長続きしない友人関係	♓	いたわりに満ちた友情

＊第12室＊

　見えないもの、隠されたものの意味から、秘密や姿を隠している敵、潜在意識などを表しています。また、自分が隠れる場所や方法を表しています。テロ・犯罪や牢屋、病院や福祉施設、隠遁場所も表します。

第12室に入る天体の意味

☉	制約や束縛の多い人生　閑居生活　隠遁　禁固追放　家族の反対から別離する　間的な富や名声よりは内面的な自己向上や才能の進歩を望む	♄	不義理や忘恩、不敬行為で不運を招く　隠れた敵　閉鎖的な性格　長期の入院、隔離、留置　人の厚意や恩恵に対して感謝の念を持ち、正しいことには神の加護があることを信じることによって、土星の不運を免れることができる
☽	結婚後の秘密や孤独な生活方針　孤立した生活　隔離された生活　秘密の情事　世間離れした空想の世界に生きる　直感力に優れ神秘学に関心と才能	♅	異常で隠されたものに興味を持つ　普通とは違った生活方針　予期しない敵の出現　突然の事故　変わった事件に巻き込まれる
☿	潜在的な精神的能力　直感的な心　陰気静かな場所で精神を集中する仕事に向く	♆	隠れた未知の敵、正体の知れない敵が存在する　想像的危機感　心霊能力　中毒
♀	孤独な環境で働くことや閑静な場所に住むことに喜びを感じる　隠れた奉仕や慈善行為　隠された恋愛　秘密　表沙汰にできない愛情関係	♇	他人に対する行為に対する復讐を受ける　自己防衛　隠された攻撃性　人に惜しみなく親切や慈愛を注ぐこと、積極的に人を救済することによってのみ、復讐の星、冥王星の脅威を鎮めることができる
♂	内心に不満や怒りがうっ積しやすい　威張りたがり他人を攻撃しやすい　隠れた敵　危険と事故　陰口　中傷　舞台裏での陰湿な抗争	♋	引退
♃	慈善的　他人を援助　神秘学の研究に適　幸運は表面に出にくい　過去の行為に対する報酬　危機や困難な状況から助かる	⚥	直感
		✳	怨敵
		⚷	犠牲

第12室のカスプ位置の意味

♈	行動に対する制限、火難	♎	結婚・協同作業による敵
♉	金銭問題とその関係の敵	♏	他人の嫉妬による敵意、スキャンダル
♊	個人的な秘密を暴く敵	♐	血のつながらない親戚の敵意、思想上の対立
♋	家庭内の敵、土地家屋の相続問題	♑	仕事上の敵意
♌	公衆の敵意、スキャンダル	♒	元友人による敵意、元敵の友情
♍	批判のしっぺい返し	♓	隔離生活、秘密の関係に注意

解読の基本技法

感受点の配置パターンを見る

　ホロスコープには天の枠組として、12星座のそれぞれに、いろいろな感受点が描かれています。あるときは集中し、あるときは分散しています。ホロスコープからの情報を読み取る際に、資料の細かい分析をいきなり始めるのではなく、大まかな枠から攻めるのがよい方法です。

　ホロスコープの解読の最初に、これらの感受点の天球における配置の類型から、運命の基礎パターンが導かれるさまを見てみましょう。以下に7種の類型を挙げます。

スプラッシュ型

　この型は、感受点の配置が分散していて二区分、三要素、四素子についても片寄りがない状態です。

　感受点配置が分散しているために、1つに集中するよりは浅く広くのタイプとなります。運勢的にもそれほどの浮き沈みがありません。

バンドル型

　この型は感受点の集中タイプで、特定の星座宮、多くても4星座宮程度に集中しており、ほかにはない状態です。

　バンドルや後述のバケットは感受点のエネルギーが集中しやすい特異な

一点集中タイプです。1つの分野に才能を発揮します。象徴星や強力な感受点が解読の鍵になります。

＊ボウル型＊

この型は、天球の半分つまり連続した6星座宮にすべての感受点がある状態です。

経験を重視する慎重なタイプで、感受点のある側の示す出来事が人生の重点になります。

＊バケット型＊

この型は、1つの感受点をのぞいて、ほかの感受点の状態がバンドル型またはボウル型になっている状態です。

1個の対置する感受点（**シングルトン**）の解読が最重要となります。全感受点のエネルギーはこの1つに集中しています。この集中ゆえに強大な力を発揮することがありますので、注目すべき天体配置といえます。出生図だけでなく、このような配置が経過に現れて時代が変わることもあります。

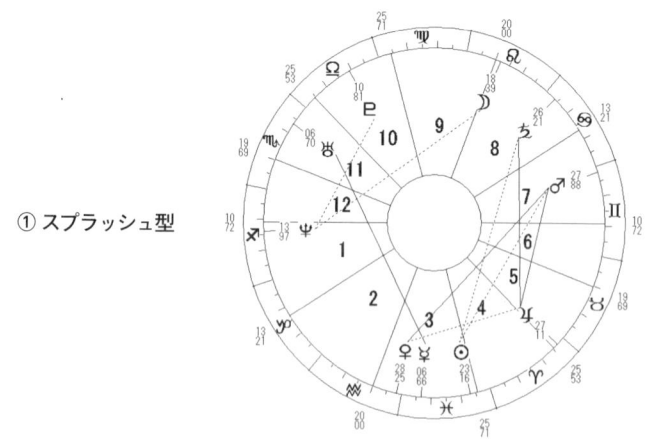

① スプラッシュ型

表示感受点：☉ ☽ ☿ ♀ ♂ ♃ ♄ ♅ ♆ ♇
ハウス：プラシーダス

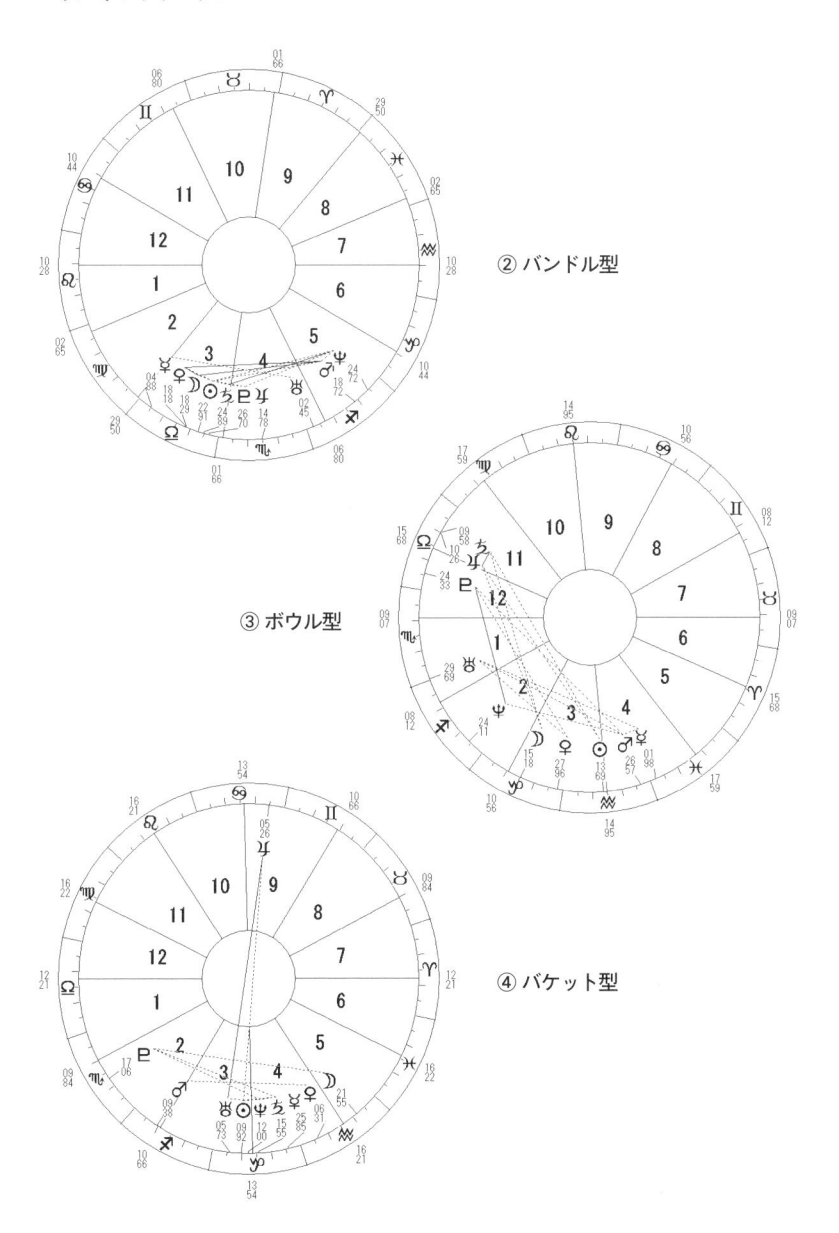

② バンドル型

③ ボウル型

④ バケット型

解読の基本技法

シーソー型

　この型は、感受点の配置が天球の反対側で二極化し、180度の座相が多くなっています。

　緊張状態や対立意識を表し、それらとそれらのコントロールの可否が判断の鍵です。

スプレー型

　この型は、大まかに感受点の配置が三極化しています。120度の座相が多くなる場合もあります。

　主体性が非常に強く束縛されることを嫌い、型破りの人生になることがあります。

ロコモーティブ型

　この型は、1つの感受点が1つの星座宮に入り、それが連続している状態です。

　猛烈な活動と努力ができるタイプで、まさに機関車のように事態を牽引します。ハウス番号最後の感受点が鍵になります。

⑤ シーソー型

⑥ スプレー型

⑦ ロコモーティブ型

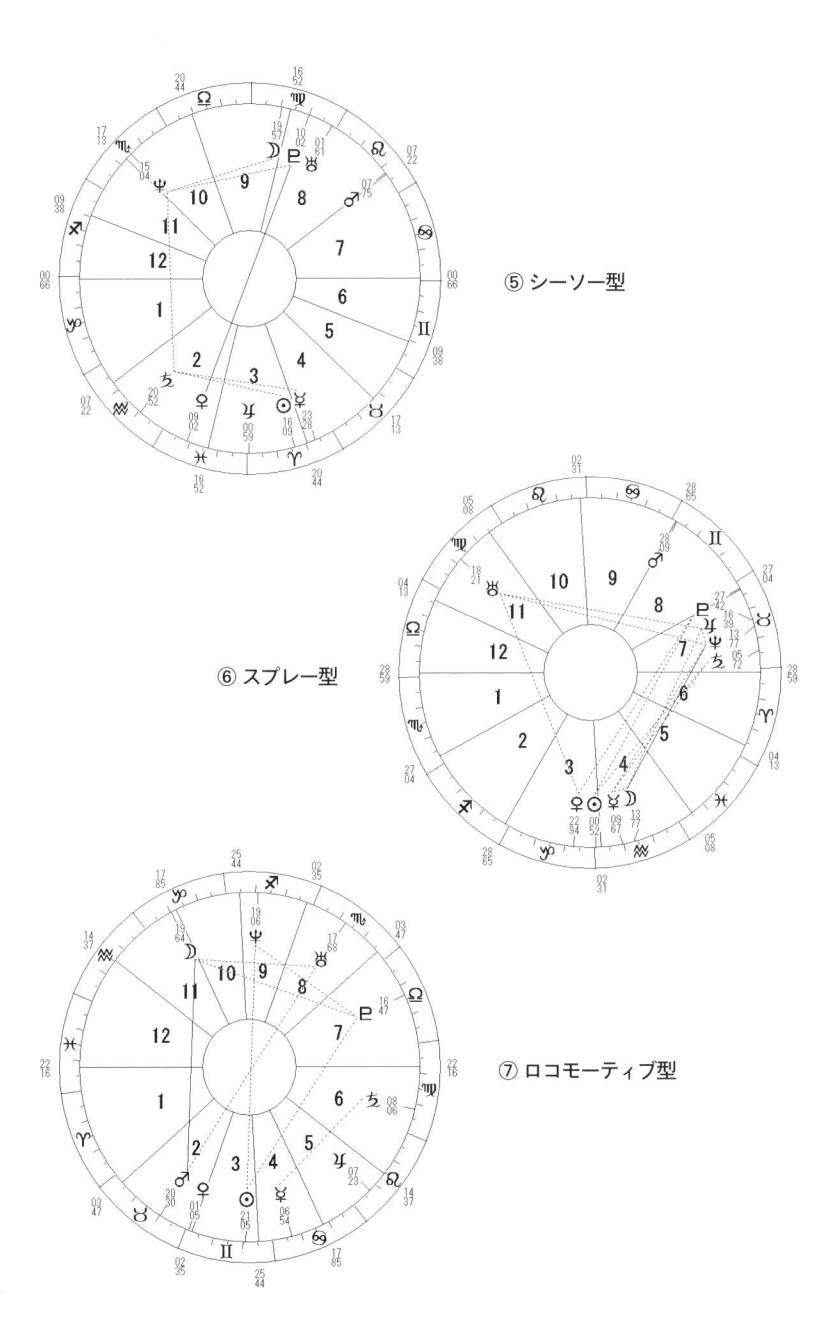

解読の基本技法

運進法(1) ─── 進行法

　出生図の解読では個人の性格や運命を知ることができますが、運命の解読ということでは、それで充分とはいえません。この章の始めで述べたように、占星術では進行と経過の感受点をもとに出来事の時間的な決定をすることができます。依頼者に聞くことなく依頼者の過去の状態を知り、現在かかえている問題を推理し、来たるべき未来を告げる方法の基礎です。

　進行感受点の決め方にはいくつかの方法があります。しかし、進行天体が作る「**進行座相**」（direction、ディレクション）の種類と時期を使って判断することは共通です。Stargazerでは進行座相が、いつ、どの感受点によって作られるかを、進行経過時期表を使って計算することができます。また、感受点を絞って限定されたディレクションを追跡することもできます。この点だけを取り上げても、Stargazerが占星術の支援ソフトとして高いレベルにあると自負しています。

　用語としては、一日一年法によるディレクションを**セカンダリー**（第2の方法）と呼びます。これに対して、太陽の平均の動きを使って、全体の感受点をそれに合わせて動かし、ディレクションを見ていく方法を**プライマリー**（第1の方法）と呼びます。とくにこの方法を**ソーラ・アーク・ディレクション**と呼びます。手作業で感受点の位置を計算し記入する時代の簡便法が第1の方法でした。そして、天文暦を駆使して計算しなければならないのが第2の方法です。

　出生、進行、経過の相互の感受点の座相（アスペクト）の許容範囲は1度とするのが普通です。したがって、移動速度からすると太陽の進行アスペクトの効果範囲は前後1年間、月の進行アスペクトは前後1ヶ月の効果があると考えられます。つまり、時期表で計算すると、進行に関しては時刻まで出ますが、この瞬間だけ有効で、その時に事件が起こると思ったら間違いだということになります。ある程度の「効果期間」があるのですから注意して下さい。経過もこれに準じて考えて下さい。

　以下に挙げる進行法は、Stargazerで採用しているものです。

一日一年伝統法

　進行法として最も広く使われている方法です。出生後、1日経った出生時刻の感受点位置を1年後の進行感受点の位置として占断を行う方法です。Asc（上昇点）やMc（南中点）は、1日ごとの位置から平均して算出します。
　この方式では進行図と出生図を常に比較します。出生図の状態と進行図での変化を知るために、毎年、毎月のホロスコープ（出生と進行の2重円）が必要です。天文暦を引きながら手書きでホロスコープを調整することを想像して下さい。昔の人はそれをやっていたのです。Stargazerをお使いの方は、あらかじめ進行経過時期表で特徴的なディレクションを計算させて、ホロスコープ3重円でそのデータを読み込みながら効率よく判断することができます。もちろん、ホロスコープ3重円の「経過グルグル」（経過移動）を使って、変化していくアスペクトを見ながら判断することもできます。
　また、Stargazerでは感受点位置を天球上の立体的な位置として捉えていますから、その写像形式として黄道面を使用する方法、天の赤道を使用する方法、ハウス座標系（ナチュラル・ハウス）を使用する方法の3つを選択することができます。

一日一年SG法

　進行の方式として一日一年法を考えると、Asc（上昇点）やMc（南中点）は1日で約1回転しているわけですから、これをそのまま計算どおりに表示するのが、この方法です。使用法としては、Asc（上昇点）、Mc（南中点）、Vt（バーテックス）、Ep（イーストポイント）、PoF（パート・オブ・フォーチュン）の位置が伝統法と違ってくることから、それらを重視して判断します。

ダイレクション法（黄経、赤経、HZ）

ダイレクションは、太陽の1日の移動を1年分と考えてソーラ・アークを求め、全感受点にその値を加えて進行感受点とする方法です。通常は、太陽の移動量に黄経を使って、黄経の値に加算するもの（プライマリー・ディレクション）ですが、一日一年法で採用している3つの座標系に合わせて、計算の基準として黄経、赤経の値、ハウス座標経度についてそれぞれ求めることができます。

この方式の特徴は、一日一年法ではほとんど移動しなかった木星以遠の惑星が動き、ディレクションを作ることです。速度の遅い感受点の観測が容易になるわけです。Stargazerでは採用しませんでしたが、この方法の変形として、太陽の移動量の平均値、1年あたり0度59分を使う方法があります。また、月の進行だけを別に一日一年法で計算する方法などのバリエーションもあります。

一度一年法

ホロスコープ上の1度を1年と考えて進行感受点を決める方法です。一日一年法では進行太陽の移動量はだいたい1年平均で角度の0度59分ほどですが、これを1度ちょうどとして、全感受点に年分の度数を加える方法です。Stargazerではこの方法について、ダイレクションと同じように黄経、赤経の値、ハウス座標経度の3方式が用意されています。

一月一年黄経法

これは月の1公転を1年として考える方法で、理論としても面白い方法だと思います。実際の月の位置を使用する方法と、平均の運動量を使う方法がありますが、Stargazerでは月の平均の動きを使って進行図を作成し

ます。月の1公転を27.321662日として計算しています。

CPS（コンポジット・プログレス・システム）

　☉（太陽）☽（月）☿（水星）♀（金星）は一日一年法で算出し、そのほかは☉（太陽）の進行角度（**メジャー・アーク**）を出生位置に足して使うという方法です。ラディックス・システムと一日一年法の良い点だけを使う研究途中の方式です。一日一年法では動きが遅くて変化があまりない大惑星を太陽とともに動かして、サビアンなどで感受点の移動をみようとする場合に用います。

note:
♥ ラディックス・システム
　米国ヤコブソン女史が提唱した方法で、ダイレクション法の黄経と同じ方式です。

運進法(2)——経過法

経過の感受点は、基本的にはその時の感受点の位置を使います。「出生」で示された出来事、その準備を行う「進行」、そして「経過」が引き金という役割なのです。ですから、基本的には出生進行に対する☌（合）座相が最も考えるべき状態です。しかし、経過についてもいくつかの方法論がありますので、整理してみましょう。

直接の経過

経過感受点が、出生や進行の感受点と座相を持つ時。☌（合、0度）座相が第一であり、☍（180度）、□（90度）、△（120度）の順で影響力が落ちると考えます。

回帰（リターン、レボリューション）

おもに☉t（経過の太陽）、☽t（経過の月）が出生時の位置に戻ってくる瞬間の経過感受点全体の様子から、次の回帰までの運勢、出来事を推察する方法で、出生図に対する「特別な時」として影響が大きいと考えます。☉（太陽）を使うものが**太陽回帰**（ソーラ・リターン、ソーラ・レボリューション）、☽（月）を使うのが**月回帰**（ルナー・リターン）です。これをさらに応用するのが**レボリューション・メソッド**（後述）です。

また、太陽・月以外の感受点にも回帰を考えることができます。逆行のある感受点は取り扱いがやや複雑になりますが、中でも♄（土星）回帰は人生の節目となる場合が多く、注目できる方法です。

進行回帰

回帰と同様な方法ですが、進行感受点に対して経過感受点が戻ってくる

時を使います。進行感受点の方が出生感受点より状況をよく示す出来事については、こちらを使います。

四季図

経過の春分、夏至、秋分、冬至を特別な時として取り上げ、出生図進行図と比較して影響を判断します。

イングレス図

☉t（経過太陽）の各サインに入宮する瞬間を特別な時として取り上げて、四季図と同じように判断します。

個人四季図

☉n（出生太陽）を元に、そこから0度、90度、180度、270度に☉t（経過太陽）が来る時を使って、経過図を作る方法です。

月相再配置図

生まれたときの☉（太陽）と☽（月）の状態を経過天体が再現する瞬間を特別の時として、経過図を作ります。

運進法(3)——レボリューション・メソッド

レボリューション・メソッドとは、経過の技法の1つです。

☉t（経過太陽）が ☉n（出生太陽）の位置に帰ってきた時の、ほかの経過感受点が出生感受点に作る位置・アスペクトは、強力に作用し効果は1年間あると考えられます。☽（月）は27〜28日程度で戻ってきますので、効果もその程度です。最も多く使用するのは太陽回帰で、次に月回帰です。

ホロスコープで回帰図を書かせる場合、できた回帰図のそれぞれのハウスの始めを今回求めた回帰の時、ハウスの終わりを次の回帰の時として、経過感受点のハウスの中の位置から時期を比例計算することで、その感受点がとくに働く「時」を求めることができます。

Stargazerでは、ホロスコープで回帰を計算させて、ホロスコープが表示された後で Ctrl + R を押すと、経過感受点の働くとされる時期を画面右に表示します。その際、基となるハウスは表示されているハウス分割法によります。ただし、エジプシャン、ソーラ・サイン、ソーラについてはこのメソッドは適当ではありません。この方法は、銭天牛氏より紹介されたもので、同氏の許可を得て公開するものです。

回帰図例（ハウス：プラシーダス）

ハーフサム（ミッド・ポイント）技法

　20世紀に入ってからも新しい占星術の技法は追加されていますが、このハーフサムもその1つです。もちろん、まったく新しい方法ということではなく、古い時代から使われていたテクニックが整理され表立って使われるようになったと考えるべきです。このハーフサムあるいはミッド・ポイントと呼ばれる手法は、アラン・レオが提唱し、ドイツの占星術師エバーディンによって整理されました。エバーディンによれば、ハーフサムは13世紀の占星術師ボナトゥスによってすでに使われていた手法で、彼の考えにはいくつかの誤解があったため修正整理したそうです。

　この手法は基本的には、3つの感受点の関係を探るものです。アスペクトが2つの感受点間の関係を探るものと考えれば、ハーフサムは、その拡張線上にあると考えてよいでしょう。

　欧米では、ハウスをまったく用いずにハーフサムだけで判断しようとする人がいますが、これは、ハウス分割や進行法等の1つに決定できない技法の選択を嫌って、ハーフサムを占星術の中の統合的な技術と捉えているためです。本書では、この考え方ではなく、占星術の体系の中の部品の1つという見方で話を進めていきたいと思います。

ハーフサムの導き方

　ハーフサムの基本的な導き方ですが、まず、任意の感受点2つを選びます。次に、その黄道上の中間点を導きます。黄道は円ですから中間点は2つ存在します。そのうち、短い円弧の方の中間点を選びます。

このポイントから黄経上45度、90度、135度、180度…と45度ごとの点を計算します。合計8つのポイントが、最初に選んだ2つの感受点にとって敏感なポイントとなります。この点に感受点があれば3つの感受点の相互関係の成立です。許容度はアスペクトと違って非常に小さく取るのが普通です。1〜2度程度を使うことが多いようです。

　感受点として ☉（太陽）から ♇（冥王星）、Asc（上昇点）と Mc（南中点）の13点を使うとすれば、78の感受点の組み合わせがありますから78×8＝624のポイントが黄道上にあることになります。これでは、何が何だかわからなくなってしまいます。

　敏感な点が8個、45度おきにあるのですが、8個の点を区別しないでこれらの点への感受点の接触だけを問題にするのですから、黄道の全周360度を45度ごとのセクターに分けてそれぞれを重ね合わせてしまえば、敏感な点を1つにして判断できることになります。つまり、78種類の感受点組み合わせの中間点をそれぞれ8倍数のポイントではなく78個で表すことができます。これは、ハーモニックの手法を取り入れて整理したことになるわけです。

　このような形で Stargazer にプログラムされたハーフサムは、ハーモニックと組み合わされています。石川源晃氏により『占星学教科書』（石川事務所刊）で紹介されたハーフサムは、彼自身述べているようにハーモニック数8（HN＝8）を使用し、「環境の整備」の意で用いられています。Stargazer ではハーモニック8を標準としていますが、ほかのハーモニックで使用、研究できるようにハーモニック数を変更できるようになっています。ハーフサム／分割調波に関する詳細な説明は、同氏の『調波・占星学入門』（平河出版社）をご覧ください。

ハーフサムのしくみ

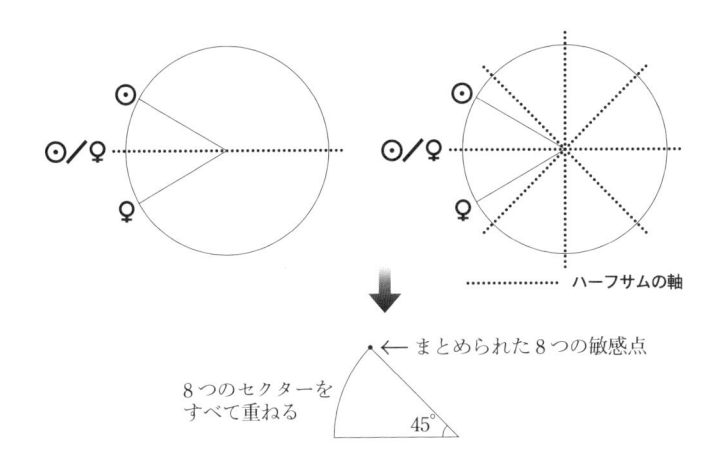

8つのセクターを
すべて重ねる　45°
← まとめられた8つの敏感点
・・・・・ ハーフサムの軸

ハーフサムを使った解読手順

1　2つの感受点の中間点から導かれるポイントを、**軸**と呼びます。全周360度に軸が8本できることになりますが、HN＝8の手法で全周45度にすれば1本で済みます。

2　軸は構成感受点を／を間に入れて表現します。
軸は基本的に、軸を構成する2つの感受点の組み合わせの意味を表します。

例）☉／♀

3　軸に接触する感受点がある場合はその感受点をイコールで結び付けます。

例）☉／♀＝♃

4　軸に接触する感受点がなければ、軸に意味はありませんが、接触する感受点があれば「満たされている」と表現し、意味が生じます。その場合、その意味、発生エネルギーの方向性は、構成要素の3感受点によって決まります。3感受点が♂になっていると考えて意味

を探ることも有効な手段です。

また、3つの感受点の相互入れ替えによる意味、エネルギーの方向性を補足的に考えることができます。

例）☉／♀＝♃に対して、

☉／♃＝♀と♀／♃＝☉として扱う

1つの感受点が複数の軸に同時に接触する場合、1つの軸に複数の感受点が接触する場合があり、各々意味や事態、エネルギーの方向性の拡張ができます。

ハーフサムの軸の働き方を知るためには、まず「軸が満ちているかどうか」を確認します。出生図の場合なら、出生の軸に接触している出生の感受点があることを「軸が満たされている」と表現します。

出生の感受点で満たされている軸は、常に軸の性質を強調されているために、進行、経過の感受点によって影響されなくなります。逆に、満たされていない軸に進行、経過の感受点が新たに接触すると軸が強調され、効果が顕著に現れます。

この応用手法として、満たされていない軸について、進行経過の感受点が軸にいつ入っていつ出て行くかで「こと」の吉凶をみることができます。接触する感受点では、幸運の星♃が最も良く、物事を曖昧にする♆が最も悪いとみます。凶星に分類されていますが♂は、問題によっては積極性が良く現れますし、♄でも制限がかえって良いこともあります。☽と☿の経過は効果があまりありません。この場合、進行感受点の効果はあまりはっきりしていませんので、経過感受点を中心にみることになります。

Stargazerでは特徴的な軸の日本名として、石川源晃氏による命名を取り入れています。

また軸の意味は、基本的に、同種の感受点で構成されるアスペクトの意味と同じ捉え方で考えてよいものです。

ハーフサム軸別分類

愛情関係軸

☉ / ♀	=	愛情軸		♀ / ♅	=	恋愛軸
☉ / ☊	=	家庭軸		♀ / ♆	=	失恋軸
☽ / ♀	=	愛情軸		♀ / ♇	=	欲情軸
☿ / ♃	=	活気軸		♀ / Asc	=	愛環軸
♀ / ♂	=	愛欲軸		♀ / Mc	=	得恋軸
♀ / ♃	=	幸福軸		♃ / ♅	=	転機軸
♀ / ♄	=	制愛軸		♃ / ☊	=	協調軸

疾病関係軸

☉ / ♆	=	病気軸		♄ / ♆	=	病気軸
♂ / ♄	=	死の軸		♅ / ♆	=	死別軸
♂ / ♅	=	治療軸		♆ / ♇	=	宿命軸
♂ / ♆	=	死病軸		♆ / ☊	=	業病軸
♃ / ♆	=	誤診軸				

成功関係軸

☉ / ♃	=	転換軸		♂ / ♇	=	努力軸
☉ / ♇	=	飛躍軸		♃ / ♄	=	忍耐軸
☉ / Asc	=	認識軸		♃ / ♇	=	成功軸
☉ / Mc	=	人格軸		♃ / Mc	=	地位軸
☽ / ♅	=	突発軸		♄ / ♅	=	緊張軸
☽ / ♆	=	芸術軸		♄ / ♇	=	執着軸
☿ / ♀	=	芸事軸		♅ / ♇	=	革新軸
☿ / ♇	=	有名軸		♅ / Asc	=	機敏軸
☿ / ☊	=	開業軸		♇ / Mc	=	成功軸
♂ / ♃	=	芸能軸		Asc / Mc	=	転機軸

愛情関係軸の意味

☉ / ♀	=	愛情軸	愛情問題の基本としての家庭的な愛情
☉ / ☊	=	家庭軸	家庭の成り立ち、つながり、構成
☽ / ♀	=	愛情軸	保護的(母性的)な愛情の状態
☿ / ♃	=	活気軸	生活の環境を作って行く活動力
♀ / ♂	=	愛欲軸	愛情への考え方と積極性
♀ / ♃	=	幸福軸	愛情のチャンスとその程度
♀ / ♄	=	制愛軸	愛情問題での困難の程度
♀ / ♅	=	恋愛軸	ロマンスへの反応の程度
♀ / ♆	=	失恋軸	失恋とそれからの立ち直り
♀ / ♇	=	欲情軸	愛情の高まり具合
♀ / Asc	=	愛環軸	愛情の状況、環境、傾向
♀ / Mc	=	得恋軸	愛情の獲得の程度
♃ / ♅	=	転機軸	チャンスをつかむ力、事態を変えて行く積極性
♃ / ☊	=	協調軸	他人の考えをどれだけ取り入れられるかの程度

ハーフサム(ミッド・ポイント)技法

3 感受点の組合せの意味一覧

3感受点の組み合わせの意味は、以下に挙げた一覧にこだわらずに、イメージを自由に広げて、判断して下さい。

☉ 太陽

☉ ☽ ☿	異性観、結婚観、若者、思考力
☉ ☽ ♀	異性間の調和、磁力的魅力、愛情
☉ ☽ ♂	願望・欲望の充足、異性間の性的結びつき
☉ ☽ ♃	感情や精神の調和、よい人間関係、結婚
☉ ☽ ♄	内的な抑圧、孤独、離別、病気、異性関係の問題
☉ ☽ ♅	独立、反抗、離別、人間関係の突然のできごと、衝動性
☉ ☽ ♆	不満、内向する感情、願望、失望
☉ ☽ ♇	内面の苦悩、離別、抑圧
☉ ☽ ☊	強調性、結婚
☉ ☽ Asc	率直な人間関係、友情
☉ ☽ Mc	調和的な性格、結婚
☉ ☿ ♀	愛情関係、若者との関係、芸術的才能
☉ ☿ ♂	論争、興奮、不断の活動力
☉ ☿ ♃	良い人間関係、旅行、知的才能
☉ ☿ ♄	悲観的、別離
☉ ☿ ♅	突然の思いつき、新しい状況、順応力、機敏
☉ ☿ ♆	空想力、欺瞞、幻想
☉ ☿ ♇	知性、組織力、神経障害
☉ ☿ ☊	社交的、良い人間関係
☉ ☿ Asc	交渉力、会話
☉ ☿ Mc	自己中心的思考、知的方面への適性
☉ ♀ ♂	愛情願望、性的願望、執着
☉ ♀ ♃	調和的な愛情、結婚願望、幸福
☉ ♀ ♄	愛情・性に関する問題、悲しみ、別離
☉ ♀ ♅	奔放な愛情、突然の愛
☉ ♀ ♆	不倫、秘密の関係、失恋
☉ ♀ ♇	強烈な愛情表現、宿命的な愛情、悲恋
☉ ♀ ☊	身近な範囲の交際
☉ ♀ Asc	優しい性格
☉ ♀ Mc	個人的な愛情表現
☉ ♂ ♃	行動力、楽観的、熱中
☉ ♂ ♄	不活発、悲観、別離、成長不良、苦悩
☉ ♂ ♅	衝動性、性急、突発事件、怪我
☉ ♂ ♆	病気、嘘、失望、不健康
☉ ♂ ♇	暴力による解決、仕事の完遂
☉ ♂ ☊	チームワーク、共同作業

☉♂Asc	活動力集中
☉♂Mc	積極性、結婚
☉♃♄	無気力、苦しみ、不運、目上の援助
☉♃♅	突然の成功、技術力、感受性
☉♃♆	感受性、詐偽、損失、回復
☉♃♇	物質的成功
☉♃☊	保護を求める、結婚
☉♃Asc	協調性、献身
☉♃Mc	健康、成功
☉♄♅	神経症、異常事態、突然の別離
☉♄♆	不活発、精神的問題、病気
☉♄♇	病気、問題の克服
☉♄☊	難しい人間関係、年長者との関係
☉♄Asc	気難しい、別離、誤解
☉♄Mc	内向的、控えめ、病気、孤独
☉♅♆	死、突然の苦しみ
☉♅♇	悲しみ、不自由
☉♅☊	新しい人間関係
☉♅Asc	興奮、新しい人間関係
☉♅Mc	改革者、ショック
☉♆♇	精神的肉体的苦痛、犠牲
☉♆☊	否定的、消極的
☉♆Asc	困難な人生、困難な環境
☉♆Mc	過敏、病的、ストレス
☉♇☊	宿命的、別離
☉♇Asc	抑圧された環境、無慈悲
☉♇Mc	集中力、危機
☉☊Asc	個人的関係、交際
☉☊Mc	友情
☉Asc Mc	独自の交際方法

☽ 月

☽☿♀	恋の始まり、芸術的才能
☽☿♂	直感的行動、決断
☽☿♃	建設的、計画的、成功
☽☿♄	愚鈍、悲観的、別離
☽☿♅	衝動的、神経質、突発性の思考・行動
☽☿♆	想像力、欺瞞、幻想
☽☿♇	人生の運命的転換
☽☿☊	出会い
☽☿Asc	おしゃべり、旧友
☽☿Mc	霊的精神的関係
☽♀♂	情熱的、本能行動

☽♀♃	幸福な愛情、芸術的成功
☽♀♄	不幸な愛情問題
☽♀♅	衝動的恋愛
☽♀♆	流されやすい愛、誘惑、不幸
☽♀♇	突然の愛情
☽♀☊	愛情を確認したがる
☽♀Asc	他者への愛情、恋愛
☽♀Mc	妻・母の愛情
☽♂♃	正直、公正
☽♂♄	不満、抑圧、争い
☽♂♅	情緒不安定、激怒
☽♂♆	意志薄弱、病気、陰うつ
☽♂♇	熱狂、自分勝手
☽♂☊	他者との協力
☽♂Asc	女性との交際
☽♂Mc	感覚的行動、集中力
☽♃♄	病気、葛藤
☽♃♅	躁状態、出産、楽観的
☽♃♆	浪費、不安定
☽♃♇	物質的成功を求める
☽♃☊	社交的、交際、結婚
☽♃Asc	陽気、良い人間関係・環境、出会い
☽♃Mc	宗教性、婚約、親切
☽♄♅	病気、緊張状態、衝動的
☽♄♆	劣等感、自信欠如
☽♄♇	うつ病的
☽♄☊	人間嫌い、孤立
☽♄Asc	伸び悩み、
☽♄Mc	義務感、孤独、寂しさ
☽♅♆	無気力、混乱、神経症、消耗性
☽♅♇	頑固、熱狂
☽♅☊	神経質
☽♅Asc	精神的緊張
☽♅Mc	冒険的、決断力、行動力
☽♆♇	衝撃的な事件
☽♆☊	身近な関係での齟齬
☽♆Asc	変わりやすい性格
☽♆Mc	芸術的才能、予感
☽♇☊	適応性欠如
☽♇Asc	反抗的
☽♇Mc	強烈な自己主張、ストレス
☽☊Asc	女性との関係、内的関係
☽☊Mc	霊的関係
☽Asc Mc	精神的人間関係

☿ 水星

☿♀♂	情熱的、創造力、倫理感
☿♀♃	芸術的才能、贅沢
☿♀♄	孤独、思慮
☿♀♅	改革・企画能力、数学的才能
☿♀♆	霊的能力、詩的才能、愛情のトラブル
☿♀♇	創造性、芸術性
☿♀☊	社交的、芸術的
☿♀Asc	環境調整力、忍耐力
☿♀Mc	技芸の才能
☿♂♃	建設的、積極性、公正な判断
☿♂♄	集中力、遅い思考と判断
☿♂♅	混乱、迅速な行動
☿♂♆	非現実性、欺瞞
☿♂♇	激しい攻撃と熱狂性
☿♂☊	身近な範囲での論争
☿♂Asc	議論好き
☿♂Mc	批判的、行動力
☿♃♄	うつ病の傾向
☿♃♅	興味、好奇心、説得力
☿♃♆	幻想、欺瞞、詩的才能
☿♃♇	影響力、説得力
☿♃☊	社交的、積極的、良いチームワーク
☿♃Asc	組織性、良い出会い
☿♃Mc	建設的な知性、楽観的、社会的成功
☿♄♅	内面の緊張、神経症、性急
☿♄♆	不信、うつ状態、旅行
☿♄♇	調査能力、完遂能力、困難な問題
☿♄☊	決断力、人間関係の困難
☿♄Asc	孤独、哲学性
☿♄Mc	思索の集中力
☿♅♆	啓示、霊的才能
☿♅♇	忍耐力、数学的才能
☿♅☊	他者を導く、あるいは導かれる
☿♅Asc	現実の対応、事故
☿♅Mc	論理的科学的思考力、集中力
☿♆♇	衝動的な行動
☿♆☊	軽い人間関係
☿♆Asc	欺瞞性
☿♆Mc	想像力、奔放な思考
☿♇☊	他人を知的に支配したがる
☿♇Asc	環境を知的に支配する
☿♇Mc	観察力、識別力、先見力

ハーフサム（ミッド・ポイント）技法

☿☊Asc	知的な環境の拡大
☿☊Mc	同じ種類の知性の他者と関わる
☿Asc Mc	批判力、交渉能力

♀ 金星

♀♂♃	順調な異性関係
♀♂♄	愛情問題の困難な状況
♀♂♅	突然の性衝動
♀♂♆	病的な愛情
♀♂♇	性的願望
♀♂☊	性的吸引力
♀♂Asc	おおらかな愛情表現、肉体的関係
♀♂Mc	性的願望
♀♃♄	愛情問題、不幸
♀♃♅	突然の幸運、幸福
♀♃♆	幸運の過信、不注意
♀♃♇	社会的な幸運
♀♃☊	婚約、公表
♀♃Asc	社交的、陽気
♀♃Mc	愛情に基づく人間関係
♀♄♅	突然の別離、愛情関係の困難
♀♄♆	失望、冷徹、愛情の不幸
♀♄♇	愛情問題の緊張状態
♀♄☊	短い愛情問題
♀♄Asc	苦しみ
♀♄Mc	不満足、別れ
♀♅♆	奇妙な愛情関係
♀♅♇	盲目的な愛情
♀♅☊	一目惚れ
♀♅Asc	婚約、突然の出会い
♀♅Mc	惚れやすい、興奮状態
♀♆♇	悲恋
♀♆☊	失恋、腐れ縁
♀♆Asc	失恋、奇妙な恋愛
♀♆Mc	夢見がち、非現実性
♀♇☊	人付き合いの問題
♀♇Asc	磁力的魅力
♀♇Mc	性的願望
♀☊Asc	愛情豊か
♀☊Mc	深刻な愛情
♀Asc Mc	調和的で愛情豊かな性格

♂ 火星

♂♃♄	不決断、困難な状況
♂♃♅	独立心、即断
♂♃♆	失敗、夢想、欺瞞
♂♃♇	大成功、創造力
♂♃☊	幸せな人間関係、積極的、婚約
♂♃Asc	組織性、協調性、婚約結婚出産
♂♃Mc	喜び、好転、良い変化
♂♄♅	突発的な事故、抵抗
♂♄♆	無気力、損害、暗転
♂♄♇	暴力、事故、破壊
♂♄☊	病気、苦悩
♂♄Asc	他者からの妨害・困難・苦境、病気
♂♄Mc	忍耐力、問題の克服
♂♅♆	欺瞞、狡さ、狂気
♂♅♇	突然の暴力、力による解決
♂♅☊	興奮状態
♂♅Asc	失望、事故、怪我
♂♅Mc	怪我、事故、手術
♂♆♇	暴力を振るう、あるいは振るわれる
♂♆☊	不安定、人間関係の悪化
♂♆Asc	安定しない人間関係
♂♆Mc	病気、成長不良
♂♇☊	進歩的人間
♂♇Asc	大胆、勇敢、事故
♂♇Mc	自信、手術
♂☊Asc	友人や家庭の絆
♂☊Mc	個人的関係の開始
♂AscMc	チームワーク、協同性

♃ 木星

♃♄♅	困難、変化、事故
♃♄♆	悲観的、損失、孤独
♃♄♇	目的に対する集中力
♃♄☊	孤独、別離
♃♄Asc	不用心、転職
♃♄Mc	孤独、変化、苦痛
♃♅♆	愚行、失望
♃♅♇	人生の目的の認識と達成
♃♅☊	他者との共通目的の追求、良い出会い
♃♅Asc	環境を変えたい意志

ハーフサム（ミッド・ポイント）技法

♃♅Mc	幸運、楽観的
♃♆♇	大計画、損失
♃♆☊	詐偽師や山師との関係
♃♆Asc	幻想に生きる、投機
♃♆Mc	賭け、投機
♃♇☊	政治的成功
♃♇Asc	先見性、組織性
♃♇Mc	幸運、経済的手腕、野心
♃☊Asc	環境順応力、
♃☊Mc	良い人間関係、婚約結婚
♃Asc Mc	幸運な出会い

♄ 土星

♄♅♆	ストレス、不摂生、別離
♄♅♇	努力、暴力、不運
♄♅☊	退歩、困難、別離
♄♅Asc	孤独な環境、苦悩
♄♅Mc	離反、反抗
♄♆♇	病気、うつ状態
♄♆☊	苦悩、業病
♄♆Asc	不自由、不運
♄♆Mc	病気、神経症
♄♇☊	災害、苦痛
♄♇Asc	環境的制限
♄♇Mc	別離、犠牲. 忍耐
♄☊Asc	孤独、困難
♄☊Mc	孤独感
♄Asc Mc	苦悩、欲求不満

♅ 天王星

♅♆♇	目的追求、過労
♅♆☊	競争、緊張状態
♅♆Asc	性急な行動
♅♆Mc	精神世界への興味、ノイローゼ、悩み
♅♇☊	活発な仲間
♅♇Asc	事故、多忙
♅♇Mc	活動的、用心深さ、状況の把握
♅☊Asc	突然の新しい人間関係
♅☊Mc	変化、多様性
♅Asc Mc	変化への欲求

♆ 海王星

♆ ♇ ☊	特殊な経験、業病
♆ ♇ Asc	神経症的環境
♆ ♇ Mc	霊的自己認識
♆ ☊ Asc	他人との困難な接触、失意
♆ ☊ Mc	孤独
♆ Asc Mc	悪意、欺瞞

♇ 冥王星

♇ ☊ Asc	強制的な環境、社会的な支配欲
♇ ☊ Mc	依存性、強制力
♇ Asc Mc	社会的成功

☊ ノード

☊ Asc Mc	他人と関わりたい願望

ハーモニック（調波）技法

　ハーモニック法の創始は、はからずもナチスドイツの占星術師としてナチの初戦をことごとく勝利に導いたとされる、天才占星術師カール・エルンスト・クラフトによって行われました。クラフトは生え抜きの占星術師というわけではなく、科学的な教育を受け、統計学にも才能を示し、そのうんちくを占星術に応用して成果を上げたといえるでしょう。彼が出生時間をごまかしていないヒットラーの出生図をもとにドイツ第三帝国を導いていたとしたら、ナチに勝利をもたらすことはなかったにしろ、違う終わり方をしたのではないかと見るのは、クラフトを評価しすぎでしょうか。それほど天才級の占星術師と言われていますが、連合国側の占星術師ルイ・ド・ウォール、そして名前も性別もわからないスターリン側の占星術師の三つ巴の戦いは、結局、最終的にソ連のポイントが一番高かったようです。

　ハーモニックの考え方は、まずは星座宮がなぜ12なのかというあたりから始まっています。12で割ると30度ずつのセクターに分かれます。これを一般化すると360度を自然数で割っていく、分割していくという考え方になります。これはそのまま座相とは何かということと直接絡んでいきます。最小の自然数は1です。360度を1で割っても360度でしかありません。これがコンジャンクションです。次に2で割れば180度です。オポジションです。3でトライン、4でスクエアとなります。

　360度の中での1度と181度は別の度数ですが、2で割ったハーモニックの場合は同じく1度となります。3で割った場合は1度と61度ですから別の場所になります。これが4で割る場合は再び同じ1度になります。この割る数を**ハーモニック数（ハーモ数）**と呼びます。

ハーモニック数が12の場合、サインの度数と同じことになります。同じ度数に感受点が居る場合は必ずアスペクトを持っています。このようにサインやアスペクトについて1つの法則で取り扱うことができる考え方がハーモニック（調波）の考え方です。

ハーモニックの導き方

調波図の作成方法はいくつか考えられますが、クラフトの方法を発展的に整理したイギリス人ジョン・アディの方法は、♈（牡羊座宮）0度をを基準とした黄経の値にハーモ数（自然数、正の整数）を乗じて、黄道上での新しい位置でホロスコープを作ります。

解読の方式としては、クラフトのやり方をまとめたアディによれば、感受点の品位やアスペクトを問題とする方法ではなく、感受点の組み合わせをおもに考えます。組み合わせは調波図上に現れる☌（0度）□（90度）☍（180度）を取り上げます。☌□☍はディフィカルトなアスペクトとして扱うのではなく感受点を組み合わせる手段とだけ考えます。ですから関わった感受点の意味は、その感受点そのものの意味とともに組み合わせの意味が出てきます。次に各サインの0度に近い感受点を重視します。29度、0度、1度の感受点は調波図の特徴になると考えます。また、出生図で☌（合）の感受点は、いずれの調波図でも☌とみなします。

アディの研究は職業適性をみるという方向でなされました。彼による感受点の基本的な意味と組み合わせとしては、以下の表のようなものが取り上げられました。

ハーモニックで見る天体の意味

☉	基本的に仕事や健康を表します。女性では夫も意味します。
☽	健康ですが、男性にとっては妻、女性にとっては母の健康も意味します。
☿	意志を伝える伝達方法として会話や文書、交通機関などを表します。
♀	組み合わされる感受点によって意味が変わります。☉や☊の場合は金銭や仕事、☽や☿では芸事、♃やAscでは愛情問題、♅や♆では芸術を示しています。
♂	組み合わさった感受点の活動を活発にさせます。
♃	ほかの感受点の悪い面を抑え、良い面を強調させます。♃Ascの組み合わせが最も良いとされています。
♄	すべての動きを制限して力を抑えますが、逆に安定性が増す意味もあります。
♅	組み合わされた感受点によって意味が異なってきます。♂は事故、♃はタレント性、♄と組むことで占星術、♆と組むと芸術性の高い精神活動を表します。
♆	精神的な活動を表し、ほかの感受点の外向的な力を制限します。
♇	時としてかかわった感受点の表す事項を徹底的に強化することがあります。

　出生感受点の位置に乗じるハーモ数を、HN＝××と表します。HN＝5とあれば、出生感受点の位置に5を掛けた感受点位置のホロスコープを示しています。どの調波図に特徴となる感受点やその組み合わせが出るかということも判断の材料になります。右にハーモ数の大まかな意味付けを挙げておきます。

　ハーモ数の1は出生図です。HN＝2〜4はあまり使われないようです。調波図に対する進行と経過も判断の材料となります。進行と経過の位置は通常の方法で出されたそのままを用います。
　この辺りの数字と数の解釈ということでは数秘術との関連が必要です。

ハーモニックで見る天体の意味

HN	=	4	秩序、物質的
HN	=	5	男女の結婚、努力の方向、知的潜在能力
HN	=	6	平衡と健康、リズム機能の状態
HN	=	7	変化、成果の最高値、当初の努力目標
HN	=	8	知恵、直感、周囲の環境条件
HN	=	9	不完全性、努力の結果
HN	=	10	完成、死後に残る功罪
HN	=	11	やり残したことの状況
HN	=	12	活動力の本質的な姿
HN	=	13	逸脱、霊能力
HN	=	15	持って生まれた才能
HN	=	17	持続力
HN	=	18	遺伝、健康

ハーモ調波図例（アディ調波、ハーモ5）

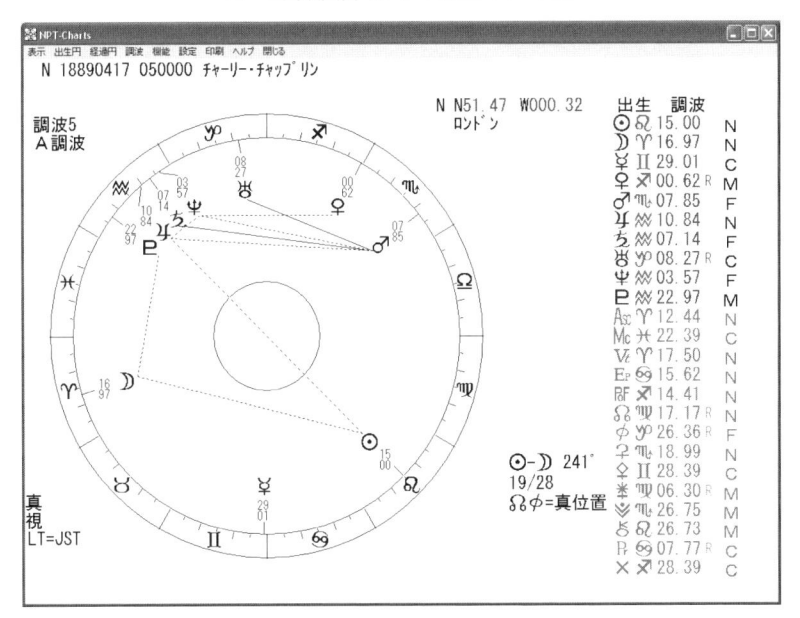

その他の調波法

　イギリス人ジョン・グレイグによる方法は、計算の基準をアデイのように1（牡羊座宮）0度におかないで、各々の感受点の位置を用いて計算する方法で、最初に設定した感受点の位置は変わりません。ハーモ数は自然数です（**プラネタリー調波図**）。この方法はStargazerではサポートしていません。

　石川源晃氏による方法は、♈（牡羊座宮）0度を基準として目的の感受点の位置から1.0から2.0までの間のハーモ数を出し、感受点の位置を計算する方法です（**分割調波図**）。この方法は、特定の感受点の持つ意味だけを取り出して分析できます。Stargazerではホロスコープで表示できますし、進行経過時期表でも分割調波の感受点の位置を使って時期表を計算することができます。

　以上の方式は、元感受点位置に掛け算を用いて新しい位置を求める方法です。この場合、乗ずる数が大きくなると感受点位置の精度が問題になってきます。たとえば上昇点の位置は生まれた場所の精度も出生時間の精度もともに問題になってきます。地球の中心に対して、地表の動く速さはジェット戦闘機以上なのです。

　著者はこの問題とともに、ハーモニックの手法について今までの解釈と違う方式を提案しました。全周をハーモ数の12倍の数に、ピザを中心から切り分けるように、分割し、それを12個ごとに再配置して、新しい12星座宮をつくります。この結果作られる新しい感受点位置は、アデイによる方式と星座宮は同じになりますが度数が違ってきます。この方式の使用法としては、まだ評価中ですがアスペクトを通常のように用いて使うのがよいようです。

　ところで、ハーフサムのところで、ハーフサムの手法が現代の独創ではないことに言及しましたが、ハーモニックも突き詰めれば、その基本概念はクラフト自身、完全な独創ではないことを述べています。古代ヒンズー

占星術でもすでにバルガとして、16種のハーモニックの応用分割が使われていました。

　Stargazerで採用している調波の方式は今後の発展的な方法にも対応できるように、ハーモ数の入力について自然数だけでなく小数についても可能となっています。また、これらへの対応は、3重円ホロスコープだけでなく、汎用ホロスコープ表示プログラム「チャーツ」も同じく対応していて、分割調波やハーモニックの技法をよりすばやく使えるように編成されています。

　ハーモニックもハーフサムも、新しい方法です。このような方法は、感受点の記号もわからない状態の人が手を出す分野ではなく、充分に基礎ができたところで応用すべき分野です。現在では、研究者も少なく翻訳文献もほとんどありません。これからという分野です。

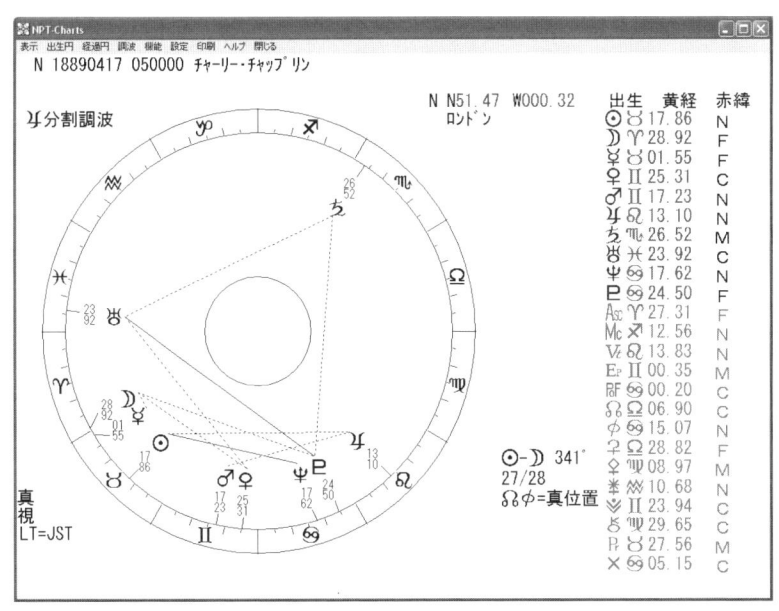

分割調波図例（分割調波感受点＝A）

ハーモニック（調波）技法

COLUMN

術と道と学

　関連書籍の題名を見ると、占星術と呼んだり占星学と呼んだりしています。無批判に使われているようですが、その本来的な意味の違いは何なのでしょうか。

　術は方法ですから、手順に従って分析を行うと、運命が解読できます。これらの運命を導くための技術的方法が、占術と名付けられています。言ってみれば、マニュアルに沿ってその通りにやれば、たいていの人ができるというのが術なのです。ただし、術そのものを極めたり、術を組み合わせるには、それらの術を超える体系が必要であり、それが作られると「道」と呼ばれるようになります。しかし、占星術という呼び方は聞きますが占星道というのは聞いたことがありません。占星術は占星道へと昇華できないでいるという捉え方もあるでしょう。占術でも、それなりの哲学的背景と忍耐、そして人間への理解がないと上達しないものです。その習得の過程は「道」といってもよいもののはずです。そのための道具がStargazerであるとわたくしは考えています。

　学と付くと学問ですから、知識やその習得体系を、科学的論理的に筋道を立てているものです。これを占星術に対して占星学と呼びます。いろいろな科学的手法を取り入れて、学問として形を付けようとする熱心な方が大勢いて、非常に心強い思いです。しかし、方法論的に問題があることも多く、占星術はなかなか学問体系に辿り着けないでいるとみています。

　学として人間の運命を見据えると、運命を導く方法の解析や検証をしているだけでは、占星学、ひいては運命学を研究しているとは言えません。運命を導く方法の解析や検証も必要ですが、どうしてその方法で性格がわかり、運命がわかるのでしょうか。この方向からのアプローチとともに、人間という存在を徹底的に分析していくことも命題に入れなければならないのです。まして、正確に運命を知ることができるようになるだけでは、学として完成するはずがありません。捉えた運命を、どうすれば変えていけるのか、具体的な方法論とともに体系付けられなければ学とはいえません。

　術と学を並べると学の方が良いと思っている人が多いと思います。占星術より占星学の方が良い。しかし、対象となる占断については術と学に差はありません。それらをまとめた上で「道」が必要なのです。ぜひとも占星道への方向を目指してください。

Stargazer

第4章

時と場の知識と、天文暦

原子時と天体観測による時の関係

　時刻や日付について、私たちは普段より当たり前のように学習しているために疑問を感じることが少ないのですが、それらの設定の歴史や背景、そして精度について把握している方はごくわずかです。明治5年の改暦以降の日本や日本での近年の出生だけを取り上げるのであれば、特に問題となることはありませんが、それ以前の時代や、外国のデータを使う場合は、歴史的な理解が必要になります。

　その昔、1秒は1平均太陽日の8万6400分の1と決められていました。太陽が真南に来た瞬間から、次の日の昼に再び真南に来る瞬間までの間を1太陽日として測定します。それは年間を通して変動しますから、1年を通しての平均を求めます。それが平均太陽日です。1年間の観測から1日の長さを決めて、そこから1秒を導いていたのです。1日1回転という地球の自転をもとにした時を定義していたと考えることができます。ところが観測の精度が上がってくると、地球の回転がそれほど安定で変化しないものではないことがわかってきました。変化の具合も一定ではなく、不規則な変化をしながら遅くなっています。

　そこで今度は1太陽年（1回帰年）が基準とされました。1956年の度量衡委員会で1秒は1900年1月0日12時（イギリス時間）における1回帰年の31556925.9747分の1と再定義したのです。言い換えれば太陽を巡る地球の公転をもとに決めたのです。

　しかし、程なくして問題が出てきました。1秒を完全に固定したことによって精度の誤差が蓄積されて時刻に影響が出ることがわかったのです。うまいことに技術的な進歩によって原子時計が作られて、きわめて正確な

時刻を測定することができるようになってきました。ここで1967年に国際度量衡の総会で、1秒はセシウム133の基底状態における遷移周波の91億9263万1770カウントと定義することになりました。秒の決め方としては再々定義となります。ここで精度の問題は解決したのですが、運用上の問題が残っていました。つまり、当初の地球の自転を基準にした時刻は地球の自転が遅くなっていることから、原子時との違いが累積していき、極端なことを言えば昼に太陽が南中しないことになってしまいます。時刻というのは朝、太陽が昇り、昼に南中し、夕方沈むことを基本とします。つまり、時刻は地球の自転によって決まるものなのです。そこで、地球の回転に合わせた時刻を使うために、原子時にうるう秒を入れて調整した時刻を使うことになりました。これが**協定世界時**です。

暦と日付について

日付の吟味

洋の東西どちらでも、現在の暦を使うようになる以前には旧暦を使用していました。それぞれ現在の暦のシステムと違いがあり、混在させて使うわけにはいきません。Stargazerでは、現在使用されている**グレゴリオ暦**を採用し、過去に遡ってもすべての入力・出力もグレゴリオ暦で行うようになっています。したがって改暦以前の日付のデータをそのまま入力すると、正しくない日付を入力することになってしまいます。このため、出生データの入力の際に、日本の元号による暦の日付と、西洋の旧暦であるユリウス暦を表示するようにしています。

ところで、グレゴリオ暦は「西暦年が100で割り切れる年をうるう年としない。ただし、400で割り切れる年はうるう年とする」という、簡単な法則でうるう日を調整して、1年を365.2425日としました。正確な1年との差は0.0003日ですから26倍の精度になったのです。誤差としては3333年間に1日という計算になります。

Stargazerでは西暦1〜4桁、月2桁、日付2桁の5〜8桁の数値を使っています。紀元前1年は0年、紀元前2年は－1年と表記、入力します。

暦の歴史

日本の旧暦は太陰太陽暦です。明治5年12月2日まで使用されていました。その翌日は新暦明治6年1月1日になっています。太陰太陽暦から太陽暦への変更ですから、うるう月の関係で日付に1ヶ月の違いが出ても

不思議はありません。改暦の理由は表向き文明開化となっていますが、実はうるう月が入ると月給をその分出さなくてはならないので、うるう月の入らない暦に変えたという財政上の問題であったようです。

西暦では同じ太陽暦の中での変更ですが、ユリウス暦からグレゴリオ暦になります。西暦（ユリウス暦、旧暦）1582年10月4日の次の日は、西暦（グレゴリオ暦、新暦）1582年10月15日です。10日間をカットしたのです。ユリウス暦では単純に4年に一度うるう日を入れます。1年の日数は365.25日になります。ところが、正確な1年は365.2422日ですから、1年当たり0.0078日の違いが累積していきます。つまり、うるう日を多く入れすぎていたのです。ユリウス暦は紀元前45年に制定されましたので、改暦までの間に余計なうるう日は12日になっています。しかし、10日の調整となったのは、西暦325年のニケア宗教会議で定めた復活祭の日取りに合わせるためでした。1257年分の調整が10日間となります。復活祭の決め方は春分と月の相、曜日が関係していますので、基本となる春分の日が変わってしまうのは大変困ることになります。この時に決めた教会暦法では春分の日は3月21日と固定しています。つまり、西暦325年のユリウス暦による春分の日付を固定したのです。それゆえに、グレゴリオ13世による改暦の年の天文学的春分は3月11日になってしまっていました。改暦は天文学上の問題としてではなく、宗教上の祭典の日取りの問題によって行われたのです。

新しい暦への切り替えについてカトリックの国は即刻採用しましたが、英国国教会は1752年、ギリシャ正教は1924年というように、改暦の理由が宗教上の問題なのですから、その採用も同じく宗教上の理由から採用年度が違っています。このようなことから、1582年以降はどの暦を使った日付なのかを明確にさせないと、入力ができないことになります。資料に当たる際は、どの暦に依って書かれているのかを確認しないと、違う星の配置を使ってしまうことになります。

時刻の表し方

時刻の解釈

　日本の改暦は時刻の表し方についても、現在使われている1日を24時間に分ける方法（定時法）を取り入れました。しかし、時刻の表し方にあいまいな部分があるために問題が少々出ています。午前12時半と午後12時半は、24時表記で0：30なのか12：30なのかという点です。それぞれどちらとも解釈ができます。

　Stargazerでは24時型の表示を採用しています。単純に昼の12時に時計が12回鳴ってから30分経った時間は午前12時半です。12時を回って午後になったのであるから、午後12時半というのも午後0時30分というのもありと考えられます。そのあいまいさの原因は、改暦を命令した太政官達に付けられた参考表に遡ります。その中で午前零時即午後12時という定義はあったのですが、午後零時という表現がなく午前12時の次が午後1時となっていたのです。これは占星術の世界でも話題になることがある、基数と序数の問題が絡んでいます。ものを数えるときは1から数えるもので、これが序数です。しかし、計算を主にすると0からものごとが始まります。これが基数です。現在の放送局では12：30を午後零時30分ということで統一しているようですが、この時刻を「午後12時30分」と呼ぶのは一般の言い回しでよく聞きますから、注意すべき言い方です。当然のことですが、24時表記であれば、このようなあいまいさはありません。

note:
　現代から考えるとはなはだい加減な方法のように見えますが、自然に沿ったうまい時刻法であり、日本人の考え方というものが出ている方法であったと思います。外国での同種の取り組みはサマータイムという時刻の表示をいっせいに変えるという方法がありますが、時差出勤もありの現代日本ではいかがなものでしょうか。閑話休題。
　日本でも占領軍によりサマータイムが実施されたことがあります。これにも注意する必要があります。指定の期日からある期間だけいっせいに1時間だけ時刻を繰り上げるという形が多いようですが、何も知らずに入力すると1時間も違うということになりかねません。どのように実施されているかというのは、しっかりと調査しなければ間違いのもとになります。

天保暦時法・夏の例

日本独自の時刻表現

　改暦以前の時刻は、十二支表示か時鐘の数を使用しています。いずれも不定時法が使われ、定時法を提唱しても生活実態に合わないと不評でした。

不定時法は季節により時が変わってきます。卯の刻というと6：00と決めて紹介している文献が多数ありますが、実際は夏はこれより早く、冬は遅くなります。また、この6：00を中心として約2時間の範囲も表します。これは年間を通しての平均ということで、季節により長さが違うものになります。日の出から日の入りまでを昼として、この間を6刻分に分割するわけですが、単純な6分割ではなく、12分割して1分割分を卯または酉にあて、その間の支に2分割を割り当てます。生活には不定時法が便利でしたが、計算や時鐘の制度には定時法が必要でしたので、1日を百等分した刻という単位がありました。一刻14.4分になります。

時鐘は十二支表示と非常に近い方式ですが、日の出と日の入りの扱いが違います。それぞれ日の出日の入りの二刻半（つまり36分）だけ夜側の時を六つとして、昼夜をそれぞれ等分し、真夜中（正子）、正午を九つとして順次減算して鐘を打ちます。鐘の数としては9〜4です。夜明け前から日の入り後まで、灯り無しで人間の活動できる時間帯を昼とする方法だといえます。しかし、分秒で正確な時を必要とする処理には向かないことは確かですので、ホロスコープを作る際は考慮して誤差を見積もることが必要です。

note:
Stargazerでは出生データファイルの内容についてグレゴリオ暦・協定世界時を使用して書き込んでいます。時期表ファイルについては基本設定で指定された地方時を使用して書き込んでいます。時期表ファイルは地方時設定をそれぞれヘッダに埋め込んでいます。基本設定の地方時指定を変更して読み込んでも指定の地方時に変換して表示しますので、そのまま使用することができます。

このために、不用意に直接これらのファイルに書き込むとデータを壊してしまう場合があります。出生データファイルについては協定世界時であること、時期表ファイルは作成時の地方時の設定であることを念頭に置いていただき、最初の1行は書き換えないように注意してください。

現在の日本の時刻系

　現在、我々が使用している時刻系は協定世界時を基準にしたものです。歴史を調べるとイギリスのグリニッジ天文台を基準にした測地系、時刻と場所の決め方に辿り着きます。グリニッジ天文台を地球上の場所の基準として時刻と位置を表す方法は、大航海時代を背景に船の位置を知るシステムの一環として作られました。これをグリニッジ時間（時刻）または世界時と呼びます。グリニッジ時は、その後の技術革新により基準や方法論をあらためて協定世界時となって、現在では世界各国で使用されています。

　世界時を基準にして、明治の日本では当初東京の経度を使った時刻を定めたのですが、すぐ世界時から9時間進んだ東経135度を基準とする中央標準時を定めました。地球は丸いので、その地方により使いやすい時刻が違います。大方、経度にして15度、一時間刻みの差で地方時間を採用しているところが多いようです。1つの国で複数の時刻を持っているところもあります。日本でも、領土が西に広かった頃に中央標準時より1時間遅い西部標準時が定められていました。これは敗戦で無くなってしまいましたので、中央標準時のみが残っていて、1つしかないのに中央と今でも呼んでいるのです。太平洋戦争中の事件を占術で取り上げる際に、注意しておいて損はない事項です。

位置について

　地上の場所も天上の星の位置も数値によって表すことになっています。また、位置を示すのに角度を使うという慣行も根強いものがあります。角度を表すには1周を360度として扱い、その下の単位として1度＝60分、1分＝60秒があります。秒の下の単位は使用せずに小数表示をするのが慣行のようです。計算上は大変面倒なもので、度以下を小数にするという方法もよく使われています。

地上の位置——緯度・経度

　地球上の位置を表す方法として**緯度経度**を使う方法が一般的です。時の基準と同じようにイギリスのグリニッジ天文台での観測を基準として、経度については東側に向かって東経、西向きに西経、それぞれ0度から180度を使用しています。緯度は赤道を基準にして南北それぞれに0度から90度までを当てます。一般的に度以下の単位は分秒を使いますが、時刻と間違えないように、°′″を数字の後に付けます。

　以上のように説明されますが、グリニッジ天文台は環境の悪化により移転しましたし、観測精度の向上のために、基準の経度0度は各国の天文台の観測から決めることになっていますので、グリニッジは名目のみになっています。緯度経度の問題は、地球回転の軸位置の問題でもあり現在問題にされている精度は、地表面上の位置でセンチやミリのレベルになっています。しかし、占星術ではこのレベルで本当に精密なことを問題にしなければならないようなことは、ほとんどありませんから、あまり気にする必要はないでしょう。地球中心に対して地球の自転による地表の動きは赤道

上で時速1700キロ弱、日本付近の緯度でも時速1400キロ程度ありますので、マッハを超えています。1秒で380メートル、1分で23キロ弱動くのですから、場所をうるさく言うのであれば、時刻を正確に扱うことの方が優先されるでしょう。

Stargazerでは、西経はマイナスを付けた入力であり、北緯はプラス、南緯はマイナスを付けた入力を使います。

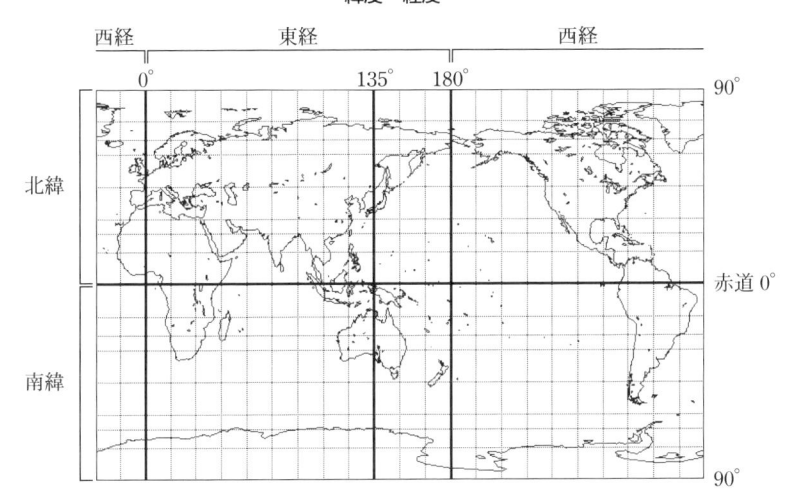

緯度・経度

天上の位置──黄道・赤道

天体の位置を表すために**黄道座標系、赤道座標系、地上座標系**の3つの座標系があります。緯度経度を表す方法と同じ形式で黄経・黄緯、赤経・赤緯、方位・高度を使います。占星術では一般的に**黄経**を使用します。座相のパラレル（**P.165参照**）については**赤緯**を使用します。赤道というと地上の赤道がありますので、区別する際は**天の赤道**と呼びます。同じように赤道座標系の北極と南極についても**天の北極、天の南極**と呼びます。

黄道座標系は1年間の星座の中の太陽の動き（**黄道**）を基準として使い

ます。言い換えれば太陽を巡る地球の公転軌道を基準とした位置の表し方です。対して、赤道座標系は毎日の天体の動きをもとにしています。こちらは地球の自転を基準にしていると言い換えることができます。

　地上座標系は Stargazer では採用していません。しかし、ハウス座標系として基準軸と基準平面が違いますが同等の考え方で、レジオモンタナスやキャンパナス方式の室（ハウス）分割の方法に準拠したものを表示できるようにしています。こちらを使うと実際の出没を追跡できます。

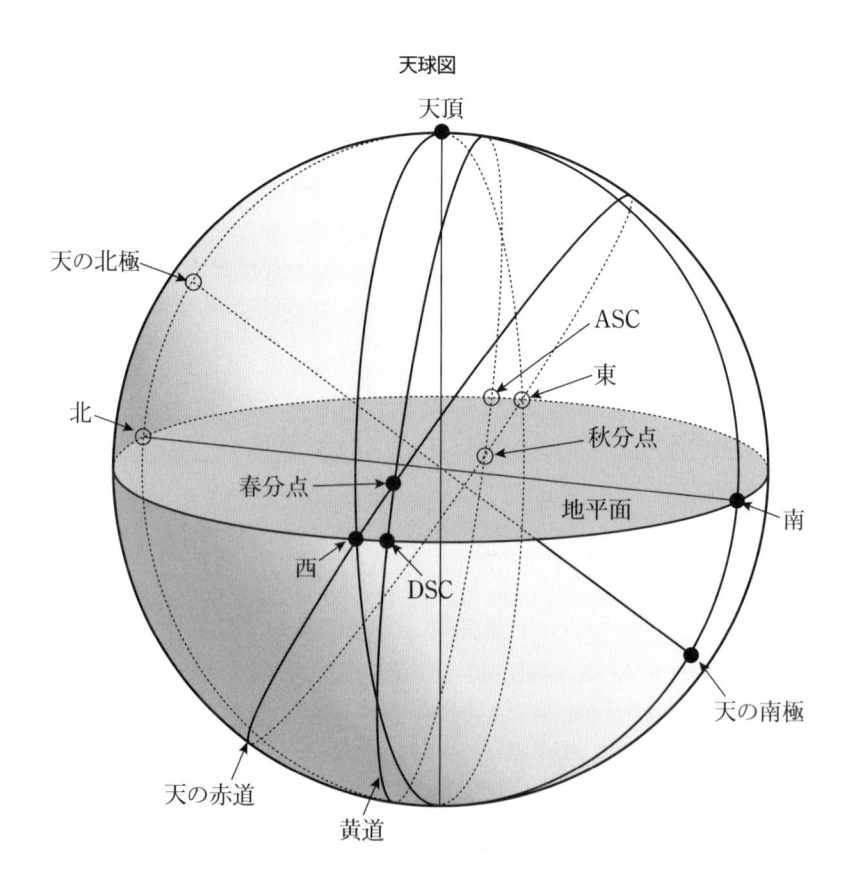

天球図

黄道座標系は地球が太陽を巡る公転面、赤道座標系は地球自転面を元にしています。この２つの面の交線方向が**春分点**と**秋分点**となります。月や他の惑星の影響を受けてこの交線は微妙な動きをしています。これらの中で約20年以内の周期的なものを**章動**と呼びます。それ以上の期間の周期や一定方向の運動を**歳差**として区別しています。章動・歳差のすべてを考慮した春分点位置を基準として天体の位置を出すのが**真春分点**です。章動を平均化して歳差による動きのみで天体の位置を出すのが**平均春分点**です。

　長い期間を捉えると春分点は黄道上を逆行、天の赤道上を順行しています。ある時点での春分点を使用して、他の時点での天体の位置を表示する方法が**固定春分点**です。これをサイドリアル、その他をトロピカルと呼んで区別している例がありますが、春分点の移動を理解しているのかはなはだ疑問です。

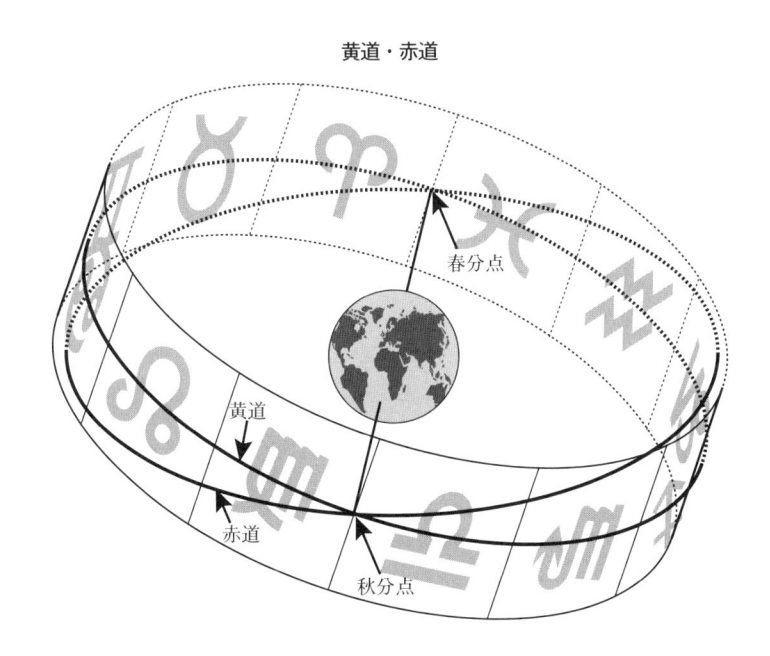

黄道・赤道

位置について

春分点は歳差のために2万6千年ほどで黄道を逆行して1周します。きわめてゆっくりですが、2千年で1星座宮（サイン）分ほど動きますので古い時代を問題にする場合には無視できなくなります。

春分点移動（歳差のしくみ）

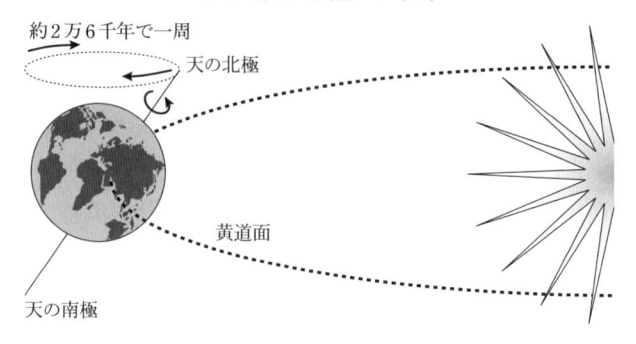

約2万6千年で一周
天の北極
黄道面
天の南極

天体の位置表現

　天体の位置は黄道座標の経度360度を12星座宮と**度数**で表示します。度数は0度から29度までの基数表示をします。30度は次のサイン0度になります。度より下の単位については設定により小数点表示と分表示を切り替えることができます。赤経については本来は角度を時刻で表しますが、Stargazerでは360度表示で小数を使います。

　Stargazerでは地上座標系の一種であるハウス座標系を採用しています。これは地上面の南北線を極軸として、東の地平線上を原点として天頂、西の地平線上、天底を通る大円を基準とするものです。経度方向は30度刻みに［1］から［12］までの表示をします。

　位置表示としてサビアンなどで序数を使っているものがあります（1度から30度を使い、31度は次の星座宮の1度となる）。Stargazerでは基数表記と序数表記を混在させることは間違いの元であるので、位置表示には基数表記に統一してあります。

　ところで、地球に近い天体については、地上の位置によって見える方向が変わってしまいます。これを視差と呼びます。特に月は1度程度の違い

が出てきます。占星術では地球の中心からの位置（地心位置）を使うのが一般的ですので、あまり問題にすることはありませんが、研究するべき分野であるはずです。

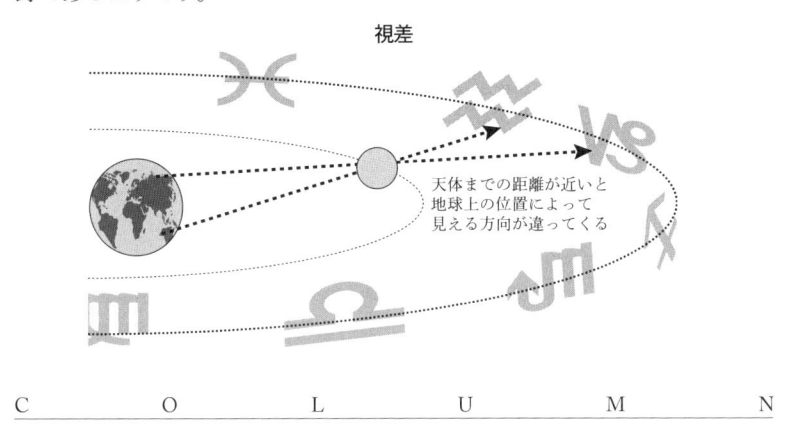

視差

天体までの距離が近いと地球上の位置によって見える方向が違ってくる

C　O　L　U　M　N

ホロスコープは地上の移動を見にくい

　計算地である「場所」の違いは、ホロスコープ中ですとハウスシステムに影響が出ます。地球をひと巡り約4万kmで360度の違いが出るのですから、1度の違いが110km位になります。ちょっとしたお出かけ程度では、その差はほとんどわかりません。

　これに対して、時刻の面から考えると、1日で360度動きますから、1度動くのに4分かかります。つまり110kmを4分で動いているのです。1650km／hという音速以上の速度です。場所と時刻の関係でいえば、場所の精度の問題より、時刻の精度の方がはるかに高いものを求められるのです。

　視差を有効にしても地上の位置の違いによって天体の位置はほとんど変わりありません。唯一の例外は月です。月は地球に近いので見る場所によって最大プラスマイナス1度の違いが出ることがあります。それでも、こちらは地球を一周して動いても2度の違いにしかならないのですから、超音速戦闘機なみの地上の動きでもその変化を認めるのは難しいでしょう。このように天の配置は、場所の移動は判りづらいのですが、時刻に対する感度はきわめて高いのです。

　このことから、ホロスコープを使って時刻を特定しようとすると大変正確に定まるけれども、場所を特定させるのは非常に難しいという特徴が出てきます。キロメートル以下の単位で変化が起こるようなもの、たとえば、小低気圧の通過や雷、竜巻のような現象の場所を示すことは、大変に難しいと言えます。

位置について

天文暦について

天体の動き

　天体は天の北極と天の南極の2点を除いて、刻々と位置を変えていきます。大方の星は東から昇り西に沈む動きをしています。この回転運動を**日周運動**と呼びます。地球の自転による動きで、実は自分の方が回転しているためにこのように見えます。

　この地球の回転を無視して観測すると、ほとんどの星が位置を変えないように見えます。位置を変えないことから**恒星**と呼ばれます。本当は動いているのですが、距離があまりに遠いので、それがわかるには何万年もかかるのです。ただし、位置を数値で示す場合は春分点の移動（章動・歳差）の影響を受けますので、注意する必要があります。

　これに対して、月や太陽、惑星などは日々その位置を変えていきます。地球に一番近い天体である月は、その動きも大きく「1ヶ月」で1周します。地球の衛星として特徴的な見え方の変化とともに、非常に複雑な動きをしています。月の通り道は**白道**と呼ばれますが、黄道に対して5度ほど傾いています。黄道は赤道に対して約23.5度の傾きがありますので、真東から真西に延びる天の赤道から最大26.5度離れることがあります。北緯35度の場所では地平面に対して赤道の傾きが55度になりますので、最大81.5度、最低29.5度になります。これが月が天頂近くに上がったり、南に低かったりする理由です。また、月の形は太陽との位置関係で決まりますので、夜中に三日月が見えたり、太陽と満月が並ぶこともありません。

　太陽は背景となる恒星に対して、1日に約1度弱、動いていきます。1

年で黄道12星座宮を一周します。これは地球が太陽の回りを1年かかって回っていることから起こることです。定義からすると本当は逆で、1年というのは地球が太陽を一周する期間のことをいうのです。

惑星は太陽の周りを公転していますが、地球から見た場合は複雑な動きをします。

内惑星である水星と金星は太陽の周りをそれぞれ0.24年、0.62年で回りますが、結局太陽にくっついて回っているわけですから、地球の周りを太陽と同じく平均的には1年で1周していることになります。このために太陽からある角度以上離れることなく順行と逆行を繰り返して明け方に見えたり夕方に見えるようになります。

火星以遠の外惑星についても順行と逆行を繰り返しますが、太陽の反対側の位置に来たときが逆行の最大速度になります。これらの複雑な動きのために惑う星として惑星という名前が付けられています。火星では軌道や地球との関係で、大きく順行と逆行を繰り返し一定していませんが、だいたい2.1年で一回転します。

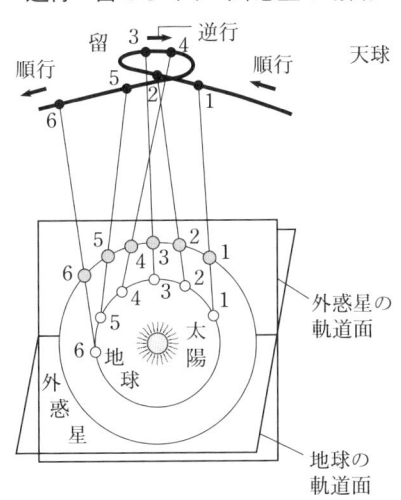

逆行・留のしくみ（外惑星の場合）

天体の天道説的公転周期

☉	1 年		☊	18.6 年（逆月）
☽	27 日（満月から満月は29.5日）		⌀	8.85 年
☿	1 年		♃	4.6 年
♀	1 年		♀	4.6 年
♂	2.1 年		✴	4.4 年
♃	11.9 年		⚼	3.6 年
♄	29.5 年		♇	51.0 年
♅	84.0 年		P.r	289 年
♆	164.8 年		X	557 年
♇	247.8 年			

note:

🍃 **彗星**（ほうきぼし）

　太陽系の仲間には他に「彗星」があります。この彗星、楕円軌道で回っていることがわかっているのが 100 個あまりあります。このほかにも周期が何百年だったり閉じていない 2 次曲線（つまり 1 回限りしか太陽に近づかない）だったりするものが観測にかかり、毎年、何個も発見されています。

　突然現れていつの間にかいなくなる彗星は、整然とした天界の秩序を乱す不吉の前兆でした。誰もが名前を知っているハレー彗星の、前回の出現は 1986 年、その前は 1910 年です。1910 年の時には、彗星の正体がだんだんとわかってきていました。軌道計算から地球がハレー彗星の尾の中を通過することが判明、「ハレー彗星と地球が衝突」、「彗星の尾に含まれる毒ガスのために生物は死滅」などと新聞で扱われて、乱痴気騒ぎや自殺者も多数出る大騒ぎになってしまいました。ハレー彗星が不吉かどうかの問題よりは、不吉を信じた人間の不吉でしょうか。

　前回 1986 年の出現時、ハレー彗星が地球に最接近したのは 4 月 11 日で、その 17 日後に史上最悪の原子力発電所事故が起こっています。あなかしこ、ハレー彗星。

運行する天体位置の推算

　天体の位置が計算できるようになったのは、ケプラーの法則が出され、ニュートンなどが計算方法を考え出した18世紀になってからです。それ以前はある程度の経験値でしか天体位置の推算はできなかったのです。言ってみれば日蝕があるかどうかは当日に見てみないとわからないというのが正直なところでした。月の運動は大変複雑でと書きましたが、正確な月の運動が計算できるようになったのは20世紀になってからと考えてもよいくらいなのです。従って、星の正確な位置の計算は、古代では勿論、近代でもかなり難しかったというように押さえてよいでしょう。このために運進法としての進行法が考えられ使われたのです。

　太陽系の天体は、太陽を中心にしてそれぞれの軌道を公転していると説明されますが、厳密に言えばそれぞれの引力によって運動しているのです。中心があるとすれば太陽系の重心が中心ということになります。動いていく道筋が線路で固定されているのではなく、宙に浮いた状態で引力によって動いているのです。力学の公式では2つの物体による動きを式によって求めることができますが、3つ以上の質量が別々に存在し、相互作用を持っていると式では解けなくなってしまいます。確かに太陽系の質量のほとんどは太陽にありますが、地球の運動に対して水星や金星、火星、木星が力を及ぼしていますし、地球もそれらの星の運動に影響しています。正確な位置を計算するとなると逐一すべての天体の位置と速度を参照しながら運動を調べていくしかないのです。

　このように天体位置の推測が難しいのですから、占星術として未来予測のために未来の星位置を使うという方法を使うことは、現実としてはできなかった、少なくとも19世紀になって天体位置の計算が充分にできるようになるまでは大ざっぱな予測しかできなかったわけです。しかるに占星術はその前後で大きくやり方を変えたはずなのですが、その点に対する研究や評価があまり試されていないのが不思議といえば不思議です。

　Stargazerでは惑星等の動きを数値積分で計算し圧縮した天文暦を使用

しています。これにより ☉（太陽）から ⚡（ベスタ）までの正確な位置を使用することができます。⚷（キローン）Pr（ペルセポネ）X については発見時のデータを使用した暫定的な位置を使用しています。また ⚷（キローン）については、1988年に彗星特有の現象が見られ、1989年には彗星である証拠のコマ（→note）が観測されています。彗星様天体ですからいかに正確な計算をしても、ガスの噴出などによる非重力効果があるために軌道が変化していきます。毎年軌道の変化を捉えて訂正を入れる手間を取る意義がないと私は判断しています。予言の星は10年足らずで彗星として凶兆の星になってしまいました。

note:
☙ 彗星のコマ
　彗星が太陽に近づいて温度が上がると、構成物質の揮発成分が吹き上がって彗星の本体（核、コア）の周りを取り巻きます。このガスの噴出とともに細かいチリのような成分も彗星の本体の周りに漂うようになります。これがコマです。コマとはもともと髪の毛の意味で、頭を取り巻いているものです。そして、さらにその量が増えると太陽風（太陽からの物質流）に流されて、太陽の反対側に流されて尻尾のように見えるようになります。このガス噴出は、まるでロケットのような働きをすることがあり、彗星の軌道に影響を与える場合があります。よって、正確な軌道の計算は大変に難しい作業になります。太陽を巡る軌道に入った彗星は、いずれ核から揮発成分が無くなってしまい、小惑星になると考えられています。

惑星の発見
──古い時代の天体の扱い

　天体は、発見され名前が付いてから人類に意味を持つようになるという考え方があります。発見前の位置を逆計算して研究してみることは面白いことではありますが、確かめようがないというのも事実です。Stargazerでは、太陽からベスタまでは高精度の計算を行っていますが、キローン以降の小惑星・彗星については発見時に発表されている暫定軌道要素による概略位置を載せています。暫定要素を改訂することもありますが、要素の元期から離れるに従い誤差が増えます。

天体の発見年

年	記号	名称	年	記号	名称
1781年	♅	（天王星）	1846年	♆	（海王星）
1801年	⚳	（セレス）	1930年	♇	（冥王星）
1802年	⚴	（パラス）	1977年	⚷	（キローン）
1804年	⚵	（ジュノー）	1992年	Pr	（ペルセポネ）
1807年	⚶	（ベスタ）	2003年	X	

～ 天王星の発見 ～

発見者：ハーシェル（Sir Frederik William Herschel, 1738/11/15 ～ 1822/8/25）

　ハーシェルはハノーバー生まれで、1757年にイギリスに渡り、オルガンやオーボエを演奏することで貧しい生活をしていました。おもに教会などで活動するかたわら、趣味の天体観測にのめり込んで、乏しい収入を新

考案の望遠鏡の製作にほとんど当てていました。現在、ハーシェル式と呼ばれる反射式の望遠鏡は、金属面を磨き上げた凹面鏡を1枚作るだけで済む簡単な構造です。

　彼は1772年にこの望遠鏡を考案し1774年に製作に成功した後、次々と大口径の望遠鏡を作っていきました。そしてハーシェルは1781年3月13日の夜、新天体を発見しました。彗星はすでにいくつも発見していたので、今度も捉えた天体を彗星であると考えて論文を発表しました。

　新天体かどうかは動いているかどうかで判断します。星図に載っていない星はいくらでもありますし、彗星は太陽から遠いときは尻尾もありませんから、次の日にもう一度観測して移動を確認できたら新彗星の発見です。これは今でも変わりない手順です。何回か時間と位置を観測してその結果から複雑な力学の計算によって軌道を決定しなければならないのですが、当時はコンピュータがありませんし研究もそれほど進んでいないので、このような計算ができる人間は限られていたのです。

　この天体が太陽を円に近い軌道で回る新惑星であることを突き止めたのはロシア・ペテルブルク天文台のアンデレス・レクスエル教授でした。ハーシェルは彗星ではなく、もっと大物を捕まえたのです。彼は天王星の発見で博士号を授与され、また天文官として採用されたことを機会に音楽家を廃業しプロの天文学者として転身しました。天王星（ウラヌス）の名はベルリン天文台のボーデが名付けました。

　天王星が発見されてから、この星が過去に20例以上もプロに観測にされていることがわかりました。しかし、これは考えてみれば当たり前です。天王星の明るさは5から6等級で、「肉眼で見える明るさ」なのです。肉眼用の星図をちゃんと作っていれば、その中に紛れ込んでいるはずで、実際いくつも恒星として記入されていました。一番ひどい例はフランスの奇人天文学者ピエール・ルモニエの話です。彼はなんと1750年から1771年の20年もの間、継続的に観測を続けて天王星の運動を調べていながら、学会への報告をしないでいたために、発見の栄誉を持っていかれてしまったのです。

ハーシェルがした仕事は天王星発見だけではありません。ドイツ人らしく地道な努力と粘りで幅広い観測天文学の前進に尽くしました。その息子ジョン・ハーシェルも最初は法科に進みましたが、結局、観測天文学の道を歩みました。ジョンは南半球の希望峰で観測し星図を作ったことから南天の開拓者とも言われています。

海王星の発見

　発見者：アダムス（John Couch Adams, 1819/6/5 〜 1892/1/20）
　　　　　ルヴリエ（Urbain Jean Joseph Leverrier, 1811/3/11 〜 1877/9/23）

　1843年、ゲッチンゲンの王立科学協会は、天王星の理論的軌道と実際の軌道の違いの研究に対し賞金をかけました。これに対し、コーンウォールのラーネストに生まれ、ケンブリッチの学生だったアダムス（当時24才）は、ニュートン力学の法則に基づいて新惑星を想定すると、天王星の理論値と観測値の差異が説明できることに気づきました。彼は1945年10月に、この計算結果を天文台のジョージ・ビデル・エイリイ卿に連絡し観測を依頼したのですが、卿はこの計算を信用せずに観測をしませんでした。アダムスは卿のつれない手紙を読んで諦めてしまいました。

　一方、ノルマンディーのサン・ローに生まれ1837年（26才）にエコール・ポリテクニックの天文学教授になっていたルブリエは、フランスのパリ天文台長で独裁的なことで知られていました。彼も天王星の観測資料を分析した結果、天王星の運行に影響を及ぼしている未知の惑星を想定しアダムスと同じ結論に達しました。そして、天王星の軌道を乱しているのが未発見の惑星であることを1846年6月に発表しました。

　その論文を読んだエイリイ卿は大慌てで2人の観測家に発見を依頼したのですが、1人は足を怪我していて観測ができず、もう1人はアダムスの先生にして日頃からアダムスに含むところのあるケンブリッジ天文台長のチャリスでした。チャリスはジョージ卿に発見できなかったと報告したのですが、実はアダムスの計算を信用しないで予報とは違うところを観測し

ていて発見することができなかったのです。もちろんこのとき、アダムスの計算の位置を観測していれば、海王星は発見されていたはずです。

　ルブリエは予想位置を、新しい星図を完成したばかりのベルリン天文台のエンケ台長に送り、エンケはただちに部下のガレとダレストに観測を命じて、1846年9月25日、ルブリエの計算位置から1度弱離れた場所に新惑星を発見しました。

　理論的な予言はアダムスの方が早かったのです。チャリスなどの非協力によってアダムスの名が失われることに反対したのが、天王星発見のハーシェルの息子、ジョン・ハーシェルです。アダムスに名誉を分かち与えるために、ジョン・ハーシェルはイギリスの失敗の経緯を公表し、海王星発見の功績はアダムスとルブリエの両名のものになったのです。

冥王星の発見

予言者：ローウェル（Percival Lowell, 1855/3/13～1916/11/12）

　ローウェルはアメリカ、ボストンの名家の生まれです。実業家として貿易で稼ぎ、1894年、アリゾナ州フラグスタッフにローウェル天文台を設立、惑星、とくに火星面の研究を行いました。彼は火星人の存在を深く信じていたのです。また水星から海王星までの惑星の精密な位置観測から、海王星以遠の惑星の存在を予言しました。しかし、なかなか発見できずに、1915年に観測を集大成した予想軌道要素を発表して亡くなってしまいました。日本に3年ほど住んだこともありラフカディオ・ハーンとも親しく知日家としても知られていました。

発見者：トンボー（Clyde William Tombaugh, 1906/2/4～）

　イリノイ州に生まれ、12才で天文に興味を持ったのですが、貧しくて大学に行けずに農夫をしていました。しかし、アマチュアながら観測記録を残すことに努力し、22才の時、ローウェル天文台に観測記録を送ってアドバイスを求めたことから彼の運が開けてきました。ローウェルの遺志

を継ぐことを至上命令にしていた天文台長スライファーは、彼の観測記録に多大な能力と才能、そして努力を認め、自分の助手として採用したのです。それから1年足らず、1930年、ローウェル天文台にて冥王星が写真観測によって発見されました。

C O L U M N

惑星の新しい定義

　1930年にトンボーにより発見された冥王星は、観測技術が進むにつれて、発見時に考えられていたよりも小さな天体であることがわかってきました。そして、第十番惑星を探す研究者達によって太陽系外縁に同程度の天体が数多く発見されるようになると、冥王星の惑星としての地位が論議を呼び、いろいろと扱いが取り沙汰されるようになりました。そして2006年8月、名称などの決定権を持つ国際天文学連合によって、冥王星を惑星から降格させることが決まりました。

　国際天文学連合の決議では、惑星を（a）太陽の周りを回り、（b）十分大きな質量で自己重力によりほとんど球状であり、(c)その軌道で際だって目立つものとしました。そして、この分類は必然的に大きな天体でも衛星となっているものは除外されることになります。続いて、冥王星の扱いとしてドワーフ・プラネット（矮惑星、準惑星）という分類を作りました。惑星との違いは（c）で軌道を占有する存在でないという点です。言葉でいえばプラネットと付いているかぎり惑星の仲間なのですが、純粋の惑星ではないという考え方です。冥王星は惑星であるという考え方と、惑星ではないという主張の折衷案であるとも考えることができます。次々とトランス・ネプチュニアン天体（海王星以遠天体）が発見されている中で、軌道近傍の質量を集中させた惑星が巡るという単純な太陽系モデルが破綻してきたということでもあります。

　定義付けに変更が出たのは惑星だけではありません。プラネットより小さな天体に付けられた名称には、マイナー・プラネットとアステロイドがありますが、日本語ではいずれも小惑星と訳されています。今回の決議によれば、今まで小惑星や彗星として分類していた天体についてはスモール・ソーラー・システム・ボディ（太陽系小天体）という総称が用意されました。こちらについても、対象そのものになんらかの変化があったわけでもありません。（次ページに続く）

惑星・冥王星は死んだというような見出しで報道したマスメディアもありましたが、惑星や小惑星という名称は人間の決めた枠組みです。冥王星そのものが何か変わったわけではありません。まして、冥王星が無くなったわけでもありません。冥王星は昨日も明日も変わらず存在しているのです。

　占星術の立場から言えば、惑星という名称は水星から土星までの地球を除く5星で充分です。そして太陽と月を加えた7つで占星術の歴史が流れてきているのです。人類の物理的精神的視野が広がり、天王星、セレス、パラス、ジュノー、ベスタ、海王星、冥王星と新しい星が見つかり、そのたびに占星術の世界にも新しい意味と概念が追加されてきたのです。冥王星が惑星でなくなったからといって、1930年に発見されて徹底的な絶滅と核反応の意味付けをされた意義が無くなってしまうわけではありません。影響があるとすれば意味付けについてで、さらに新しい事柄が追加されることになるでしょう。人間の長い歴史の中で、意味というものが変化していくのは当然です。しかし、あおり立てるような情報にいちいち浮き足立っていては、本質を見失うことになってしまいます。

　さて、冥王星に対する戦力外通告の直前、18時間ほど前になりますが、新月が乙女座宮の0度で起こりました。これは実に象徴的な出来事であると思っています。まして、サインの最初の度数です。

　乙女座は農耕の女神デーメテールまたは、その娘のペルセポネーの星座です。ペルセポネーをさらわれてしまった母は、そもそもの事件の発端にいるゼウスに掛け合ってペルセポネーを返してもらうことになるのですが、娘は冥界の王の奸計によりザクロを食べてしまいます。このため、1年の3分の1を冥界で過ごさなければならなくなりました。娘が冥界にいる間が冬であり、娘が帰ってくる喜びで春がやってくるのです。冥王星の一周、公転周期は248年、その3分の1は83年弱になりますが、発見されてすでに76年が経ち、3分の1の期限が迫ってきました。冥界の王はさらってきた花嫁を実家に帰さなければならないときが来たのです。そして残りの3分の2を、伴侶の居ない半人前で過ごさなければならないのです。

　国際的に核拡散の動きや、深刻な宗教的対立、じわじわとその姿を見せている温暖化の影響、それらと冥王星が惑星ではなくそれ以下のものだという認識による人類のこの先に対するシンクロニシティはどのような様相を示していくのでしょうか。ことによると飢饉で人間の数を3分の1にしてしまう星ペルセポネは、冥王星以遠の新発見天体ではなく、冥王星降格を指す可能性もあります。冥王星よりも大きく、より長い周期で公転する天体の発見もありますし、それらをあわせて、皆さんはどのようにお考えになりますでしょうか。今後の検証に期待します。

note: 括弧内の名称は直訳で、正式な日本名は日本学術会議で決まります。

Stargazer

第5章

実占の手順

実占の流れ

　本章では、人物あるいは事件・事故を占う手順の、おおまかな流れを把握します。

　まず、ホロスコープを作成するために占う事象・時刻・場所を十分に吟味することから始めます①。次に、そのデータをもとにホロスコープを作成し、解読します②。個人を占う場合はここまでが出生図の解読です。

　その後、進行・経過の感受点を使って、時間とともに変化する状況、すなわち「現在」「未来」についての判断を重ねます③。

用意、解読から判断までの流れ

---
①［用意］
出生データの妥当性（事象・時刻・場所の評価）
↓
②［作業］
判断資料の作成、占星術的解読（1重円）
↓
③［評価］
占星術的判断と現実の照合、出生データの再評価（3重円）

出生図の解読——1重円を使って

［用意］——事象・時刻・場所の評価

　出生図の解読に取りかかる前には、出生図として適当かどうかの判断が最初に必要です。日時そして場所に間違いはないか、どれだけの誤差があるかを調査します。そして、出生図として適切かどうかを判断します。

　出生図は生まれた瞬間のホロスコープです。生まれた瞬間は、生物として母親から独立した最初の呼吸、産声の始まりとします。母子手帳の時刻は5分や10分違っていることがあります。出生以外の事件を扱う場合は、よく内容を吟味して、適当な発生時刻を突き止めます。正確であればあるほど、詳細であるほどよいのですから、この時刻特定の作業は以降の占星術ワークすべてに関わってきます。しかし、現実には、秒の単位まで追い込んで確定するということは滅多にできないことです。そこで、修正（レクチファイ）と呼ばれる、正確な出生時刻を導く占星術上の作業があります。具体的には占星術的方法による判断と、現実の事件の対比による評価とフィードバックです。出生図を読むのもままならないという方には大変難しいことになりますが、難しいからやらないということでは、いつまで経ってもできません。そこはひとつ頑張ってみましょう。

　出生時間がわからない場合は、判断が非常にあいまいになります。出生時間がわからなければ、ハウス（室）が決まりません。同じように動きが速い感受点ではサイン（星座宮）すらわからないこともあります。感受点とサインの関係だけでもある程度の傾向と対策は出ますが、充分な判断はできません。どんなに条件を良くしても進行を無視して、経過の状態を補助材料とした一般論で応じるしかないのですから、むしろ判断はしない方

がよいくらいです。

感受点の1日で動く角度

☉ 太陽	1度程度
☿ 水星・♀ 金星	0〜2度程度
☽ 月	12〜15度程度
地球系感受点	全天一周程度

どうしてもということであれば、ソーラーかソーラー・サイン、あるいは☉（太陽）をMc（南中点）のある位置に重ね合わせた図を使って判断を行います。これは、

① ☉（太陽）が性格の核であるということ
② Asc（上昇点）、Mc（南中点）がハウスでの重要なポイントであるということ

を、組み合わせて判断するという意味があります。また、ハーフサム（ミッド・ポイント）のようなあまり精度の要らない方法を使うのも手です。

出生時間の修正のために上昇宮を類推して（つまり顔かたちの様子から予想する）当てはめる方法がありますが、本当にどうしようもない場合以外は、避けるべきです。Ascは、4分で平均1°程度動きます。熟練しても、正確な度数を探り当てることは難しいでしょう。出生時刻の修正の1つの方法ですが、1つでしかありません。充分に占星術の技法に習熟してからでないとできません。初めのうちは正確な出生時刻をもとに判断を進めて下さい。

さらに、現代のホロスコープでは問題にならないのですが、古い時代のホロスコープを見る場合に、その時に発見されていない星はどうするのかという論議があります。入れるべきではないという方から、参考にする、全部使うという方までいらっしゃいます。ここでは、主義主張はともかく、発見されてから使うという方法を取ります。今回の例では冥王星が対象になります。詳しい発見年等については第4章を見てください。

また、個人ではない集団や組織を題材にする占星術をマンディーンあるいはマンデンと呼びますが、基本は個人占星術と変わりありませんので、第6章で取り組んでみましょう。

［作業］──判断資料の作成・占星術的解読

　占星術の判断の要素は、感受点のサインとハウス、感受点同士のアスペクトです。感受点の入っていないハウスはサインからの関係も使います。それらの要素の1つ1つを取り上げて別々に判断をするのは、本来ならば問題があります。木を見て森を見ないということになりがちです。しかし、最初からすべて正確に判断できるわけがありませんから、徐々にできるところからやっていきます。

　章末に、判断の基本ともいえる「定石」をまとめてみました。これらの手順は「主星」（ある問題を統括する感受点）を選定し、その強弱吉凶禍福を判断するための基本的な方法です。これに従っていれば、ある程度は判断できるというものですが、あくまでも初学者の方法だと考えてください。

　一覧表を作成したら、次に「本来備わったものの判断」「展開する運命の判断」の解読に移りますが、その際には、全体のパターンを捉えた上で、特定の事項を判断します。ですから、同一のアスペクトを持っていたからといって、同じような運命傾向と性格は持つでしょうが、まったく同じ運命を持つとは限りません。個々の部分だけを抜き出してきて、ほかの人と比較するのは間違いです。

　通常の場合、上昇サインの示す人間的なパターン（性格など）に従って、出生図の表す意志や感情が現実に現れてきます。このために判断は☉（太陽）、☽（月）、上昇サインの分析から行い、ほかの部分の判断もこの分析を頭に入れて行います。また、第1室のサインが♈（牡羊座宮）でない、つまり定位でないホロスコープは、あるハウスの本来のサインに置き換えて考えることができます。つまり、あるハウスの扱う事柄はそのハウスの

本来のサインの表現方法や形式に影響されているからです。また、ホロスコープ上に配分されたハウスのサインの支配星の強弱が、そのハウスの本来のサインに関係しています。このサイン対応の置き換えの法則は非常に重要です。

解読時の主要な着目点

① 感受点の状況	サイン、ハウス、アスペクトを書き出す
② ハウスの状況	感受点があれば、その感受点の状況。なければハウスカスプのサインの支配星の状況
③ サインの状況	感受点があれば、その感受点の状況。なければサインの支配星の状況

　ホロスコープで感受点の状態をみるということは、感受点の存在するサインとハウス、アスペクトを考えることです。感受点はその存在するサインによって性格や強弱が変わります。そして、存在するハウスへ影響を与えます。アスペクトによって他の感受点と関係を持ちます。また、支配するサイン、そしてそこにハウス・カスプのあるハウスに影響を与えます。その上で本来のハウスにも関わりを持つのです。

　ハウスの状態をみるためには、

　①まず、そのハウスに感受点があれば、その感受点の状態
　②もし、感受点がなければ、カスプのサインとそのサインの支配星の状態

をみます（これは各ハウスの主星の選定に関して、すでに行ったものです）。感受点が入っている場合でもカスプのサインとその支配星は間接的に影響しますから、この点も忘れてはいけません。

　では、第6章ワークの最初に挙げているチャップリンをもとに、資料の作成を進めてみましょう。ホロスコープを表示させて、順に見ていきます。占星術の習得を早めるために、適当な白紙にホロスコープを書き取っ

てみるのも良い方法です。慣れてしまえばいちいち書き出す必要はありません が、初学のうちは記号に慣れる効果もあります。一瞥しただけで、これから解読するホロスコープが、画面から頭の中に入ってしまえば最高です。そうなるには、やはり地道な修練が必要です。

1
本人の象徴星の状態、上昇星の状態

　第1室のカスプのサインの支配星は、ホロスコープ全体を統べる星として**象徴星**と呼び重視します。また、第1室のカスプは **Asc**（上昇点、アセンダント）として感受点と同じように扱います。

　第1室のサインは何でしょうか。Stargazerの表示は記号ですから、記号がわからないと困ります。なるべく早く記号を憶えて下さい。記号を抜き出して、ついでに、日本名を書いておきましょう。そのサインの支配星も調べておきます。たとえば1室が1であればサインは牡羊座宮で支配星は♂（火星）となります。その♂（火星）がほかの感受点と持っているアスペクトも書いておきましょう。

チャップリンの象徴星と関連アスペクト
表示天体：☉☿♃♅♆♇、ハウス：プラシーダス（以下同）

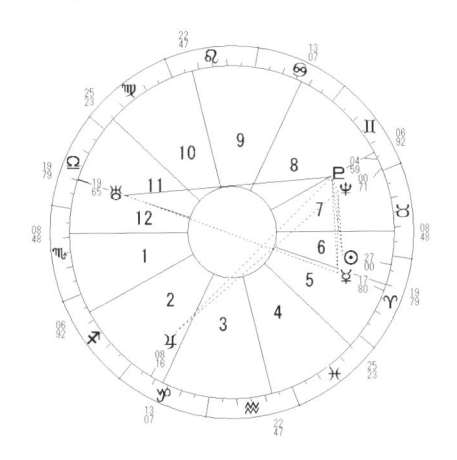

- チャップリンは ♏(蠍座宮)で、その支配星は ♇(冥王星)
- ♇(冥王星)とのアスペクトは、♆(海王星)との ☌(合)、☉(太陽)や ♃(木星)とのイージィ、☿(水星)と ♅(天王星)とのディフィカルトがある

2
感受点集団のあるハウスとサインの意味
チャップリンの感受点集団
表示天体：♀♂♆♇

ホロスコープの中にとくに感受点が集中していれば（4～5個以上）、ホロスコープの重要な特徴となります。集中している感受点とそのハウス、サインを抜き出しておきます。

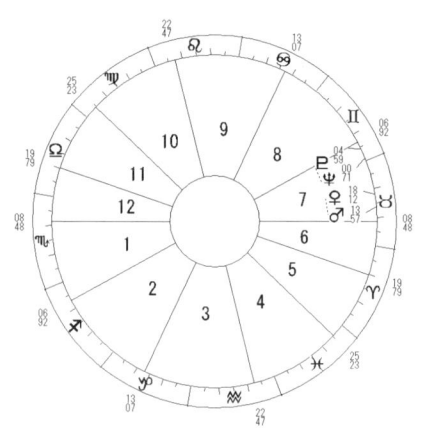

- 7室に ♀(金星) ♂(火星) ♆(海王星) ♇(冥王星)の4感受点が集中している

3
二区分・三要素・四素子に入る感受点の数

ホロスコープの表示の時に［機能］―［天体配列］（Ctrl＋W）でも要素と支配星配列が表示されます。普通は、小惑星や計算上の感受点（ノードやリリス）は数えません。

チャップリンのディスポジター表示

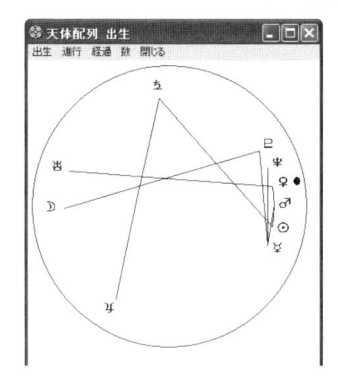

表示天体：☉☽☿♀♂♃♄♅♆♇☊

```
3 火    4 活動    6 男
3 地    4 不動    4 女
3 風    2 柔軟
1 水
```

- チャップリンは、
  男6女4
  活動4不動4柔軟2
  火3地3風3水1

4
支配星配列（ディスポジター）

　小惑星を使う場合、小惑星はサインの支配星ではありませんから「根」とはなりません。配列の書き方に決まりはありませんので、解読例を参考に自由に書いてください。色設定は、感受点と感受点を結ぶ線は中間点から星座宮色と線色をつかい、配列方向は星座宮色側になります。「根」は感受点の上に星座宮色の丸印で表示します。ミューチャル・リセプションはホロスコープの線色で丸印を付けます。

基本10感受点の配列

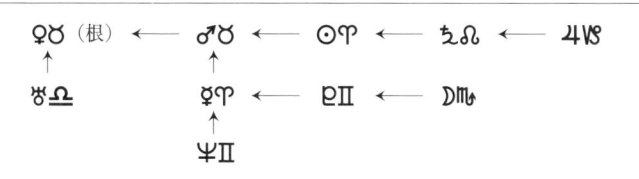

♀♉（根） ← ♂♉ ← ☉♈ ← ♄♌ ← ♃♑
　↑　　　　　　　　　　　
♅♎　　　　♀♈ ← ♇♊ ← ☽♍
　　　　　　↑
　　　　　　♆♊

出生図の解読——1重円を使って

5
☉（太陽）と ☽（月）のあるハウス、サインとアスペクト

これもそれぞれ抜き出して書いて下さい。

太陽のあるハウスの状態

表示天体：☉ ♅ ♆ ♇

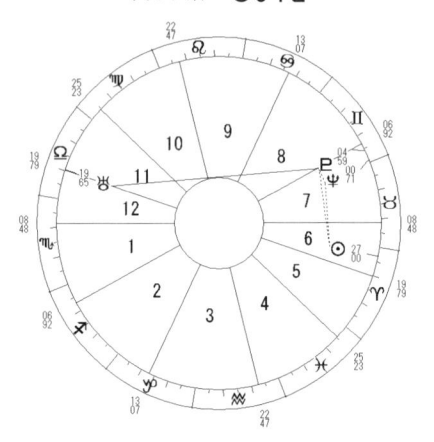

月のあるハウスの状態

表示天体：☽ ♂ ♃ ♄

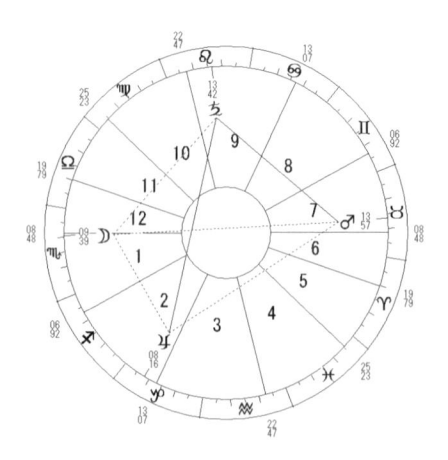

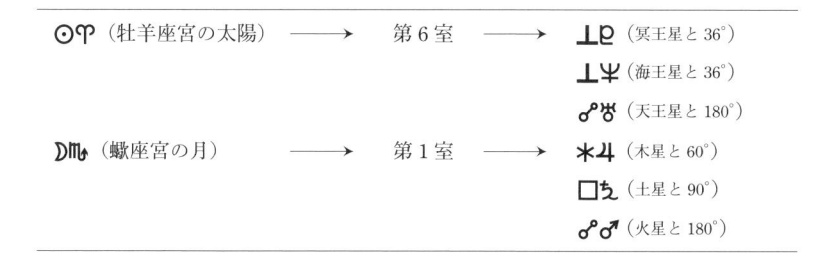

☉♈ (牡羊座宮の太陽)	→	第6室	→	⊥♇ (冥王星と36°)
				⊥♆ (海王星と36°)
				☍♅ (天王星と180°)
☽♏ (蠍座宮の月)	→	第1室	→	✶♃ (木星と60°)
				□♄ (土星と90°)
				☍♂ (火星と180°)

6
特徴的なアスペクト

アスペクトのところで特例として挙げたようなものがあれば書いて下さい。また、角度がほとんどぴったりのようなアスペクト（タイトなアスペクト）も強力です。

特徴的なアスペクト
表示天体：♂♃♄♆

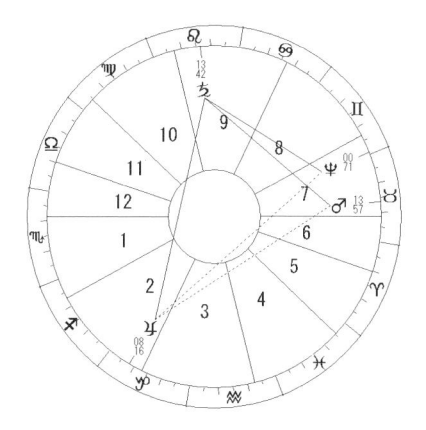

・チャップリンの強力なアスペクトは、♂□♄、♃☍♄、♄Q♆

7
それぞれのハウスの主星の状態

　これらも各ハウスについて抜き出しますが、感受点が入っている場合は、その感受点がそのハウスの主星となります。ハウスに感受点がない場合はカスプのサインの支配星を主星とします。

チャップリンのハウスの主星の状態

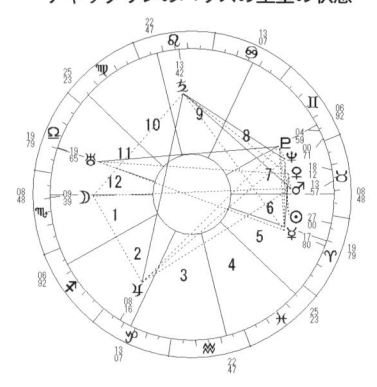

チャップリンのハウス主星（プラシーダス法）

ハウス	カスプのサイン		在室星	サインの支配星	サイン支配星のいるハウス
1	♏	8.48	☽	♇	7室
2	♐	6.92	♃	♃	2室
3	♑	13.07		♄	9室
4	♒	22.47		♅	12室
5	♓	25.23	☿	♆	7室
6	♈	19.79	☉	♂	7室
7	♉	8.48	♀♆♇	♀	7室
8	♊	6.92		☿	5室
9	♋	13.07	♄	☽	1室
10	♌	22.47		☉	6室
11	♍	25.23		☿	5室
12	♎	19.79	♅	♀	7室

注）ハウスカスプの前5°を、そのハウスに含めて判断する場合があります。チャップリンの場合、☿（水星）を6室と考えてもよいのです。

ホロスコープには感受点が配置されています。それぞれに強弱禍福吉凶があり、その位置するサイン、ハウスにより変化があります。そして持っているアスペクトによりさらに影響を与え合います。それらの有機的な関係を一気に把握するには、時間をかけた修練が必要です。そこで、一歩一歩、踏んだ地面を確認して進むことが、一番の早道となります。一歩ずつ進む具体的なやり方についてはさらに、次章のワークに任せるのですが、この解読作業で占星術が終わるわけではありません。今までは「出生図」の解読でした。その先に進行・経過の判断があります。先に進みましょう。

進行・経過の判断 ——3重円を使って

［評価］——展開する運命の判断

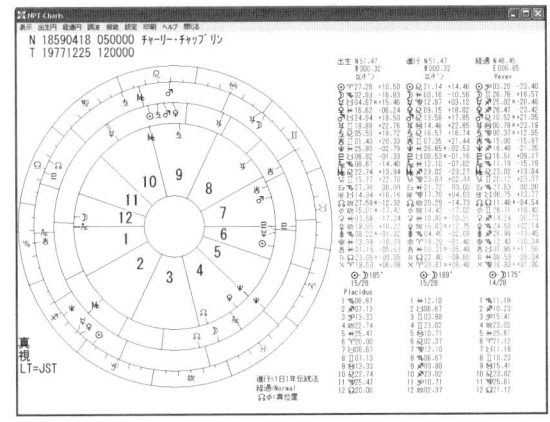

出生、進行、経過の判断

出生図は人生におけるすべての物事を表しています。逆に言えば出生図にないことは起こらないということになります。したがって出生図において、イージィなアスペクトのある幸運の星に対して悪い意味のある進行のアスペクトや経過の通過があっても──進行・経過の影響がよほど悪い場合は考えますが──、心配する必要はほとんどありません。同じように、不運の星にディフィカルトなアスペクトが出生図にある場合は、悪い意味をもつ進行・経過に充分注意しなければならないでしょう。

幸運の星 ♃t（経過の木星）の最も効力を発揮する位置は、Ascn（出生の上昇点）や ☉n（出生の太陽）を通過するときです。Ascn（出生の上昇点）や ☉n（出生の太陽）の状態が悪ければ、♃t（経過の木星）の通過が表す幸運はあまり期待できないものになるでしょうし、状態が良ければ大幸運期になります。

運進法の基本的な考え方

進行は、起こる事態の下準備とみます。経過の働きは事態の引き金あるいはきっかけと考えます。

最初の簡略な占断では、進行だけである程度までの判断をしてもよいのですが、最終的には経過の状態を照合する必要があります。

①良い意味の進行のアスペクトに対して良い経過のアスペクトがあれば、事件の結果は良好でしょう。

②進行が良く経過が悪い、または進行は悪く経過は良い場合は、可もなく不可もない状態です。進行と経過がともに悪ければ悪い結果が出るとみます。

③経過や進行のアスペクトで良いものと悪いものが入り交じってあるとき

は、相殺して事件がなくなるということはありません。この場合、感受点が何の主星になっているかを慎重に勘案して、事態を判断する必要があります。

④基本的に、出生と経過の感受点関係は☌（合）のアスペクトを持って判断します。材料がなければ☍（180度）△（120度）□（90度）などを考慮する場合もありますが、☌（合）よりは弱い力として考えます。

⑤進行する感受点の中では、☉p（進行の太陽）の位置や☉p（進行の太陽）がつくるアスペクトを最も重要であると考えます。次に、☽p（進行の月）の位置や☽p（進行の月）がつくるアスペクトで☉pを補足する判断を行います。もちろん、ホロスコープ内でほかの進行感受点による顕著なアスペクトの展開があれば、それも判断に加えます。

　このような出生／進行の状況を判断した上で、経過の感受点を「事件の引き金」と考えて判断します。事件が起こるだろうという予測をする際に、各経過の感受点が作るアスペクトの中でも判断の要となるのが回帰図です。その時の経過の影響は重要視されます。これも進行と同様に、☉（太陽）（＝ソーラ・レボリューション、ソーラ・リターン）と☽（月）（＝ルネーション、ルナー・リターン）を中心に使います。

　回帰図は通常、出生／進行／経過の3重円で使いますが、1重円で作成し解読することもできます（→note）。その場合、回帰図は独立した1つのホロスコープとして作成したものを出生図に対して考察することになります。1重円、3重円とも、ある天体の回帰図は同じ天体の次の回帰図まで、効力を持つと考えます。

　Stargazerでは、進行表や経過表を作成することができます。出生データを登録した後、その場でホロスコープの分析をして、ある程度時期的な予想ができるようになるまでは、進行経過時期表を使ってセカンダリーの進行表を作っておくのが賢明です（→note）。しかし、個々の出生図の状

態を考慮して感受点の進行や経過を計算しているわけではありませんので、単に時期表を作ることで運勢の消長が誤りなく見られると思ったら間違いであることはおわかりかと思います。計算結果のすべてが事件を表しているとは限りません。計算結果の１つ１つについて、どのような効果があるのかを吟味する必要があるのです。

note:
☽ 回帰図について
　回帰図とは、出生の時の感受点位置に経過の同じ感受点が来る時を計算したものです。当然、本人がその時に住んでいる場所（回帰地）でのホロスコープを作成することになります。

☽ 進行経過時期表の基本的な作り方と使い方
　占断の前に、進行表や経過表を、進行経過時期表によって作成しておくことが好ましいと思われます。長期的なものを進行である程度絞り込み、絞り込んだ時期は経過を含めて細かくみるというのが一般的な方法です。そうしないと、細かすぎる進行経過時期表を計算したために持て余すことになります。

ｃ❦ まとめ──整理・解読・判断のポイント ❦ｃ

判断資料の整理
1　第１室のカスプ（**Asc**、アセンダント）のサインの支配星（本人の象徴星）の状態、上昇星の状態
2　感受点集団のあるハウスとサインの意味
3　二性別・三要素・四素子に入る天体の数
4　支配星配列（ディスポジスター）
5　☉（太陽）と☽（月）のあるハウス、サインとアスペクト
6　特徴的なアスペクト
7　それぞれのハウスの主星の状態
補　感受点配置パターン

出生図の解読

1	性格の核は、☉（太陽）の状態
2	習慣・気質は、☽（月）の状態
3	個性は、上昇サインとその支配星（象徴星） 象徴星のアスペクト第1室にある感受点（上昇星）とそのアスペクト
4	知力は、☿（水星）の状態
5	愛情は、♀（金星）の状態
6	情熱や意志は、♂（火星）の状態
7	幸運の方向は、♃（木星）の状態
8	身体の弱点は、☉（太陽）や☽（月） 象徴星（Asc（上昇点）のサインの支配星） ♂（火星）、♄（土星）のサイン・ハウスで表される部位

進行・経過の判断――展開する運命

9	財運は、第2室の状態
10	人間関係 家庭－第4室／愛人と子供－第5室／兄弟姉妹、隣人親戚－第3室／ 友人－第11室／夫、妻、協力者－第7室 父－♄（土星）／妻と母－☽（月）／夫－☉（太陽）
11	職業関係 天職、成功－第10室／収入源－第2室／勤労職場－第6室／ 協力者や共同者－第7室
12	趣味・娯楽は、第5室。☉（太陽）と☽（月）がその傾向を表す
13	宗教哲学・精神思想は、第9室と♆（海王星）、☿（水星）
14	旅行関係 近場への旅行は、第3室と☿（水星）。 遠方への旅行は、第9室と♃（木星

C O L U M N

運命学雑考　その1

　いろいろな出来事が、生きて行く上であります。良いことも悪いことあるでしょう。自分から選ぶことも選ばれることもあります。これらが単に偶然の結果で決まっていくのならば、それは別に運命とは言えません。偶然の出来事よりも作為的な結果があると運命と呼べるのです。

　人と人の巡り会いや出来事との出会いは偶然であることが多いですが、それらの事件からどのような結果を得るかが問題です。確率的、偶発的な事件に対して、ある人が何を思い、いかに行動するかという点が、あらかじめプログラムされているならば運命が決まってくるでしょう。

　運命があるのかないのか、という問いに対する答は、占術で未来が判るかどうかで決まるでしょう。これは自分で確かめて下さい。

　洋の東西を問わず、占いの方法はいろいろとあります。占術は道具ですから、それを使うための思想哲学は絶対に必要です。この点、東洋の占術には易を代表として、生き方を志向する思想哲学のあるものが存在します。ホロスコープ占星術に、この思想哲学の部分を求めようとしても、なかなか難しいでしょう。と言いますのは、ホロスコープ占星術には易経のような哲学的な原典がないからです。ですから、ホロスコープ占星術に必要な思想哲学の面は、占者の自覚と責任に委ねられているのです。

　これは非常に重要なことだと思います。たとえば易占いでは、占うことで自然に、易経の内容から、中国古代の思想と哲学を習得することになります。もちろん、いろいろな人がいますから、論語読みの論語知らずの例えのような者もいることは確かですが、立派に思想・哲学を確立させている方も多数いらっしゃいます。ところが、ホロスコープ占星術では事情が違います。ホロスコープ占星術の方法を実践していくことで、ホロスコープ占星術の独自の思想・哲学が得られるわけではありません。

（P.427 その2に続く）

Stargazer

第6章

占星術ワーク

ワーク［1］——個人の運命判断

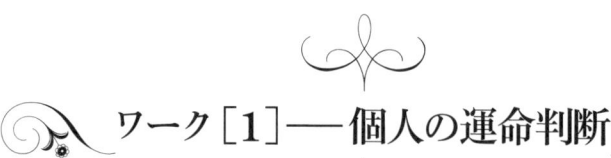

　ここで取り上げる題材は、チャーリー・チャップリン（Charles Spencer Chaplin, 1889/4/16 ～ 1977/12/25, 英）、映画俳優にして監督、例の奇態な風体で世界の目をさらう笑いと涙の魔術師。知らぬ人は無知のそしりを受けるほどの有名人です。彼のチャートを使って解読の練習をしてみましょう。少々難しい点も入っていますが、とにかくやってみることが必要です。

　チャールズ・スペンサー・チャップリンは、その自伝で1889年4月16日夜8時にロンドンはウォールワスのイーストレーンに生まれたと書いています。まずはこれを使ってみましょう。往々にして後で別の出生時刻が出てくることがあります。しかし、まず大事なことは占星術の体系をどれだけ使いこなせるようになるかですから、どんどん解読してみましょう。それで、慣れてくると、何だかこの誕生日は違っているみたいだというようなことが出てきたり、あるいはもう一段上の技術であるところの出生時刻の修正ということもできるようになります（後述）。占星術的に出生時刻の修正ができるようになることを目指して頑張ってみて下さい。

　Stargazerの使用時刻系は、大抵の方は日本時間にしていると思います。これをいちいち切り替えるよりは、現地の時刻を日本時間に換算する方が手早くできますから、こちらの方法も学習してみて下さい。上記チャップリンの出生時刻はロンドン時間ですから、日本時間に遅れること9時間

です。つまり9時間を足してやります。夜8時は24時制で20時ですから、9を足して29時、24を越えると次の日ですから次の日の5時、つまり1889年4月17日5時が入力すべき時間になります。

判断はチャーツを使ってもできますが、基本的な占星術の技術を使う場合は3重円が手軽ですからこちらを使いましょう。ハウス方式はプラシダスを使い、経過の日時は何時でもかまいませんから、ホロスコープ・チャートを表示します。3重円表示からは F6 キーで出生円表示になります。

✿ チャップリンの人となり──出生解読 ✿

キーとなるのは ☉ ☽ ♀ ♄

チャートの中でAsc（上昇点）やMc（南中点）は重要な注目点ですが、そのうちAsc（上昇点）の近くにある感受点は「上昇星」と呼ばれ、性格や容貌に大きく関わると言われています。また、Mc（南中点）に最も近い感受点を「エレベイトしている」と表現して、本人自身の意志に大きく関わっていると考えます。さらに、ある感受点が占星術的に大きな意味があるとみなされるのは、その感受点が本来支配するサインやハウスにいる場合です。たとえば、☉（太陽）は♌（獅子座宮）または第5室でその働きが強力になると考えるわけです。

チャップリンの場合では☽（月）が上昇星、♄（土星）がエレベイトしています。♀（金星）は第7室で♉（牡牛座宮）ですからサインとハウスの双方から大きな意味があると考えられます。

すると、チャップリンのチャートからは、キーとなる感受点は、基本となる☉（太陽）のほかに☽（月）、♀（金星）、♄（土星）を挙げることができます。この3つの感受点はいずれも不動宮で、忍耐強く頑固、意志強固で反抗的という性格が強調されています。

チャーリー・チャップリンの出生円

表示感受点：☉ ☽ ☿ ♀ ♂ ♃ ♄ ♅ ♆ ♇ Asc Mc

ハウス：プラシーダス（以下同）

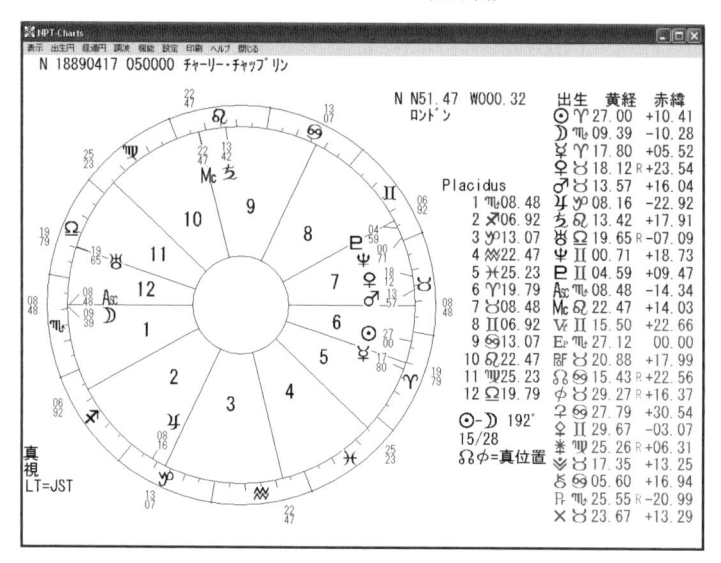

チャップリンのディスポジター表示

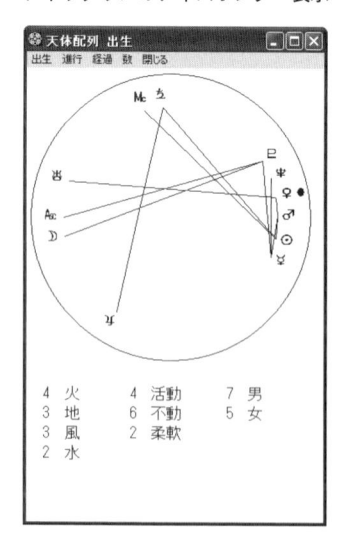

4 火	4 活動	7 男
3 地	6 不動	5 女
3 風	2 柔軟	
2 水		

感受点の二区分・三要素・四素子

　チャートの中で感受点の全体的な配置は、☉（太陽）から♇（冥王星）までの主要感受点の四素子配分は火3、地3、風3、水1となっていて、水が少ないようですが、水の宮の単独の感受点は☽（月）で、上昇星となっていますから意味は強く、配分がとくに悪いわけではありません。三要素も二区分もバランスは悪くありません。バランスが良いというのは、足りないところを他人の感受点で補う必要がないわけで、他人からの影響を受けにくいとも言えます。つまり、我が道を行くというタイプです。一般的に重要な感受点として☉（太陽）、☽（月）、Asc（上昇点）、Mc（南中点）の4つがありますが、彼の特徴はここに出ています。☉（太陽）とMc（南中点）は火、☽（月）とAsc（上昇点）は水です。彼の内面でも、そして彼をとりまくすべてが火と水の二極の中にあります。

　火は演劇の世界と関わっています。これは自分の経験を霊的原理、神として扱い、自分の内的世界を構築しようとするためです。現実よりも内的世界を優先させるがゆえに現実社会の対応は非難を受けることになりがちです。水は感情的要求が強いにも関わらず、その対人関係で失敗するという矛盾を持つことがあります。他人の痛みを理解することはできるが、人によって価値観や考え方に違いがあるという客観的な視点が抜け落ちているためです。

　チャップリンの火と水の欠点を補う作業として映画の主演と監督があります。映画を作るという行動は、火の足りない点である社会との現実的な関わりと、水の足りない点である客観的な視点を求めるものであり、理想的な自己確立へつながる葛藤を克服する昇華の方法として機能し、大成功という結果となったと言ってよいのではないでしょうか。

キー感受点の詳細

Asc（上昇点）

Asc（上昇点）は♏（蠍座宮）ですから、底知れない精力と集中力があり、自分がトップでなければ気が済まない傾向があります。しかし、それを口に出しはしません。得体の知れない深さを持っていることをほとんどの人は知らないのです。このAsc（上昇点）が代表する第1室に☽（月）があることは、変化に富んだ人生を示しています。人生は不安定で移動は多いでしょう。

☉（太陽）

☉（太陽）は第6室、♈（牡羊座宮）で第3旬（第3デーカン、注）、強力なアスペクトがありません。許容度を広く取ると♅（天王星）が☍（180°、衝）です。第6室は勤務の部屋ですから、ここに☉（太陽）があることは、実務的な才能を示しています。仕事をしたりさせたりする能力があると言えます。♅（天王星）との凶アスペクトはワイドですから、そう重要に取ることもないのですが、同じく♈（牡羊座宮）にある☿（水星）は、♅（天王星）とタイトなアスペクトになり、自身の頑固さや強引な手法から、目上（もし存在するならばですが…）、目下ともに嫉妬や反対、非協力の関係になり困った事態になることがあると考えられます。ちなみに、♅（天王星）は第12室ですから反対者は顔を表さず隠れた状態で動くと考えられます。いずれにしても♅（天王星）は突然の変化という意味がありますから注意しなければなりません。

☽（月）

☽（月）は上昇星であり♂（火星）、♄（土星）とT字スクエアの緊迫した関係があります。♃（木星）の✶（60°）のアスペクトからは、公衆相手の仕事は有望であると判断できます。T字スクエアからは競争者や高

位の敵が彼を阻むことは見えています。逆に彼はそれらに対し闘志を燃やし立ち向かって行くわけです。また、別の見方をすれば、妻や母を示す☽（月）と父親の♄（土星）が絡みチャートの軸に関わっているのは、尋常でない場合を示すことがあります。ましてこのチャートでは、家庭を示すIc（Mcと180度の位置にある感受点）が♒（水瓶座宮）で♅（天王星）の支配下にあり、♅（天王星）は秘密の部屋、第12室にいるのです。事態が現実のものになるかどうかは進行や経過の状況をよく検討する必要があります。チャップリンの場合は、5才の時に両親が離婚、直後に父は病死、7才で母が発狂、11才の時に母の病が再発するという非常に困難な状況が出ています。

♀（金星）

♀（金星）は先に述べたように、チャートを代表する星の1つです。第7室にある♀（金星）は自己の選び取っていく環境に幸運があることを示しています。良い結婚という表現をする人もいます。実際、美貌の配偶者を持つ場合が多いようです。しかしアスペクトは問題です。♂（火星）とのワイドな合はともかく、♄（土星）とはスクエアです。つまり、☽（月）、♂（火星）、♄（土星）のT字スクエアと関わった感受点なのです。自分自身の支配するサイン、ハウスにいることで、チャートのすべての感受点がもたらす結果がすべて♀（金星）へ流れ込んでくるのですから、ここでT字スクエアと関係していることは、いろいろとうまく行かない事態が出てくるものと思って間違いありません。♀（金星）が示すのは、女性関係や芸術的才能、金銭等ですから、これらについての浮き沈みも激しいものと考えてよいでしょう。

ワーク1──個人の運命判断

出生図における上昇点、太陽の状態

表示感受点：Asc ☉ ☽ ⚷

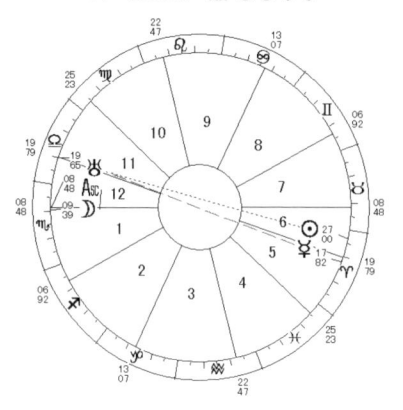

出生図における月、金星の状態

表示感受点：☽ ♀ ♂ ♃ ♄ ⚷

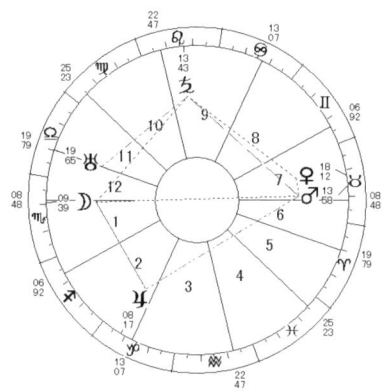

出生図におけるその他の見解

表示感受点：☽ ☿ ♀ ♂ ♄ ⚷

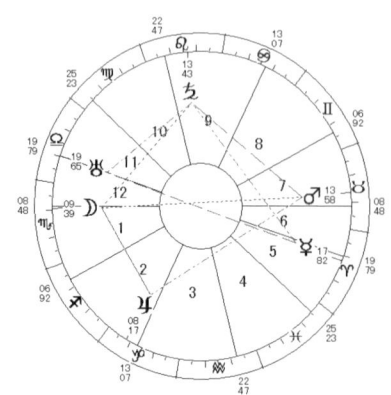

note:

☽ 旬（デーカン）
　サインを第1旬（0〜10度）、第2旬（10度から19度）、第3旬（20度から29度）の3つに分け、それぞれに支配星を割り当て、影響を受けるという考え方です。支配星の取り方はいろいろありますが、チャップリンの例では♃（木星）の影響が出ると考えられます。

人生を照らす暗示

　4つの感受点を持つ第7室はチャートの中でも目立つ分野です。第7室は対人関係や協力者、配偶者との関係を示すわけですが、ここではいろいろな事態が想定できます。まったく単純に見れば、情熱的で性急な結婚とその失敗ですが、結論を出すのは充分に解読してからにしましょう。

　凶アスペクトを持つ♂（火星）は競争者や反対者、利害の対立する人間をも象徴していますから、結婚問題で言えば、離婚は法廷で争うような事態が考えられます。♃（木星）は第2室で、アスペクトも良く、巨額の財運を示しますから、訴訟関係の金額もかなりの高額になることでしょう。というのは、☽（月）と♂（火星）のオポジションを妻との感情的対立とみると、☽（月）に対して✶（60°）、♂（火星）に対して△（120°）のアスペクトを持っている♃（木星）が金銭による解決も示しているという解釈もできるからです。

　しかし、☽（月）と♂（火星）に対する♄（土星）（高位者）のスクエアは財運では解決できません。彼にのしかかるのは非米活動委員会を始めとする赤狩りと呼ばれた当時のアメリカの政治であり、20年間、アメリカは彼を拒否したのです。アメリカ追放は♄（土星）の年齢域中の63才の時に行われ、♅（天王星）を過ぎ、♆（海王星）の年齢域が始まろうとする83歳の時に至って、彼が受け入れられたのは、占星術的に見ても象徴的です。

　彼の時代、映画は新しい表現技術でした。間違いなく象徴は♅（天王星）になります。そして、♅（天王星）は☿（水星、知性）とオポジショ

ンです。彼の攻撃的な知性（♈ 牡羊座宮の ☿ 水星）と ♅（天王星）の葛藤の上に彼の作品が作られています。また、作品に対する批評、論評も二分されるでしょう。そして、彼が ♆（海王星）の年齢域に入らんとするまで ♄（土星）と ♅（天王星）は彼を苦しめたとも考えられます。彼の作品を芸術として全世界のまとまった評価が出たのが彼の ♆（海王星）の時代に入る直前であったというのは暗示的です。

チャップリンの人生——進行・経過

彼の作品と彼の進行＆経過との関連もおもしろそうですが、長い間温めたテーマを作品に作り上げる過程が重要で、出来上がってからの評価は彼にとっては二の次と考えられますから、彼の占星術的分析の中心は具体的な事件ではなく、彼の内面の精神生活の分析ということになります。

＊進行太陽について＊

進行経過時期表を使ってサインを通過して行く ☉（太陽）の進行状況を調べると、1892年5月に ♉（牡牛座宮）、1923年5月に ♊（双子座宮）、1954年9月に ♋（蟹座宮）へとそれぞれ入って運行します。進行の感受点は、通過しているサインによる意味付けで働きに色づけされます。

出生時の ♈（牡羊座宮）の特徴は落ち着きがなく、外向的だが自分の道を頑固なまでに追求する冒険家であることです。その出生の ☉（太陽）は ♈（牡羊座宮）の27度ですから、1年に約1度動く進行太陽は、たちまち ♉（牡牛座宮）へ移ってしまいます。

♉（牡牛座宮）では、動きは遅いのですが着実な歩みの登山家になります。物質的な欲望も強調されます。人を笑わせる技術を一流の演芸団で徹底的に修得し、さらに娯楽映画へ進出し成功を納めた時期に当たります。

次の ♊（双子座宮）は知的、陽気で友好的と言われます。彼の出す映画の制作数は、♊（双子座宮）に入ろうとする頃から数をずっと減らしてい

ますが、質的な完成度を高めより知的になった、つまり双子座的になったと考えられます。その次の ♋ （蟹座宮）は守りのサインです。家庭や家族指向であり、築いたものを守る生活を示しています。

note:
🌙 ここでの ☉（太陽）の進行状況の調べ方
　進行経過時期表で、以下のように設定します。
　　感受点設定：進行（P）☉ のみ
　　アスペクト設定：すべて OFF
　　開始年月日：18890417 ／終了年月日：19771226
　　星座境界：使用する
　　進行形式：1 日 1 年伝統法

そのほかの進行感受点

　進行太陽だけでなく、ほかの進行感受点も、サインの通過による色づけを見ることができます。ただし、☉（太陽）と ☽（月）は順行しかしませんが、ほかの感受点は進行法により逆行するものもあります（Stargazerで扱う進行法では、1日1年法とCPS、1月1年法の場合）。逆行や留も状況の判断材料になりますが、これらの動きを把握することは進行経過時期表では難しくなります。ホロスコープで、進行感受点のデータを注視しながら「経過移動」で送るという方法もありますが、すばやく把握するには、ホロスコープの天文暦機能を使います。ただし、進行感受点位置をズバリ出してくれるわけではありませんので、多少の頭の切り替えが必要です（→ note）。これで見ますと、チャップリンの場合は ☿（水星）が55才くらいから逆行します。♀（金星）は35才くらい、♃（木星）は10才位から逆行、♅（天王星）とノードは70才位で逆行から留となります。

　逆行の際は、感受点が本来の働きを制限されたり、別の方へ発現することも考えられますし、留の場合は、長い間そこにいるわけですから、影響もそれだけ大きく強いものがあると考えられます。そのような時にほかの

感受点、中でも経過の感受点の接触（コンタクト）があれば、非常に重要であると考えます。経過感受点が接触したその時に事件が起こるという場合もありますし、☉（太陽）や☽（月）、そのほかの回帰（リターン）図や入宮（イングレス）図の効果期間に巻き起こる場合もあります。経過感受点の接触とは、基本的にはアスペクトで☌（0°、合）のことを言いますが、順次、☍（180°）、□（90°）、△（120°）をも考慮することがあります。いずれにしてもタイトなアスペクト、許容度は1度以内で見ていきます。

note:
☽ 進行感受点の見方

　ホロスコープ3重円のメニュー［機能］の中に、天文暦があります。天文暦は経過の感受点位置を出しますので、出生の日時から進行の日時を換算して使用することになります。1日1年法では、1日後の位置を1年後とするわけですから、開始年月日時間を出生と同じにして、間隔を1日とすると、進行に換算して1年ごとの位置が表示されます。間隔を2日にすれば2年ごとになりますし、開始日時を加算すれば、その分、先を表示できます。

*
出生感受点や進行感受点とのアスペクト
*

　いきなり経過の感受点まで入ってきましたが話を戻して、進行感受点のサインの移動の確認の次に、出生感受点や進行感受点とのアスペクトを見ます。しかし、内面生活といっても、我々がわかるのは外面の出来事ですから、内面を表しているであろうと期待して愛情問題に絞って見てみましょう。

初恋

　初恋を見るのに、進行する☽（月）と出生の♀（金星）とのアスペクトをよく使います。♀（金星）の年齢域は15から24才ですから、この10年間に☽p（進行月）は130度ほど動きます（→ P.357 note）。この期間内

に ♂（0°）、✱（60°）、□（90°）、△（120°）、☍（180°）のアスペクトがいくつかあるはずです。これらの時期を考えに入れて、進行経過とともにチャートを参照するのが基本的なテクニックです。月の進行を使う場合、☉（太陽）の進行を常に念頭に置いて使うことを忘れないで下さい。進行太陽の表している状況が悪いのに月の進行が良いからといって相殺はしません。その逆も同じです。

チャップリンの場合は初恋が19歳であったというヒントで、その検証は宿題としましょう。

結婚

チャップリンの結婚を見てみましょう。結婚における問題点はすでに指摘済みですから、一時的な情熱に駆られて結婚という事態が最も考えられます。最初の結婚では前年からチャップリンが熱を上げて求婚していたことはよく知られています。1917年の誕生日の頃にチャップリンの☽p（進行月）は♀n（出生金星）と☍（180°）となっていて、バランスを欠いた状態になっています。

結婚式は1918年10月ですから、1918年の太陽回帰を見ると、回帰のAsc（上昇点）と♂（火星）は♍（乙女座宮）にいて♂n（出生火星）と△（120°）になっています。過度な積極性を示すこのパターンは、チャップリンにとって良い判断はできません。まして、☽p（進行月）は♆n（出生海王星）や♇n（出生冥王星）と☍（180°）となり、♆t（経過海王星）の刺激をうけて、夢を見ている状態です。結婚のような現実的な生活にはまったく向きません。この結婚は最初から失敗であったことは自他ともに認めるもので、1920年11月に離婚が成立しました。離婚した1920年の太陽回帰図の☽（月、妻）と♀（金星、恋人）は、♃n（出生木星、第2室）と□（90°）で、慰謝料10万ドルでした。また、これにソーラ・レボリューションメソッドを使うと、日付はともかく☽（月）と♀（金星）の時期表示に11月が出てきます。

**1917年ハリウッド、
結婚へむけた太陽回帰図**

ハウス：キャンパナス（以下同）

**1918年ハリウッド、
1度目の結婚の太陽回帰図**

**1920年ハリウッド、
1度目の離婚の太陽回帰図**

note:
🌙 太陽回帰図の作成と、判断の仕方

　太陽回帰図を作る際は、Ctrl + F1 と Ctrl + F2 で次々に経過円を太陽回帰図にすることができます。太陽回帰図では、単なる経過の場合と違って、回帰の Asc（上昇点）も重要な感受点と考えます。これは出生図の Asc（上昇点）の扱いを考えれば納得できることでしょう。年運を判断する際に、回帰図を独立の1枚のチャートとして解読することもあります。また、今回の例のように3重円で他の円との関係を見る場合もあります。

　ところで、Asc（上昇点）を問題にする場合は、計算する場所が必要になってきます。生まれたその場所にとどまっている人はそう多くないでしょう。移動している先の場所で Asc（上昇点）を考えるのですから、経過地の設定が必要です。［経過円］メニューの中の経過地設定で変更しましょう。チャップリンの場合は、ロンドン生まれですが、少年のうちに渡米し1952年に渡英するまでハリウッドを拠点としていましたので、ここで回帰図を作っています。

チャップリン、妻リタ・グレイとその母（1924年）

©ORION PRESS

　次の結婚は、4人の中で最悪の相手であったと思います。太陽回帰図に出るというレベルの問題ではなく、☉p（進行太陽）が ♊（双子座宮）にイングレス（入宮）した直後であり、♆n（出生海王星）と ☌（0°）という、芸術家の活動には良いかもしれませんが結婚という現実的なことには最悪のものです。

　離婚が成立したのは1927年の8月になってで、慰謝料60万ドルに加え養育費40万ドル＋2人の子供を渡すことになってしまったのです。妻

のリタ・グレイとその母はそれだけではなくさらに40年後に本を出して、チャップリンの性的問題を暴露し大金をつかんでいます。相手選びの「目」ということでチャップリンを非難する声も正当だと思いますが、チャートを見れば、さもありなんだと思います。

**1924年
2度目の結婚の太陽回帰図**

3回目の結婚は、☉n（出生太陽）の上に♅t（経過天王星）がやってきたときです。太陽回帰図の♀（金星）とも♂（0°）です。彼は前2回の結婚で学んだことから、3年間も結婚の事実を隠していました。隠すのは♆（海王星）の統括事項です。チャップリンは2回目の結婚で♆（海王星）の暗い面を充分に学習したものと思います。結婚は9年間続き、前の2回のように争いや憎しみの応酬に終わることには幸いならなかったのです。

1933年
3度目の結婚の太陽回帰図

1943年
4度目の結婚の太陽回帰図

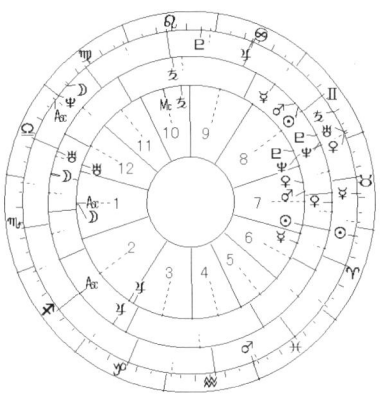

　最後の結婚は1943年6月です。ざっと見ただけでも、太陽回帰図は♀（金星）と♅（天王星）が☌（0°）です。進行では♀（金星）が♃n（出生木星）と、☉（太陽）が♅n（出生天王星）と、それぞれ△（120°）の関係を作っています。もちろん、このほかにも多くの特徴をとらえることができますが、いずれにしても良い方向性を持っていると判断できます。結果的に71歳で7人目の子供ができているという元気さですので、大成功だったわけです。

応用への入口
——出生時間の修正（レクチファイ）

　これまでの解読作業は現地で午後8時という伝記に従った解釈であったわけですが、最初に書きましたように、本当はどうだったのかという点や、占星術から導かれる事件の日時と実際の日時の差が大きいというようなことが出てきます。これに対して各種の時期特定の手順を逆に使って、この時期にこの事件が起こるためには出生時間が何時だということを導く方法が考えられます。これがいわゆる「出生時間の修正（レクチファイ）」と呼ばれる分野です。

　普通、占星術の修得の方法としては、出生図の解読から入ります（これで終わってしまう解説本もありますが、必要とされる準備を考えれば仕方ないかもしれません）。それが何とかなったら進行や経過を入れて判断できるようにする、このようなステップ学習方式でした。この方法は出生時刻が厳密に正確な場合での正当な方法と言えるでしょうが、あいまいな出生時刻では途中でとん挫してしまいます。出生時間が正確でない場合は、発想を転換し、逆から攻めてみる手があります。

　占星術は天の感受点配置と我々一人一人の人生がシンクロしているという原則から作られています。言い換えれば、感受点配置が原因、我々の人生が結果という関係ではなく、シンクロナイズされた共時性の現象として扱うのですから、人生から感受点配置という形でも使えるはずです。そこで一番の鍵ともなる出生時刻を特定するのに、今までの人生の出来事の発生時刻や物理的心理的に打撃を受けた瞬間の感受点配置と出生図を比較して、強力な関係ができるように出生時刻を動かしてみる方法にたどり着くわけです。

　占星術を勉強するなら、ここまで来なければ勉強する甲斐がありません。まずは何としてもたどり着いて下さい。

相性（コンパリズン）の判断

運命的な相性を読む

人と人の相性（コンパリズン）を占星術を通して読む場合、
① 互いの ☉（太陽）や ☽（月）に、凶星（♂火星、♄土星）のディフィカルト・アスペクト（凶角）がないこと
② 吉星（☉太陽、☽月、♀金星、♃木星）のイージィ・アスペクト（吉角）があること

の２点より、単純に二人の天体位置を比較してみる方法が一般的です。

これを計算式化して結果を点数で出るようにするとパーティなどで余興として実に楽しいものとなるのですが、これはあくまでも余興であって、真面目に相性を占断するならば、難しい問題をいくつか考えなければなりません。

性格が合うからそれが吉である、うまくいくと思いたいのですが、実はそうではありません。互いにどれだけ好きなのかも相性には関係がありません。筆者が占断を求められた人の中に、相性という点からは感受点の関係に悪いものがまったくなく、とくに良いと考えられるものがすべて揃っている例に当たったことがあります。この二人が幸福な道を歩んでいればわたくしも疑問を感じなかったでしょう。別れた二人のホロスコープを見つめながら出した結論は、二人の持つ各自の「運命の傾向」と「時期の問題」があるというものでした。

これらは性格の相性よりも重要な問題です。ある個人がどのような個性を持った人に惹かれていくかという命題は、本人のホロスコープを吟味すればわかることです。ホロスコープから惹かれる原因までも追求すること

は難しいのですが、基本的に人は「本人の運命を成立させる」方向があります。端的に言えば、離婚という運命傾向のある人が選ぶ配偶者は、やはり離婚しやすい傾向を持った人になります。また、結婚しにくい運命傾向のある人は、結婚しにくい相手、極端な例では妻子持ちなどに惹かれていくのです。

したがって、真面目に相性をみたい場合も個人のホロスコープの詳細な解読が必要になってきます。突き詰めると、相性をみなくても、片方のホロスコープを徹底的に解読すれば、どんな相手なのかわかってくるはずです。「好き」になるタイプは男性では♀（金星）、女性では♂（火星）が示しているのですが、そのタイプに当てはまれば全部惚れてしまうのではなく、パートナーを亡くす運命の持ち主は、早くに亡くなってしまう相手だけをタイプの中から選び分けて「惚れる」のです。このような見方は、「好き」という感情に思い入れがある人にとっては受け入れがたいことでしょう。「運命的な相性」に関しては、ホロスコープのより一層の解読が必要です。

一般的な相性判断のポイント

そこまで徹底した解読の前に一般的な相性をみるため、占星術では一定の方式があります。これは、恋愛や結婚の相手だけでなく上司や同僚、部下、親、子供との相性も同様です。

判断は双方の☉（太陽）、☽（月）、Asc（上昇点）への互いの感受点のアスペクトで行います。男女間の相性には♀（金星）と♂（火星）も考慮することになります。これらの感受点に♂（火星）のディフィカルト・アスペクト（凶角）があれば感情的ないさかいが多くなるでしょうし、♄（土星）が相手の重要な感受点にディフィカルトなアスペクトを作っていれば、結果的に冷たい関係になることが多いようです。感受点の働きは男女で違いますから、その点も多少考慮する必要があります。以下にその詳細を述べます。

1

最も良いのが、☉♂☽（太陽と月の合）です。円満な夫婦にしばしばみられます。☉（太陽）は☽（月）を保護し、☽（月）は☉（太陽）に対して敏感になり互いの人格を高める方向に動いていきます。☉（太陽）の「指導力」と☽（月）の「従順で家庭的」がぴったり一致して1つになれます。女性の☉（太陽）と男性の☽（月）の合は女性側の方が積極的になるでしょう。♂（合）だけでなく、☉（太陽）と☽（月）の✶（60°）、△（120°）も良いアスペクトです。

2

☉（太陽）に相手の♃（木星）のイージィ・アスペクト（吉角）があると、幸運の女神に守られた関係です。

3

☉（太陽）や☽（月）、Asc（上昇点）に対する♂（火星）のディフィカルト・アスペクトは、感情的ないさかいを表しています。注意したいのは☽♂♂（月と火星の180°）です。最初は非常に強力に引き付け合い、互いに魅力を感じているのですが、一緒になった途端、感情的な問題の一切が不協和音となり離れていきます。

4

☉（太陽）や☽（月）、Asc（上昇点）に対する相手の♄（土星）のディフィカルト・アスペクト（凶角）は、結果的に冷たい関係になることを表しています。少なくとも☉（太陽）や☽（月）、Asc（上昇点）を持っている方が不満を抱える結果になるでしょう。

5

相性で注意したいアスペクトは♂（180°）です。一概に凶ではなく、対

立する者同士互いに認め合う関係を作ることがあります。☽☌☽（月と月の180°）は性生活に良い影響があるといわれています。

6

相性の場合、間違いなく凶と判断できるアスペクトは□（90°）です。とくに不動サインの□（90°）は如何ともしがたいものがあります。

7

進行感受点同士のアスペクトも無視できません。☉p（進行の太陽）は家系の問題、☽p（進行の月）は感情的な相性、♀p（進行の金星）は愛情関係成立後の愛情の状態を示すとされています。たとえば♀p（進行の金星）同士が□（90°）であったりすると、結婚後に愛情が冷めてしまう可能性が出てきます。

～ 相性のアスペクト例 ～

Stargazer の相性座相機能を使って

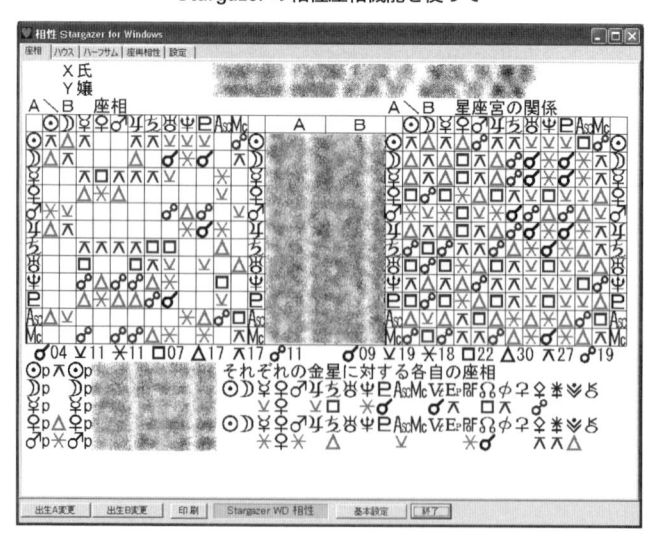

それぞれの太陽と月にイージィアスペクトがあって、二人の個性と気質に直感的な合性があります。男女関係で考えてみましょう。

　太陽と月の関係はツーカー夫婦になることができるパターンです。Ａの上昇点とＢの太陽がイージィですから、Ａの育ってきた環境をＢは問題なく受け入れることができます。また、上昇点同士が ☍（衝）です。アスペクトの解説で述べたように衝はディフィカルトの意味だけではなく、相互補完の意味があります。この場合、互いの環境が相互補完的な関係になるのですから、夫婦生活を維持していく上にはかりしれない良い影響があります。また恋愛の状態はＡの金星とＢの火星がイージィであることから、たとえ見合いで知り合ったとしても恋愛状態となるでしょう。悪いものがあまり強くなく、良い関係のものが多いということで、かなり良い相性であるといえます。

　この例は、解説で触れたすべての点が良いと判断される例ではありませんが、同じ注意が必要です。つまり相性が良いからうまく行く、行きやすいと思うのは間違いです。二人のホロスコープをそれぞれ充分に吟味して、運命と運期を考慮して判断する必要があります。とくに進行の金星同士のディフィカルト・アスペクトがありますから、もし結婚したら先行きはかなり愛情的に離れてしまう可能性が高いので（短絡的に別居、離婚と考えてはいけませんが）、その点を出生図から読み取るようにして下さい。

　また、一人のホロスコープから相性の良い（感受点の関係の良い）生まれを導くことも可能ですが、これは本末転倒の方法です。持って生まれたものを、こちらが解読するような形で伸ばしているかどうかを確かめもしないで、誕生日だけで決め付けてしまうことはできないのです。運命のなんたるかを知らない者のやることです。

マンディーンとホラリー

マンディーンとは何か

　占星術は個人の出生図の解読と同様に集団、組織、物品に対して使うこともできます。たとえば日本という国家に対して出生図を作り、進行感受点・経過感受点との関係をみることによって、その行く末を解読、推察することが可能です（もちろん個人を占う場合と同じように、「出生」の時の図が作れないと困るわけです）。

　集団の「出生図」の解読方法は、厳密には個人を読む時とは少し異なるものの、個人の出生図の解読を通じて充分に感受点やハウスの意味に長じていれば、すぐできるようになります。

　集団を扱うこの技法は、マンディーンと呼ばれています。もともと占星術は個人を読むものというよりは、国家や都市を読むマンディーンが中心であったのです。古来よりホロスコープを読める者は、国家や集団の指導的立場やその補佐をしていたという歴史があります。

　たとえば、ナチス・ドイツにはヒトラーのブレーンとして、クラフトをはじめ占星術師が何人もいました。戦後の冷戦の時代に入っても、スターリンの占星術師に対抗してさまざまな分野の占い師がホワイトハウスに集められたこともありました。政権担当者が有能な未来予知者を必要とするのは、考えてみれば当たり前で、先を見通せない指導者には指導者としての資格がないと言えましょう。

　もう1つ、なんらかの問題を占うのに、占う時点のホロスコープで対処する技法があります。ホラリーと呼ばれる特定の事件を扱う分野です。

　2つの技法があるというよりは、むしろ2つの分野に応用していると考

えてよいでしょう。

マンディーンの判断方式

　感受点とサイン、ハウスの意味付けは個人の場合と同じですが、個人とは違う、集団としての意味も付け加える必要があります。

　いずれも、個人の出生占星術の要素としてのハウスに理解があれば、何の不思議もなく集団や国家のハウスの意味を理解できるでしょうし、もっと詳細な分類すら可能でしょう。

マンディーンの天体意味

☉	国家に対する基本的な影響	♅	突発　予測不能の事態
☽	住民に対する影響	♆	不決断　放置
☿	通信、通商の相手	♇	異常事態
♀	金銭、経済	Asc	国家のおかれている環境
♂	事故、戦争、死傷者	Ic	土地、その場所
♃	困難の緩和	Dsc	同盟国、協力関係にある集団
♄	困難　困難の発生	Mc	国家権力、その地を治めている力

マンディーンのハウス意味

第1室	国民や住民を表す　国民性や国民の状況	第7室	外交問題
第2室	景気、財政、国民総生産、税収	第8室	死亡率　海外経済
第3室	交通機関、通信　義務教育　マスコミ	第9室	貿易　大学　哲学、宗教界　海外旅行
第4室	国土　気象状態　天候	第10室	政府　王　権力者
第5室	レジャー　人口の増加率　株式　投資	第11室	議会　友好国
第6室	健康問題　労働争議　食料生産　軍隊	第12室	犯罪　病院、福祉施設、牢屋　テロ

始源図とは何か

　「集団成立の時」をもって作成したホロスコープを、**始源図**と呼びます。始源図を作るためにはその集団成立の時を特定しなければなりませんが、

これが意外と大変な作業です。まず、どの事件をもって集団の成立とするかが問題となります。立憲国家の場合は憲法の議会での承認をもって成立としますが、そうでない場合は独立宣言や新政権発足の「時」を使います。条約によって国家間に成立した同盟の場合は「条約成立」が問題になります。次に時間の特定です。これらの事件の年月日まで書いてある資料はいくらでもありますが、時間まで特定できるものはほとんどないのです。なんとかして、これを調べ出しても正しいかどうかを、過去のできごとと相応させて検討しなければならないのですから、出生のハッキリした図を単に読んでいれば済む簡単な占星術とは違ってきます。

　ハッキリしている例としては、アメリカ合衆国の、1776年7月5日5時50分（JST）にフィラデルフィア（西経75.2度、北緯39.95度）にて憲法発布、というものが挙げられます。同様に、場所においても「出生」を特定できる場合があります。

アメリカ合衆国始源図
表示感受点：☉ ☽ ☿ ♀ ♂ ♃ ♄ ♅ ♆
ハウス：プラシーダス

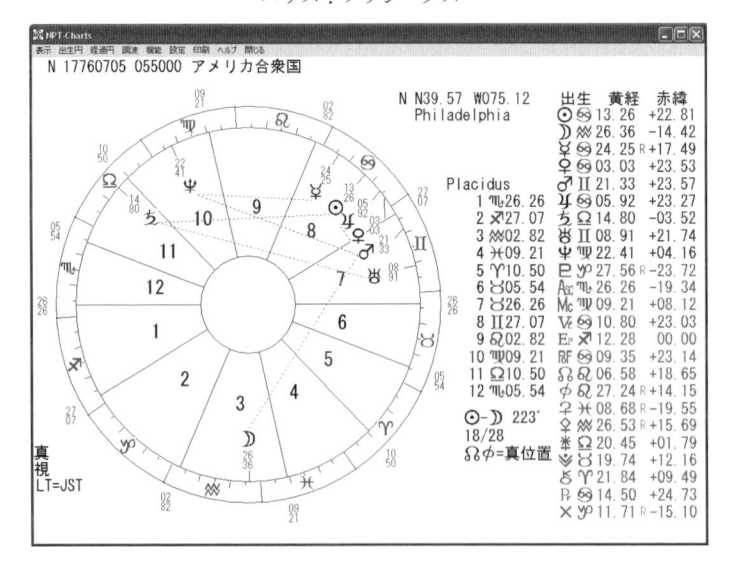

始源図が使えない場合の「時の選定」

マンディーンの手順としては、出生占星術と同じように進行および経過図も使って解読するのが本道ですが、先に述べたように、なかなか時間を特定できません。そこで、始源図を使用せず、別にホロスコープを用意して分析する手法があります。これはホラリーとつながる方法ですし、出生に対する回帰をみることで経過天体の「時」を選定する作業と一脈通じます。

用意するのは以下の3つのチャートです。これらのホロスコープを使って、独立に、あるいは関連させて、出生図なしで分析するのです。

1
イングレス図

イングレス（入宮）とはサインやハウスに天体が入る時を言いますが、その中でも春分図（☉が0°、♈0°）、夏至図（☉が90°、♋0°）、秋分図（☉が180°、♎0°）、冬至図（☉が270°、♑0°）の4つを使います。それぞれの効力は3ヵ月ですが、上昇サインが柔軟星座宮（♊♍♐♓）であれば6ヵ月、不動星座宮（♉♌♏♒）では1年間で重要になります。とくに春分図で上昇宮が不動星座宮であれば1年を通して重要な意味を持つと考えます。逆に春分図の上昇宮が不動星座宮になる地点は、そこがその年の重大事件の場所となるのです。これらの四季図は占断をする地点の緯度経度を使って作図します。これらの必要に応じるためにStargazerでは、四季図の作成とともに出生地の変更が容易にできるように配慮されています。

イングレスを経過データとしてまとめるためには、進行経過時期表を応用して、

　　　表示天体：経過（T）☉のみ
　　　座相設定：すべてOFF

星座境界：「使用する」

にして計算します。もちろん、ホロスコープでイングレスの計算をやらせればより高精度に出ますが、そこまでやらなくても充分な精度を持っています。また、たとえば以下のような資料にしてまとめることができ、これらを出生データとして登録しておけば、何度でも使えることになります。

イングレス図の例──2006年春分図：東京

表示感受点：☉ ☽ ☿ ♀ ♂ ♃ ♄ ♅ ♆ ♇ ☊ Asc

ハウス：プラシーダス

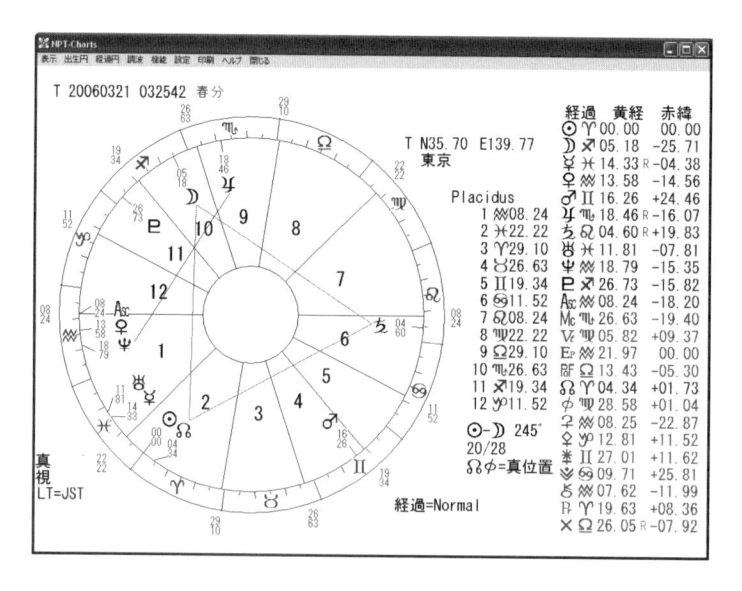

イングレス経過データ

1990年03月21日06時20分	♈	0in ☉t	1992年09月23日03時43分	♎	0in ☉t
1990年06月22日00時33分	♋	0in ☉t	1992年12月21日23時44分	♑	0in ☉t
1990年09月23日15時56分	♎	0in ☉t	1993年03月20日23時41分	♈	0in ☉t
1990年12月22日12時08分	♑	0in ☉t	1993年06月21日18時00分	♋	0in ☉t
1991年03月21日12時03分	♈	0in ☉t	1993年09月23日09時23分	♎	0in ☉t
1991年06月22日06時19分	♋	0in ☉t	1993年12月22日05時27分	♑	0in ☉t
1991年09月23日21時49分	♎	0in ☉t	1994年03月21日05時29分	♈	0in ☉t
1991年12月22日17時54分	♑	0in ☉t	1994年06月21日23時48分	♋	0in ☉t
1992年03月20日17時49分	♈	0in ☉t	1994年09月23日15時20分	♎	0in ☉t
1992年06月21日12時15分	♋	0in ☉t	1994年12月22日11時23分	♑	0in ☉t

感受点設定：経過（T）☉のみ

座相設定：すべて OFF

開始年月日：19900101／終了年月日：19951231

星座境界：使用する

位置情報：使用しない

※これは、時期表データから、カーディナル（♈♋♎♑）星座宮の0°だけを掲載したものです。

2
重要天体会合表

重要天体の会合表を用意するために、天体の進行、経過を進行経過時期表で計算させます（次ページに例）。これも「時」を選定する重要な作業です。

マンディーンとホラリー

天体の会合表計算結果

1967年 08月 28日 12時 04分 ♆t ☌ ♂t	1976年 12月 10日 13時 10分 ♆t ☌ ♂t
1969年 02月 22日 18時 58分 ♆t ☌ ♂t	1978年 11月 26日 09時 38分 ♆t ☌ ♂t
1971年 01月 27日 16時 45分 ♆t ☌ ♂t	1980年 11月 10日 16時 09分 ♆t ☌ ♂t
1973年 01月 09日 13時 32分 ♆t ☌ ♂t	1982年 10月 25日 11時 20分 ♆t ☌ ♂t
1974年 12月 25日 17時 00分 ♆t ☌ ♂t	1984年 10月 03日 21時 20分 ♆t ☌ ♂t
1976年 12月 10日 13時 10分 ♆t ☌ ♂t	1986年 04月 09日 09時 42分 ♆t ☌ ♂t
1978年 11月 26日 09時 38分 ♆t ☌ ♂t	1988年 03月 08日 10時 18分 ♆t ☌ ♂t
1980年 11月 10日 16時 09分 ♆t ☌ ♂t	1990年 02月 17日 20時 04分 ♆t ☌ ♂t
1982年 10月 25日 11時 20分 ♆t ☌ ♂t	1992年 02月 01日 23時 51分 ♆t ☌ ♂t
1984年 10月 03日 21時 20分 ♆t ☌ ♂t	1994年 01月 16日 23時 47分 ♆t ☌ ♂t
1967年 08月 28日 12時 04分 ♆t ☌ ♂t	1996年 01月 02日 01時 16分 ♆t ☌ ♂t
1969年 02月 22日 18時 58分 ♆t ☌ ♂t	1997年 12月 14日 14時 13分 ♆t ☌ ♂t
1971年 01月 27日 16時 45分 ♆t ☌ ♂t	1999年 11月 29日 11時 51分 ♆t ☌ ♂t
1973年 01月 09日 13時 32分 ♆t ☌ ♂t	2001年 11月 05日 21時 35分 ♆t ☌ ♂t
1974年 12月 25日 17時 00分 ♆t ☌ ♂t	2003年 05月 14日 23時 28分 ♆t ☌ ♂t

感受点設定：経過（T）♆ ♂ のみ
座相設定：T-T ☌ のみ ON
開始年月日：19670101／終了年月日：20031231
星座境界／位置情報：ともに使用しない

3

ルナーマップ（新月図、満月図）

StargazerではホロスコープⅠ重円、3重円NPTでは新月図、満月図をすぐ表示できるようにしていますので、とりわけ別表を用意しなくても済みます。この新月、満月が☊または☋から13°以内で起こると「食」になります。6°以内であれば「皆既」になります。これは月の軌道（白道）が黄道に対し5°ほど傾いているためです。ルナーマップで食のものは、とくに重大な影響を及ぼすと考えられています。

ルナーマップ例

表示感受点：NP：☉ ☽ ☿ ♀ ♂ ♃ ♄ ♅ ♆ ♇ ☊ Asc
　　　　　　T：☉ ☽ ☿ ♀ ♂ ♃ ♄ ♅ ♆
　　　　　ハウス：プラシーダス

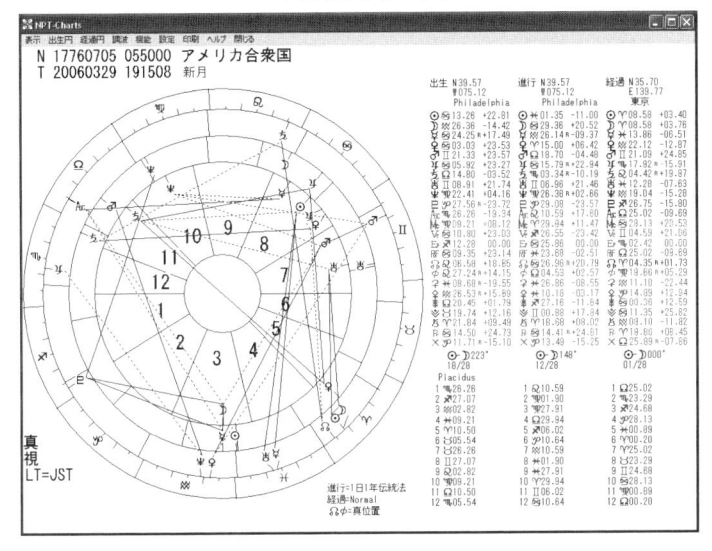

　以上のように、1年の予測のためには、4枚のイングレス図、24～26枚のルナーマップを見ていきます。もちろん、出生図に相当する始源図も一般則に従って分析が必要です。基本は始源図から見ていくのですが、始源図が作れない、つまり起源の明確でないものは時間を特定できないので、上記の方法を使うことになります。ただし、四季図、ルナーマップだけでの分析は、それなりの概略になることは致し方ありません。

　これらの方法で地震や災害、経済、大事件などの事件の占断が可能になります。研究者によっては、たとえば地震の予測に ♂ と ♆ の会合図を目安にしている方もいらっしゃいます。いろいろと分析と試行のできる分野です。

ホラリーとは何か

「時」を選定する方法を押し進めると、ホラリーという分野になります。これは、ある特定の事件についてその原因、変化、結末を予想予測するために占う時をもって判断する技法です。「時の選定」、つまり「占機」が問題になります。

ひとくちに「占機」といいますが、そのタイミングはなかなか説明しかねます。占う時、占うことを決めた「時」が最もよいのですが、問題によっては事件が発生した時間の方がよいものもあります。最終的には「カン」に頼るものですから、日頃からインスピレーションを大事にしてカンを研ぎ澄まさなければなりません。ですからこの技法は、なおのこと自分で行う必要があります。

今までに出てきたハウスやサイン、感受点の意味付けに変更はありませんが、今まで以上に占星術の象徴とものごとの対応がとれていなければなりません。象徴からものごと、ものごとから象徴の変換が自由自在にできることが理想です。たとえば、プールといえば水を貯めている意から♋の支配下、水の意から♆というように、すべての物品・現象と主星の対応をイメージできることが、より以上に要求されます。

ホラリーの判断方式

ホラリーでは、感受点の品位を最も重要であると考えます。

ハウスに関しては、第1室を質問者自身、問題そのものとみます。第4室は占断の結果を示すと考えます。第1、2、3室に凶星（とくに♂♄）があると、占うことについて面倒が生じるか、解答を得られないと判断します。

アスペクトに関しては、ホラリーでは接近のアスペクトだけを用います。離反のアスペクトは過去のできごとと考えます。また、パラレルを重要視します。形成されるアスペクトの状態と変化も判断の材料となります。

☽のボイド（Void of Course）

ボイドとは、感受点が動いて次のサインに入るまでに、他の感受点と第1種座相を作らない状態のことです。

☽がそのサインから出るまで他の天体と第1種座相を作らない状態の時には、ホロスコープの示す問題が具体的には起こらないとみます。ホロスコープを表示させて、☽がボイドであることに気付いた場合、そのほかの部分でとくに強力なアスペクトがあるなどのこれを打ち破る天体の強さがなければ、占断を中止してもよいでしょう。

☽がボイドになっている時期、人間の感情や感覚が鋭敏になり活発化することがわかっています。しかし、この時間帯に会議をやると長引いたり決裂したり良い結果を残せません。また、この時間帯に決定したこと、始めたことは、考えもしなかったミスをしていたり、当初の方針からはずれ意外な結末になることが多く、注意すべきものです。このボイドを指摘したのはイギリス人ウイリアム・リリーでした。

Stargazerでは、「ボイドタイム時期表」で簡単にこの時間帯を知ることができます。

交換（Mutual Reception）

アスペクトのところで述べましたが、ホラリーの場合、占断のものごとに対応する主星がミューチャル・リセプションであれば、占事問題自体やその物が行方不明である場合があります。

逆行（Retrograde）

逆行する天体の支配する物事は、満足の行く方向へは向かわないとみます。戻ること、繰り返しのことであれば有利に働く場合もありますが、大

抵は不満が残る結果になります。不動宮、柔軟宮での逆行は意味合いが弱くなり、遅滞、遅延の後、再び動き出す意味があります。

Stargazerでは天文暦の範囲内で、感受点が逆行している場合に黄経と赤緯の間にRと表示します（P.315参照）。

Stargazerでの逆行表示

```
☿ ♍ 28.29 R  −00.05
♀ ♌ 25.53    +12.87
♂ ♓ 13.60 R  −10.62
♃ ♍ 17.98    +05.68
```

掩蔽（えんぺい）（Masking、Combust）

☉と♂になる天体は、☉に焼かれて力を弱めます。はなはだしい場合はまったく力を失ってしまいます。ただし、掩蔽される天体が当該する問題や質問者の主星あるいは♃の場合は、掩蔽を考えません。

上昇星について

以下の天体が上昇宮にあれば次のような意味を生じます。

♂	希望、願望に対する不満や変更の事態。心配事であれば心配事が起こらない
♄	妨害、遅滞、期待にそえない状況。心配事は起こらないので安心
♅	思いがけない事態。予想しなかった結末
♆	混乱、延期、妨害。目的の変更

そのほか、まだ細かい点はありますが、以上のような点に留意しながら、ホロスコープを読む努力をして下さい。実占あるのみ。

ワーク[2]
——マンディーン・東京始源図

❦ 解読の用意 ❦

　東京は改称前の江戸時代に百万都市となって以来、世界有数の人口を有し、何度も壊滅的な被害を受けながら発展し続けるという、世界的にみても類例のない都市です。この都市を首都として成立した政権を解読しましょう。それには始源図と呼ばれる特定の時を選んだホロスコープが必要になります。

　まずは背景。前身となる江戸についてです。人間を扱う場合は、生まれる以前のことは分析の際に考慮しなくてもよいものですが、東京という場所は新たに生まれたものではありませんから、過去をできるだけ調べておくことが必要になります。なぜならば、東京の前身である江戸という都市は、やはり江戸始源図を持つ存在であり、東京となってもその影響を持っているものと考えられるからです。一番良いのは江戸始源図が特定できていることです。それが難しければ、過去の出来事を資料として整理しておくことで、江戸始源図の代わりとします。このような方針で、調査に取りかかります。

歴史(1) 江戸のルーツ

　東京の前身である江戸は、貝塚などの遺構・遺物の状況から、縄文の時代でも、かなりの発展をしていることが知られています。弥生時代から律令国家の時代にかけても漁労や海運の拠点として機能していたことが想像

されます。律令の時代、武蔵の国の中心は府中や国分寺付近ですが、江戸湾に注ぐ河の河口や要衝の地を秩父流平氏が押さえていました。中央から支配者が任命されても実際には現地に赴かずに、実際の統治は地元の有力者に任すという形です。これも1つの原因となり、地方経済の発達により、実質的な支配者として平氏や源氏などの武士が台頭していくことになります。その地方有力者、秩父流平氏の一族、江戸四郎重継が江戸郷江戸氏の始まりとされています。京都と東国の陸路による接続は中央道による山越えで、東海道は整備されていませんでした。かなり厳しい陸路の代わりに船で行ける海路が整備され、東国への物流は江戸湾を経由して、関東の河川に接続していたのです。当時は現在より海面の高さが高く、田町駅・浜松町駅・新橋駅と海岸線が続き、日比谷から現在の宮城近くまで入り江になっていた時代です。この地で海路を支配し富豪となったのが、江戸四郎重継の息子の重長でした。

歴史(2) 江戸城

　室町時代の1457年、戦国時代までもう少しというとき、扇谷上杉家執事、太田道灌が江戸城を築きました。抗争を勝ち抜くための要衝の1つとして大急ぎで作られた城は、後の江戸城、皇居となる城の本丸、二の丸辺りだけのものであったようです。さほど立派というわけでもない作りだったようですが、戦国時代も先が見えてきた1590年、徳川家康が転封により入城、周辺の土地改造を開始しています。1603年に将軍となった後も利根川流路の付け替えなどを行い、幕府として支配体制を固めて15代にわたる安定政権が出現しました。

　江戸城築城や家康入城、将軍に任じられた時などは時刻まで突き止めるのが容易ではありません。特に家康が江戸城に何時に入ったかというのは興味深い調査対象ですが、なかなか調べが進みません。一応、天正十八年八月一日（旧暦：漢数字で表記）を「八朔の御討入」と称し徳川家康が江戸入府したことになっていますが、当時の記録に当たると、それ以前に

やって来ているようです。七月十三日に小田原城で秀吉から関東転封を申し渡された後、江戸に入り、その後奥州への出陣で江戸を通過する秀吉を迎えています。そして、二十七日か二十八日には宇都宮で秀吉の命令を受け、八月一日に江戸に再入場したとされます。小田原城から１～２日もあれば移動できますから、七月十四日から二十六日の間にやって来た可能性があります。このデータを元に江戸始源図を推定するという作業はなかなか楽しいのではないかと思います。

　それはともかく、徳川家康が来たことによって、中央から遠い辺境の地である江戸が日本の中心になっていくのです。幕府は大規模な工事、河川の付け替えまで行い、大都市として、実質の首都として機能するように作っていったのです。徳川家康が支配の拠点として小田原や鎌倉でもなく、また府中や八王子を選ばず、なぜに江戸城にしたのかは、調べがついていませんが、調査能力に長けた良いブレーンがいたのは間違いありません。そして、当の徳川家康自身もこの場所を見込んでいたはずです。江戸城自体は同年四月の落城の際に家臣が入っていますから、様子もわかっていたはずで、落城前の城代の屋敷は土間しかないような建物であり、現状に魅力のある物件ではなかったのです。状況にあきれた臣下には城は造ればよいと答えたようですから、江戸という場所の可能性を見極めていたのでしょう。

＊ 歴史(3) 江戸時代 ＊

　さて、江戸幕府による支配というのは、その背景となる封建領主と違いはなく、収入は直轄地の租庸調に依存しています。その昔、調であるところの献上品が役人の給与であった時代も長く、基本的には物々交換の経済であり、素朴なレベルでの経済体制を持っていたのです。そこへ、江戸という余剰人口を吸収し一大消費地となる都市が形成されます。ここでは消費経済が発達し、江戸後期では商人が力を得るようになって、莫大な富を蓄えていくのです。

人口の点から江戸時代は前半と後半で明確な違いがあります。関ヶ原の合戦時の推定人口は1200万人代ですが、享保改革では3100万人台へと増加しています。以降は停滞かやや減少しています。前半は安定した政権の登場で成長期になりますが、後半は本来の意味の封建社会が作られているわけです。ただし、停滞期とはいえ藩によって違いがあり、西南諸国は開明的な政策により幕末近くに大幅な人口増加をしています。3割から倍近い藩もあります。逆に北関東から東北地方にかけては半減してしまうような藩もあり、著しい減少が起きています。西南諸藩が幕府に対抗できたのはこの人口増加による経済力によるところであるのは明らかです。

歴史(4) 明治維新

　江戸末期から明治にかけての、いわゆる明治維新についてはいろいろな捉え方があり、いまだに決着を見ないようです。そこで、人口の点を調べてみたところ、幕末まで高い増加率を示した西南諸藩では、明治維新以降の人口増加は頭打ちとなっています。そのかわり、大阪と中部関東東北で人口増加が大きくなっています。政権中枢を輩出した西南諸藩の人口増加がそれ程でもないのは、政権を担った人物達にとって地元へのこだわりがなかった、人口増加できない事情を抱えていた等の理由があったのでしょう。この意味で、明治維新は幕藩体制内の権力闘争だけにとどまらず、封建領主の合衆国から、単一の中央集権として生まれ変わったことになります。

　江戸時代の素朴な経済体制でも商品と貨幣の関係である相場が作られます。そして、その中の1つである米相場が幕府や大名たち、そして米という現物で給料を受け取る武士に大きく影響することになります。商人を有効に支配できない支配体制の不備が明らかになってきます。そのうまくいっていない状況の中で、外圧がかかります。開国を迫る欧米列強の動きです。少なくとも貿易による経済的利益が欲しいし、様子によってはこれ幸いと自国の植民地にというわけです。

命令系統の筋としては、江戸幕府自体が天皇という最高権力者の臣下である将軍の武力組織であったわけです。しかし、天皇は最高権力者でありながら政治には口出しできなかった。それを天皇の直接の政治に戻すという考え方が尊王であり、そこから倒幕の密勅が出され、薩長対幕府の内戦となります。ここで、天皇の元に大名たちが集まって会議を作るという考え方もあったようです。徳川家としては自分が日本一の大名ですからこの案にのりたかったのですが、薩長を始め反対するところが多く、この案はなくなり、行政政府を天皇の元に作るという方向で事態が動きます。

　外国からの圧力に対しては攘夷という考え方で排斥するのですが、薩摩藩も長州藩もそれが実際はできないことを交戦して知っています。開国しかないので、外国に対抗するには富国強兵で武力を持つ方向へと政策が動きます。この富国強兵策は、できないとわかって閉じこめた攘夷の裏返しの方法だとも考えられます。つまり、攘夷はできないので誤魔化したということではなく、目的として言わなくなっただけで、実は本当の目的として存在しているのです。開国してから外国を支配し、自分たちの足下に置くという考えであり、そのための方法論が富国強兵となり、これが現在に至る日本のたどった歴史の主動原因なのです。

　経済的な観点に戻れば、向上した生産力を有効にコントロールできない封建体制から、より自由度を上げて拡大した使用エネルギーをコントロールできる新しい支配体制に移行せざるをえなかったということでもあります。素朴なレベルの経済管理機構しか持たない封建制度では、経済規模の大幅な拡大は想定外であり、外国との自由貿易ですら受け入れることができずに鎖国していたのが江戸幕府です。そして、ここに至って、先行きの見通しのない動きをすれば、より大きな規模の経済活動を管理できる欧米列強に飲み込まれてしまうし、それは時間の問題だったのです。

　このような、外圧と内乱の中で誕生したのが明治政府です。国内を啓蒙し文明開化を行い、国力を付けて外国に対抗する。できれば支配侵略に乗り出す。近代帝国主義の考え方を受け入れたことは確かです。

　そして、支配基盤の地として京都ではなく、300年にわたって実質の支

配者が居た地を選ぶことになります。江戸は地理的に日本の中心にあり首都としてふさわしいという理由も付けられました。私見ながら、前政権の中心であった場所に乗り込んで、前政権の息の根を止めることが絶対に必要です。徳川家康が関東転封になった時は、多少の支配のやり方に違いはあっても封建社会の枠組みまで変わったわけではありませんでした。単純な権力抗争で、その土地の支配者が入れ替わったというだけです。しかし、明治政府は地元を固めるだけでなく、日本全国に広がる封建社会全体を押さえていかなければならないのです。そのためには人々が信じていることを徹底的に利用します。宗教、習俗、権威すべてに渡って干渉し、政策を進めていったのです。

＊
江戸が東京になった時 ── 始源図
＊

　慶応四年七月十七日、江戸を東京とする詔勅が発せられこの地に東京府が置かれました。この日付をもって東京のホロスコープを書くという考え方もあります。古くから日本には言霊（ことだま）という考え方があります。言葉に魂を与え、また魂が言葉になることを日本人は信じています。凶事があると改暦して元号を新しくしてしまうのも、この考え方からのものです。これをもとに考えると、「東京」という言葉が生まれた時で出生図が書けるはずです。しかしこの方法は、言い換えれば赤ん坊の名前が決まった時をもとにホロスコープを書くことと同じです。ですから、どのような目的で使われるホロスコープなのかを考えてみれば、それが有効なのか不適当なのかが導かれるでしょう。

　必要とされるのは東京に拠点を持つ権力についてのホロスコープです。東京と改称するのは、誰かの気まぐれで決まるのではなく、事態の動きがあり、その結果として出てきたものです。その事態の動きの始まりを捉えたり、あるいは実質として事態が動く瞬間を捉えるということがこの場合重要になります。そのためには、先ほど述べた歴史的背景を充分に掴んで判断する必要があります。

さて、東京の命名の原因は、京都から首都を動かそうとする移転派と旧守勢力の折り合いを付けるために、東の京と呼んだとされています。それ以前の命名の動きというのは判然としません。大坂（現、大阪）という話もあったようですし、特定の時を選ぶことは大変に難しいことでしょう。それならば、命名の理由は首都移転なのですから、権力者の入場をもって「時」とする方法もあります。実質的な面からみるとこの方法が良さそうですが、問題点がないわけではありません。権力者としては天皇、討幕軍や軍トップ、太政官等々。場所としては東京と呼ばれる場所に踏み込んだ時なのか、江戸城または東京城への入城とするかというような問題もあります。

入城年月日一覧

	旧暦	新暦
討幕軍の江戸城入城	慶応四年四月十一日	1868年5月3日
江戸で政務の詔	慶応四年七月十七日	1868年9月3日
天皇東京城入城	明治元年十月十三日	1868年11月26日
天皇東京城再入城着御	明治二年三月二十八日	1869年5月9日

　この中で原点に戻って、最高権力者（天皇）による東京での統治は、天皇の東京城入城で始まるとするのが一番素直でしょう。最高権力者が他からやって来たというのは、その場所にとっては大変重要な意味があります。元からの場所で権力者が交替したというのではなく、改めて首都として機能させるという意志で来たのですから、人間の出生図にも相当する出来事です。新たに生まれ変わったということです。ここで考慮しなければならないのは、東京城には二度来ていることです。最初に来てから一度京都へ戻り、再度行幸という形で伊勢を回って東京城に再入城しています。行幸といいながら、この時以降、帰らなかったのです。人間であれば、母の体内から出てきてから戻るようなものですが、戻ったということは、時が満ちていなかったわけです。ちゃんと産声を挙げた、つまりそこでの統治が始まったのは2度目の行幸だということになります。これらの時代的背景

ワーク2――マンディーン・東京始源図

を考えながらホロスコープを見ましょう。時刻はとりあえずで、感受点のサイン、アスペクトをざっと見ます。その中で、やはり突出しているのが天皇東京城再入城だと思います。

日付と時刻の吟味とホロスコープの作成

　東京始源図は明治天皇の東京城着御をもって作った図です。注意したいのは、日付が旧暦で書かれていることです。改暦でグレゴリオ暦になったのは明治6年以降です。つまり、この日付は旧暦ですからStargazerへの登録はそのままというわけにはいきません。登録の際に注意しましょう。

　時刻も問題です。東京と呼ばれる場所、地域に入った時間なのか、東京城に入った時間とするのかという論議もあります。たくさんの記録に当たったところ正午に東京城に御着と書かれていたものがありますので、仮に12:00:00として、出生データの登録を行います。当時の時刻は該当の場所の自然時と考えてよいので、正午というのは太陽が南中するときになります。この着後の時刻についてそれ程こだわったかどうかの記録も出てきていませんが、一般で行われる験担ぎ以上の日付、時刻の選定が行われているのが当たり前です。戦国時代の武将でも、これらのことにこだわり、出陣や新地征服の証、帰着として日の出や正午を使っていた例があります。他にも戦勝を祈って神社からハトを飛ばしてみたり、占い師を連れて行ったりと例はこと欠きません。占星術でも土地の権力を意味する **Mc**（南中点）と権力者 ☉（太陽）の一致という重要な意味付けになります。

　出生データの登録から修正までやってみましょう。まず出生データの登録です。出生時刻は12時（120000）で仮に登録します。次にホロスコープを出し、出生データから登録したデータを読み出して、ホロスコープを出します。キーボード・ショートカットを駆使して **Mc**（南中点）と ☉（太陽）を合わせてみましょう。P.41の、時刻移動キーでの微調整です。3重円の出生に対しては [Shift] を押しながらの操作になります。**Mc** と ☉ の位置に注意して、1 2 キーで分単位、さらに 3 4 キーで秒刻みに変更

するなどして位置を合わせます。合わせたらその時刻をメモして、出生データ選択画面を出します。その中に出世データ・メンテナンスを呼び出すボタンがあります。先ほどメモした時刻にメンテナンスしましょう。3重円を使っている場合は、出生円だけの表示 F6 にしてから Ctrl + F で、出生データファイルに直接データを書き出すことができます。

　ところで、この時はまだ♇（冥王星）が発見されていません（1930年2月発見）。ですから、3重円でしたら設定を変更して出生と進行の♇（冥王星）を非表示にします。経過も1930年以前は♇（冥王星）がないものとして扱います。また、1重円でも♇（冥王星）を非表示にしましょう。

始源図解読――判断資料の整理

東京始源図

表示感受点：☉ ☽ ☿ ♀ ♂ ♃ ♄ ♅ ♆ Asc Mc ☊

ハウス：プラシーダス（以下同）

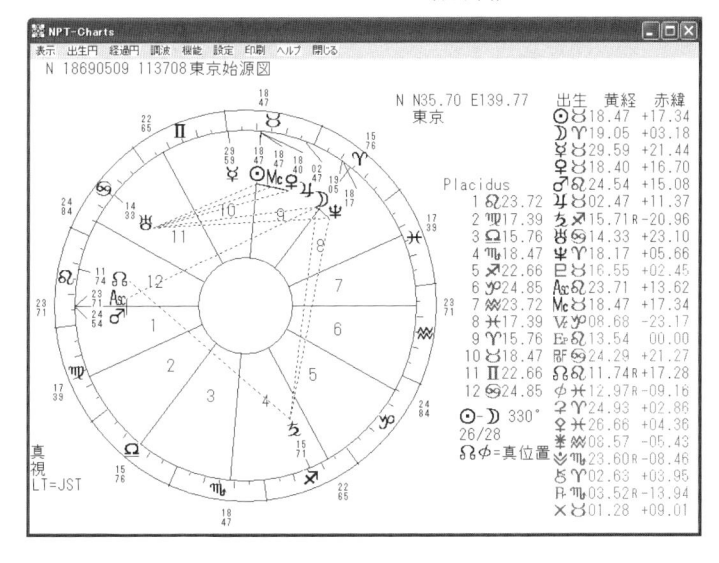

1
本人の象徴星の状態、上昇星の状態

Asc の下側にある星はこれから上昇する星として重視します。特に ♂（合）となっているような場合は、影響力が大きいと考えます。

- 東京始源図は ♌（獅子座宮）で、その支配星は ☉（太陽）で第 10 室
- ☉（太陽）の持つアスペクトは、♀（金星）と Mc（南中点）の ♂（合）、♅（天王星）と ✶（セクスタイル、60°）
- Asc の下、1°以内に ♂（火星）がある。♂（火星）は ☿（水星）や ☉（太陽）♀（金星）と □（スクエア、90°）、☽（月）とは △（トライン、120°）

2
感受点集団のあるハウスとサインの意味

- 第 9 室に ♆（海王星）☽（月）♃（木星）、第 10 室に ♀（金星）☉（太陽）☿（水星）があるがそれぞれ 3 個で特に集中しているわけではない
- ♉（牡牛座宮）には ♃（木星）♀（金星）☉（太陽）☿（水星）の 4 星がある

3
二区分・三要素・四素子に入る感受点の数

- 東京始源図は、　男 4 女 5
  活動 3 不動 5 柔軟 1
  火 4 地 4 風 0 水 1

4
支配星配列（ディスポジター）

1
象徴星関連のアスペクト
だけを表示した例

表示感受点：☉ ☽ ☿ ♀ ♂ ♅ Asc Mc

2
感受点集団

表示感受点：☉ ☿ ♀ ♃

3, 4
ディスポジター表示

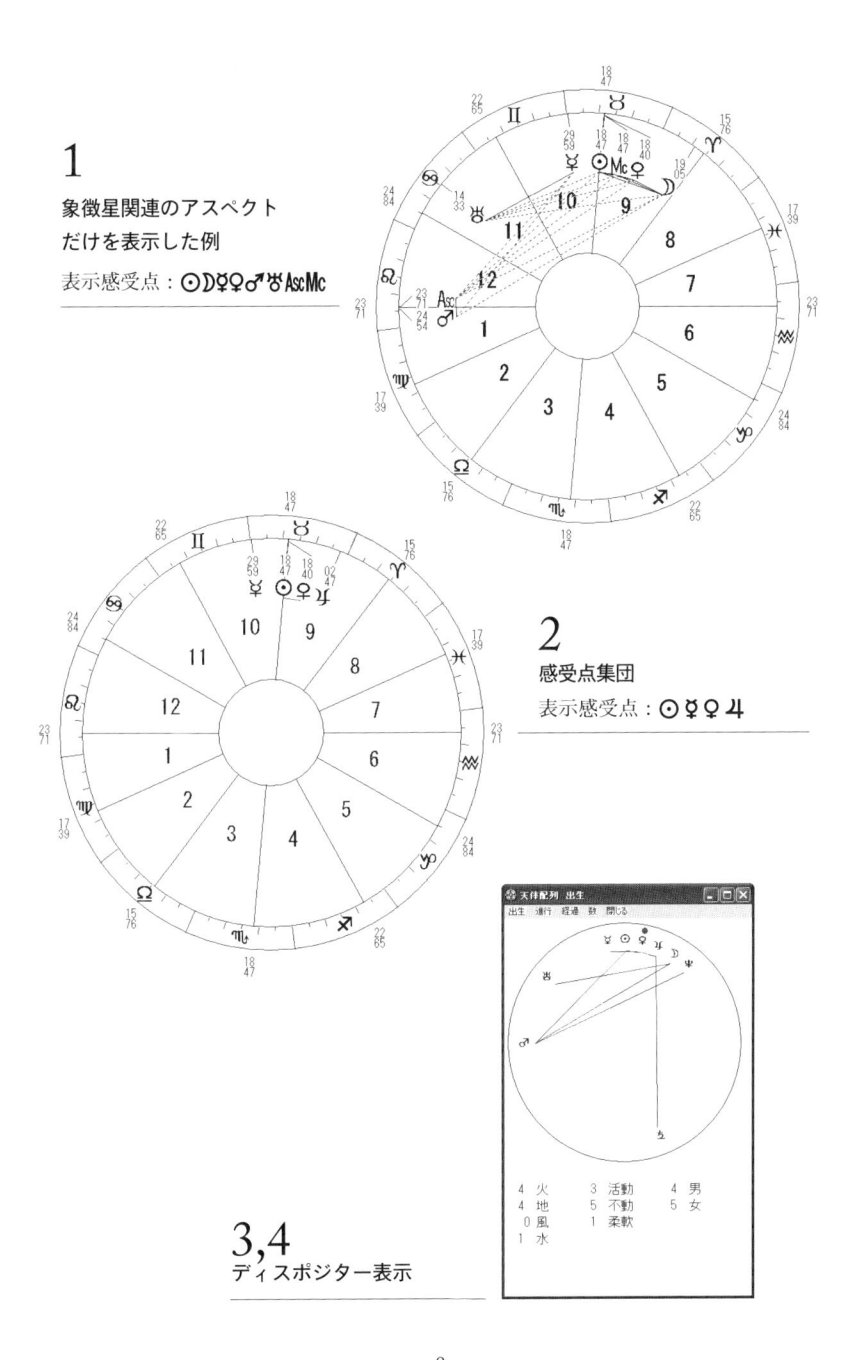

4 火	3 活動	4 男
4 地	5 不動	5 女
0 風	1 柔軟	
1 水		

ワーク2——マンディーン・東京始源図

5
☉（太陽）と ☽（月）のあるハウス、サインとアスペクト

太陽のあるハウスの状態
表示感受点：☉ ♀ ♅

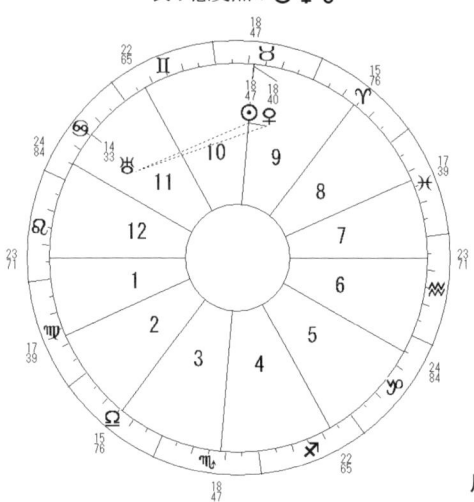

月のあるハウスの状態
表示感受点：☽ ♀ ♄ ♅ ♆

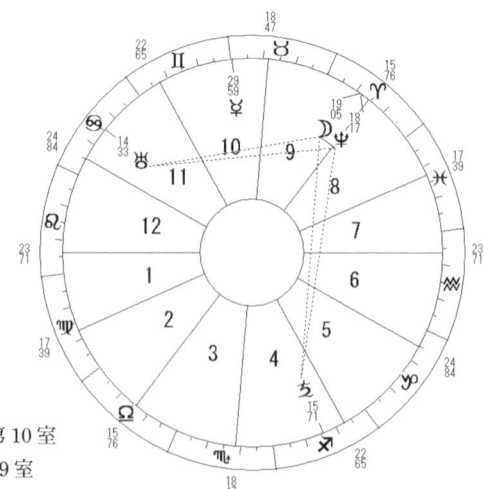

☉♉18（牡牛座宮の太陽） → 第10室
☽♈19（牡羊座宮の月） → 第9室

6
特徴的なアスペクト

特徴的なアスペクト
表示感受点：♂ ☉ ♀ ☽ ♆ Asc Mc

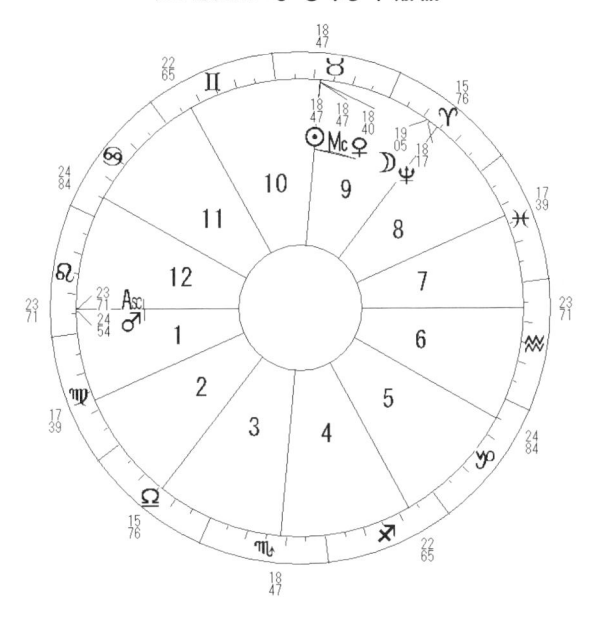

・東京始源図の強力なアスペクトは、Asc☍♂、☉♂♀♂Mc、☽♂♆の3つ

7
それぞれのハウスの主星の状態
ハウス主星の状態
表示感受点：☉ ☾ ☿ ♀ ♂ ♃ ♄ ♅ ♆

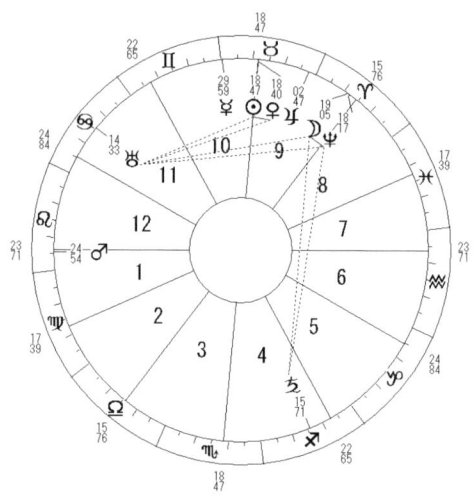

東京始源図のハウス主星（プラシーダス法）

ハウス	カスプのサイン		サインの支配星	サイン支配星のいるハウスとその主星
1	♌	23.71	☉	10室　（主星は♂）
2	♍	17.39	☿	10室
3	♎	15.76	♀	10室
4	♏	18.47	♂	1室　（主星は♄）
5	♐	22.65	♃	9室
6	♑	24.84	♄	4室
7	♒	23.71	♅	11室
8	♓	17.39	♆	9室
9	♈	15.76	♂	1室　（主星は♆☾♃）
10	♉	18.47	♀	10室　（主星は♀☉☿）
11	♊	22.65	☿	10室　（主星は♅）
12	♋	24.84	☾	9室

8
感受点配置パターン

東京始源図は、弱いスプレー型、またはバケット型です。

〜 判断(1)——本来備わったもの 〜

1
性格の核は、☉（太陽）の状態

では、手順に従って東京始源図を見ていきましょう。「性格の核は、☉（太陽）の状態を見る」ということですから、サインの分析に取りかかります。次にアスペクトも考慮して、サインのハウス対応の意味も考えます。さらに☉（太陽）の入っているハウスとその状態、支配星の配列も読み取ります。

☉（太陽）は♉（牡牛座宮）ですから、女性宮・不動宮・地の宮です。物質的で、官能的・衝動的な面を持ち、やや遅めの反応をする実務的な知性を持っています。独占欲が大きく、行動は原則に忠実で、確実・慎重にものごとを運んで、目標の達成に頑固にこだわる。ものごとを作り上げていくのが得意。♉（牡牛座宮）の☉（太陽）は「実務的　保守的　消極的　安全第一　頑固　自己中心的　物質欲」となっています。♉（牡牛座宮）のハウス対応は2室です。2室は自分の使えるものですから、手持ちの駒を上手に使っていくという性格付けもできるでしょう。

また、☉（太陽）は10室です。職業や名誉、立場を重視することから、その頂点として支配者としての姿も出てきます。10室のサイン対応は山羊座宮で、この部分からの意味付けを加味することで判断にさらに幅と深さを持たせることができます。

☉（太陽）には♀（金星）が黄経の差0.07度というピッタリに近い☌（合）のアスペクトを持っています。この♀（金星）は♉（牡牛座宮）の支配星でもありますから、☉（太陽）の意味付けは強くなっています。人間であれば芸術方面の才能であるかも知れません。都市や国としても芸術方面の活動の場として適当な配置といえるでしょう。

2
習慣・気質は、☽（月）の状態

☽（月）は♈（牡羊座宮）です。行動的、積極的、感情的、好戦的というような言葉が並んでいますから、活動的なことは間違いないでしょう。♈（牡羊座宮）の支配星は♂（火星）で上昇星となっていますから、☉（太陽）と同じように☽（月）の意味付けは強力になっています。マンディーンで☽（月）は国民や住民ということですから、けっしておとなしい人々でないことは確かです。

☽（月）は9室にありますから宗教的で好奇心あふれるタイプです。そしてこの☽（月）は♆（海王星）と☌（合）ですから感受性が高く直感的できわめて精神性の高い人々、♄（土星）と△（トライン、120°）ですから実直で計画的、着実な成果を上げる人々です。

3
個性

* 上昇サインとその支配星（象徴星）
* 象徴星のアスペクト
* 第1室にある感受点（上昇星）とそのアスペクト

1室のハウスカスプは♌（獅子座宮）です。一言でいえば誇り高い支配者の性質でしょうか。その支配星は☉（太陽）で10室にあり、地上の権力の場所にいます。サインは♉（牡牛座宮）で、☉（太陽）にとって不利なサインではありません。☉（太陽）の持つアスペクトは♀（金星）とタ

イトな♂（コンジャンクション、合、0°）です。性質でいえば愛嬌のあるタイプでしょう。♀（金星）は愛情の星としてだけでなく、金銭・経済力という意味も持っています。金が有り余っているかどうかは、2室関連などの別のところで見ますが、少なくとも金銭・経済面で運のある配置であろうと考えることができます。

個性を作るのは乳幼児・若年の環境という考えから1室に割り当てられていますから、ここに♂（火星）があり、Asc（アセンダント）とタイトな♂（コンジャンクション、合、0°）になっているということは、時代と場所の背景として火星的な状況、争いとその火種があると考えてもよいでしょう。前年4月の江戸城開城で様子をうかがっていた幕府海軍の精鋭は、当時日本一の軍艦、開陽丸を含む8隻の艦隊主力を持って脱出、函館五稜郭を本営として蝦夷地を支配していました。戊辰戦争の最後の局面ではあったわけですが、ここで政府軍が敗れるという可能性もあったのです。この時代、軍艦というのは最高の戦略兵器です。陸上輸送が容易でない大砲を自由に動かし、陸上の反抗を叩き潰す上に占領部隊も乗艦しているという、戦闘を決定的に支配する武器です。そして、他の艦艇を圧して開陽丸は戦力抜群の船でした。しかし、問題もあります。船ですから、船を操るすべが必要です。そして、戦闘に使用するやり方について熟知していなければならず、船そのものだけでなく人員についても訓練が必要です。

開陽丸は一旦、政府軍に引き渡された後で幕府軍に返却され、その後に脱出しています。それができたのは、開陽丸を幕府軍の人員でしか扱えなかったことと、開陽丸の攻撃力が並外れていて、それを押さえる艦艇がないという政府軍の事情もあります。幕府軍が一時的にでも政府軍を負かしたり、反抗が長引けば、欧米列強は日本の植民地化を進める方向で干渉したことは確かです。アジアだけでなく世界中を分割しようとする欧米列強の植民地支配が進む帝国主義、力にものをいわせる時代です。

もちろん、戦うにしても挙国一致で外国に対そうというような考えはこの当時もありません。目の前の敵の方が憎いのです。自分の持つ環境（Asc、アセンダント）に対して、果敢に攻撃し戦い取る（♂、火星）という基本

的な姿勢がここにあります。

4
知力は、☿（水星）の状態

☿（水星）は♉（牡牛座宮）29度にあり、鋭さよりは地道で確実な方向を示しています。10室ですから職業や権力構造に結びついて方面への適応が示されています。第1種座相としては♂（火星）のディフィカルトなアスペクトを持っています。闘争的、皮肉、争い、神経質というような意味から、これらの点での問題が指摘できます。情報・通信関係はやや問題ありと断じてもよいでしょう。

5
愛情は、♀（金星）の状態

♀（金星）は♉（牡牛座宮）ですから自分の支配するサインにあり、最大の力を発揮します。ハウスは数値的には9室ですが、ハウスカスプの5度前までは次のハウスとして扱うということから10室になります。このことから仕事が恋人だとか、職業関係で幸運を得るなどということがすぐ思いつきます。ここではマンディーンですから、愛情問題というよりは経済問題と見ると、元々持っている財運は強力で☉（太陽）とタイトな♂（コンジャンクション、合、0°）であることからも、大きな経済力を秘めていると考えてよいでしょう。

6
情熱や意志は、♂（火星）の状態

♂（火星）が♌（獅子座宮）でAsc（アセンダント）にあるということから、自他ともに対処方法として手段を選ばずに実力を行使することが考えられます。その目的は♌（獅子座宮）の支配星が10室で自分自身を表していることから自分自身を守るためになります。土地の権力、支配者を守るということです。そもそも明治政府の中で主力を握ったのは薩長の志

士であり、両藩とも馬関戦争と薩英戦争で外国艦隊と交戦し負けた経験を持っています。いざ戦いとなったら実力がものをいうことを身にしみてわかっていますから、列強と同じ方法で富国強兵を推し進めようとする方向付けが、日清、日露、第一次、太平洋戦争とつながり、周辺国を属領としていくことにつながるのは明らかです。これは♂（火星）の働きの１つです。

7
幸運の方向は、♃（木星）の状態

♃（木星）は♉（牡牛座宮）で９室です。♉（牡牛座宮）は♃（木星）にとって良くも悪くもありません。♉（牡牛座宮）のハウス対応は２室で財務関係での幸運を示します。９室のサイン定位は♐（射手座宮）で支配星は木星です。つまり♃（木星）は本来のハウスにいて、海外旅行や学問等に幸運方向があります。強いアスペクトはありませんから、意味付けに追加はありません。

8
身体の弱点

* ☉（太陽）や☽（月）のサイン・ハウス
* 象徴星（Asc（上昇点）のサインの支配星）のサイン・ハウス
* ♂（火星）、♄（土星）のサイン・ハウス

要素が多いですから表にしてみましょう。さらにアスペクトも考慮します。

身体の弱点に関する感受点・サイン・ハウスの関係

感受点	サイン	ハウス　（対応サイン）
☉（太陽、象徴点）	♉（牡牛座宮）	第10室（♑山羊座宮）
☽（月）	♈（牡羊座宮）	第９室（♐射手座宮）
♂（火星）	♌（獅子座宮）	第１室（♈牡羊座宮）
♄（土星）	♐（射手座宮）	第４室（♋蟹座宮）

☉（太陽）と☽（月）の表す部位は弱点となることがあります。アスペクトが悪ければ問題を必ず引き起こします。東京始源図では☽（月）が♆（海王星）と♂（コンジャンクション、合、0°）、♅（天王星）と□（スクエア、90°）という問題のあるアスペクトを持っています。♈（牡羊座宮）と♐（射手座宮）の示す部位は要注意です。

　♂（火星）は手術も表す星ですから、サインやハウスの表す部位はアスペクトを見る必要があります。♄（土星）については、そのサインやハウスの表す部位が死病あるいはそれにつながることが多いので、慎重に分析が必要です。

判断(2)──展開する運命

9
財運は、第2室の状態

　財運を表す2室に感受点が入っていません。そこでハウスカスプのサインを見ます。♍（乙女座宮）ですから支配星の☿（水星）に視点を移します。♉（牡牛座宮）の最後の度数にあり、10室です。水星の示す知的職業での成功により財政的に潤うというのが最も単純な解釈です。水星が表すのは知的職業だけではありません。安物や光るもの、文房具や書籍、精巧な道具・精密機械…。東京に政権を構えた国が外貨を獲得する商品は♍（乙女座宮）が示しているのだということなのです。

10
人間関係

［家庭──第4室］

　4室には♄（土星）が入っています。冷たく厳格な家庭などと言われると、なんて不幸かと思ってしまいますが、土星の持つアスペクトは☽（月）と♆（海王星）に対して△（トライン、120°）ですから、しつけ

が厳しいというところでしょうか。4室のハウスカスプは土地、つまり、東京という場所そのものを示しています。厳しく制約を受ける場所とも思えます。♄（土星）の制約は厳格で困難なものなのですが、その制約に従う者にはこの上ない恩恵をもたらします。言ってみれば高速道路です。一般の道と違い特定の経路しかありませんが、その分、高速で移動できます。

　♄（土星）は♐（射手座宮）にいます。支配星は♃（木星）です。9室の♃（木星）は遠くへ行くことが幸運であることを示し、その幸運の結果が土地に出ています。

　思うに、徳川家康が江戸城に入った時の江戸周辺の状況のままであったら、東京に首都を動かすという論議は起こらなかったことでしょう。それほど、徳川幕府は江戸の自然環境に、手を入れたわけです。それでもその後、洪水や干ばつは起こったのですが、壊滅してしまうようなことにはなりませんでした。占星術的な観点からいえば、♄（土星）たる土地を300年にわたって折り合いを付けた前政権の成果を、♃（木星）の転地によって明治政府は手に入れたことになります。それをこの東京始源図が示しています。そして、この場所はもう♄（土星）によって動くことはできないのです。首都移転の話題が出ますが、このホロスコープを超えるのはなかなか難しいのではないかと思います。

［愛人と子供──第5室］

　5室に感受点が入っていませんので、ハウスカスプを見ます。♐（射手座宮）が入っています。支配星の♃（木星）は9室にあり、海外旅行や学問での幸運を示し、その結果として愛人や子供に幸運をもたらします。射手座宮ですから積極的・行動的でいながら結構神経質で独立心旺盛なタイプと見ることができます。また、♃（木星）は♉（牡牛座宮）ですから、そちらの意味も考えられます。5室は株式や投機、ギャンブルも表します。東京始源図としては愛人や子供というよりは、こちらの方の意味合いが大きいでしょう。

［兄弟姉妹、隣人親戚 —— 第3室］

　3室に感受点が入っていません。ハウスカスプは♎（天秤座宮）で支配星は♀（金星）、10室、♉（牡牛座宮）です。3室の示す兄弟姉妹、隣人親戚は、社交的で快活な付き合いやすい人々でしょう。しかし、東京始源図としては通信関係や交通関係、教育関係方面の意味として考えた方がよいでしょう。

［友人 —— 第11室］

　11室には♅（天王星）が入っています。友人関係は風変わりで新鮮な魅力のあるものですが、時として分裂や騒動が考えられます。変化してゆく関係とも考えられます。東京始源図としては友好都市や友好国との関係と見てもよいでしょう。また、議会も11室です。アスペクトとしては☉（太陽）♀（金星）と＊（セクステル、60°）ですが、☽（月）♆（海王星）と□（スクエア、90°）で☽（月）や♆（海王星）の示す方面、都市、国、議会との問題があることを示しています。

　議会として11室を見ると、♅（天王星）は本来のハウスにあり力を発揮しそうですが、サインの支配星である☽（月）と♆（海王星）と□（スクエア、90°）ですから、機能不全であることがわかります。民意を反映した議会制民主主義の場ではなく、天皇の統帥権の下部組織という扱いはこの星回りでしょうか。そして、友好国についても同様の変化しやすい、そして腹に一物のあるわかりにくい関係であり、結局国民が損をするという形になっています。

［夫、妻、協力者 —— 第7室］

　7室に感受点が入っていません。ハウスカスプは♒（水瓶座宮）で支配星は♅（天王星）♋（蟹座宮）11室です。友人関係からの配偶者というのが一般例です。東京始源図としては外交問題は♅（天王星）に示された問題の解決に主たる力を注がなければならない状況です。

[父 ── ♄（土星）]

♄（土星）は4室で、厳格でいながらアスペクトから情のある父と読めますが、国土や気候ということでいえば、克服すべきものがかなりある状況であり、努力を要求されています。

[妻と母 ── ☽（月）]

☽（月）は♈（牡羊座宮）ですから、情熱的で短気かもしれません。9室でもありますから、遠くに離れて生活している場合もあり得ます。♆（海王星）と☌（コンジャンクション、合、0°）ですから感受性が高く、本人ともども霊媒クラスの能力者かもしれません。

[夫 ── ☉（太陽）]

♉（牡牛座宮）10室ですから、夫は実務的で頑固な王様です。

11
職業関係

[天職、成功 ── 第10室]

10室には♉（牡牛座宮）の☉（太陽）と♀（金星）、☿（水星）があります。それぞれの表す人物や物品、場所に関わる職業が成功に至る天職です。3つの星の内、どれが一番かといえば、♀（金星）です。本来のサイン（支配星となっているサイン）にあり、一番の力を発揮します。♀（金星）は芸術・芸能関係、服飾、装飾品、理美容等の分野を示しますから、本来はこの方面が天職なのです。

[収入源 ── 第2室]

9.の判断と同じになります。

[勤労職場 ── 第6室]

6室に感受点がなく、ハウスカスプは♑（山羊座宮）、支配星♄（土

星）。6室のハウスカスプが♑（山羊座宮）では、「勤勉、管理能力、自営業向き」で、ディフィカルトなアスペクトはないわけではありませんが強くなく、イージィなアスペクトがあります。♄（土星）ですから嬉しくて楽しくて仕方ないということはなさそうですが、それほど♄（土星）を恐れることはありません。東京始源図としては健康問題や労働争議・食料生産・軍隊について♄（土星）の支配下にあるので、充分な調査と見通しを持って対処するべきであることを示しています。ウィークポイントとして、この方面をおろそかにすると東京でなくなってしまうということでもあります。

[協力者や共同者 —— 第7室]

　感受点のいない7室は、♅（天王星）の支配下にあります。外交問題のなかで、特に協力国、共同提案国となるような国も♅（天王星）で表されているということは、それらの関係に突然の状況変化があるということでもあります。対極の1室の火星は武力闘争、戦争につながることを暗示しています。

12
健康関係

- ❊ 健康は、第6室
- ❊ 病院などの入院加療は、第12室

　感受点のない6室では、ハウスカスプが♑（山羊座宮）で脚です。支配星♄（土星）は♐（射手座宮）でこちらも膝や脚ですから、健康関係で一番注意したいのは、この辺りの部位ということになります。続いて12室も感受点がなくハウスカスプは♋（蟹座宮）です。支配星は☽（月）です。☽（月）にはディフィカルトなアスペクトがありますから、♋（蟹座宮）の病気については入院加療の可能性があります。

13
趣味・娯楽

❋ 趣味・娯楽は、第5室。☉（太陽）と☽（月）がその傾向を表す

5室のハウスカスプは♐（射手座宮）です。☉（太陽）と☽（月）がその傾向を表すとなっていますので、♐（射手座宮）の支配星♃（木星）とともに見ると、♃（木星）と☽（月）が9室にあります。海外関連や学問関係、そして☉（太陽）と♃（木星）が♉（牡牛座宮）ですから声楽、絵画、園芸、料理、デザイン一般という方向も出てきます。

14
宗教哲学・精神思想

❋ 宗教哲学・精神思想は、第9室と♆（海王星）、☿（水星）

9室には♆（海王星）☽（月）♃（木星）があります。意味の重複した♆（海王星）とハウス定位である♃（木星）は特に強く働きます。宗教として、♆（海王星）の表す見えないものへの信仰は強力でありそれに敬意を払っています。幸運をもたらすものでもあります。

15
旅行関係

❋ 近場への旅行は、第3室と☿（水星）
❋ 遠方への旅行は、第9室と♃（木星）

3室に感受点がなく、ハウスカスプは♎（天秤座宮）です。支配星は♀（金星）です。♀（金星）にも☿（水星）にも強力なディフィカルトアスペクトはなく、近距離の旅行では特段の不都合は暗示されていません。

9室には♆（海王星）☽（月）♃（木星）があり、本来のハウスである（ハウス定位）である♃（木星）が最も強く働きます。この♃（木星）には強力なディフィカルトアスペクトがなく、♃（木星）に従った遠距離の旅行は多くの幸運に恵まれた、そして幸運をもたらしてくれるものとなるでしょう。

ワーク[3]
——東京の進行・経過判断

回帰図の使い方

　未来を判断しようとするとき、進行感受点の座相の時期や経過感受点のトリガーとなる時をあらかじめ知りたいと思うことがあります。それはそれで必要なときもあるのですが、単一の座相だけを取りだして結論を出そうというのは良い手ではありません。♃t（経過木星）が出生の感受点、特に☉n（出生太陽）や Ascn（出生アセンダント）を通過するのは大きな幸運期なのですが、出生図の構造がそれを別の方向に持っていく形になっていたり、進行感受点が下準備をしていないために不発になってしまうこともあり得ます。そこで、特定の時の3重円ホロスコープを次々と見ていって、特徴のあるところに注目するという手が、大変そうですが実は最も効率的な方法ということになります。

　回帰図の代表は ☉（太陽）です。この他の特別な時としては、回帰関係では ☽（月）がよく使われますし、他の感受点でも回帰という考え方でホロスコープを作ることができます。また、経過の感受点同士の特別な関係として新月や満月、上弦、下弦、そして日蝕や月蝕も特別な時として使います。

　ここでは、特別な経過の時として太陽回帰図を使用しましょう。3重円で出生に東京始源図でホロスコープを出します。ホロスコープが出たところで、キーの < を押すと画面左端上から3行目にマイナス記号が現れます。続いて 1 3 7 Y と押すと、経過が137年戻ります。そこで Ctrl + F1 または Ctrl + F2 で太陽回帰を次々と見ていくことができます。

自分の持つ環境（Asc、アセンダント）に対して、果敢に攻撃し戦い取る（♂、火星）という、基本的な姿勢を持つ国家の事件を整理すると次のようなものになります。

近代日本の事件年表

回帰	年月日	年月日
1873	1873年10月24日	明治6年政変
1875	1875年09月20日	江華島事件
1876	1877年01月30日	西南戦争始まり（1877年09月24日 西南戦争終了）
1881	1881年10月11日	明治14年政変
1891	1891年05月11日	大津事件
1894	1894年08月01日	清国宣戦布告
	1895年04月23日	三国干渉
1895	1895年12月04日	遼東半島還付
1902	1903年04月08日	ロシア第2期満州撤兵を履行せず南下
1903	1904年02月10日	日露戦争宣戦
1904	1904年12月05日	二〇三高地占領
1905	1905年05月27日	日本海海戦
	1905年08月10日	ポーツマス講和会議
1914	1914年08月23日	対独逸宣戦布告
1914	1914年12月03日	対華21ヵ条要求
1917	1917年09月12日	金本位制停止
1923	1923年09月01日	関東大震災
1930	1930年	1929年10月24日の世界恐慌が波及した昭和恐慌
1931	1931年09月18日	満州事変
1935	1936年02月26日	二・二六事件
1939	1939年05月12日	ノモンハン事件
1941	1941年12月08日	真珠湾攻撃
1942	1942年06月05日	ミッドウェー海戦
1945	1945年03月10日	東京大空襲2
	1945年08月14日	ポツダム宣言受諾
	1945年09月02日	降伏文書調印

日本における、明治から昭和初期の事件

*
1873年
*

　回帰図では ☉p（進行太陽）に対して ♃t（経過木星）が □（スクエア、90°）です。同時に許容度を1度より少し超えるところで ♂（火星）♄（土星）♅（天王星）がT字スクエアとなっています。そして出生の ♃（木星）がこれにピッタリ当てはまったグランド・クロスとなります。♂（火星）は ♏（蠍座宮）で ♇（冥王星）が支配星ですが、♇（冥王星）の発見前は ♂（火星）ですから本来の座にいることになります。

　これは、☉（太陽）にとっても ♃（木星）にとっても危機の状況です。突発に巻き起こり（♅ 天王星）、戦争・軍隊（♂ 火星）の関わる困難な状況（♄ 土星）です。☉（太陽）は政権として、この ♃（木星）は何を表しているのでしょうか。人物としては上院議員、司法官、法律家、将軍、高級軍人…となっています。これを西郷隆盛と見ることもできます。征韓論を止められ下野（1873年10月24日）するということですが、ただ政権を降りたのではなく、故郷に帰って軍事力増強を始めているのですから後々の禍根になることは明らかです。そもそも征韓論は朝鮮半島を支配下に置くという考えですから、日本がやれば清だけでなくロシアも出てきます。その圧力に耐えられるだけの国力がないのをわかっていても、攻めたいという ♂（火星）の思考です。

　また、♃（木星）を武士が転じた士族と見ると、大久保政権 ☉p（進行太陽）に対する士族 ♃t（経過木星）の対立と読むことが可能です。旧体制の恩恵を受けていた士族が新体制に対して反乱を起こすことは想像に難くありません。それに対して明治政府がとった方法は、各地の鎮台の整備と拡充による官制軍隊の再編成と軍事体制の確立です。そして、満を持していた政府に1874年2月の佐賀の乱の報告が入ります。この士族最初の反乱に対して、九州鎮台の軍事力に不安を持った大久保利通内務卿は、み

1873年太陽回帰図

N 18690509 113708 東京始源図
T 18730509 105051 太陽回帰

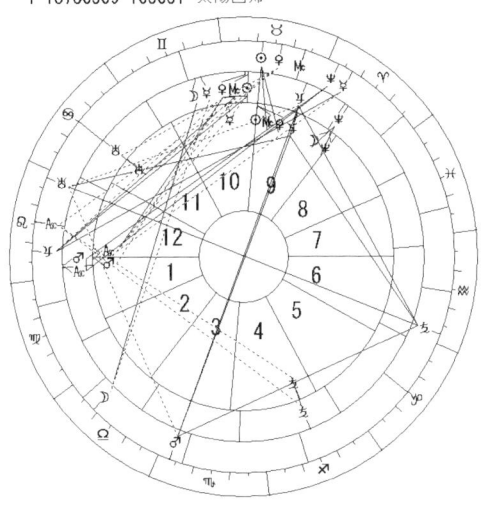

1875年太陽回帰図

N 18690509 113708 東京始源図
T 18750509 221540 太陽回帰

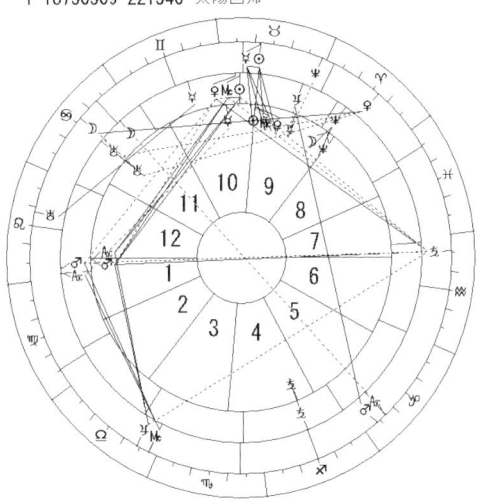

ワーク3――東京の進行・経過判断

ずから全権を掌握して大阪鎮台二個大隊、東京鎮台の砲隊を率いて反乱軍を挑発、迅速に鎮圧します。この処理を失敗したら西郷をはじめとする不平士族の同時蜂起が始まり、大久保政権を転覆させるという危機感があったことでしょう。この危機を処理したことにより自信をつけたのでしょうか、以後の士族反乱に対して、大久保みずからが指揮することはありませんでした。また、征韓論に敗れた不平士族を征台に向けることと、反徒に極刑を科して過激分子を孤立させるという方法が取られています。

戦争や闘争の星である♂t（経過火星）はホロスコープの北側で、国内問題（個人では内面的問題）であり、3室ですから国内でも4室のお膝元ではなくそれなりに離れている場所ということになります。

＊
1875年
＊

♄t（経過土星）が7室、下降点に近くあり♂n（出生火星）と♂（衝、180°）です。対外関係でなかなか動けない緊張状態を示しています。1870年以来、政府は朝鮮に対し開国要求を続けていますが、はかどらずついにペリーのやり方をまねて軍艦を送り示威行動をします。その結果が江華島事件であり、これを口実にして修好条約を押し付けたのです。政府として征韓論を止めたのは、朝鮮侵略に反対であったのではなく、機会を待っているということであり、狙っていることに変わりはありません。そして機会は作るものという作戦だったわけです。

＊
1876年
＊

☉p（進行太陽）が♂n（出生火星）に□（スクエア、90°）です。これに対して♃t（経過木星）は♂p（進行火星）□（スクエア、90°）です。また、♃n（出生木星）に♆t（経過海王星）がパスしています。1973年の危機と同じような危機ですが、進行および経過で示されていますから規模が大きく大きな事件であると考えられます。これが西南戦争を示してい

1876年太陽回帰図

N 18690509 113708 東京始源図
T 18760509 040336 太陽回帰

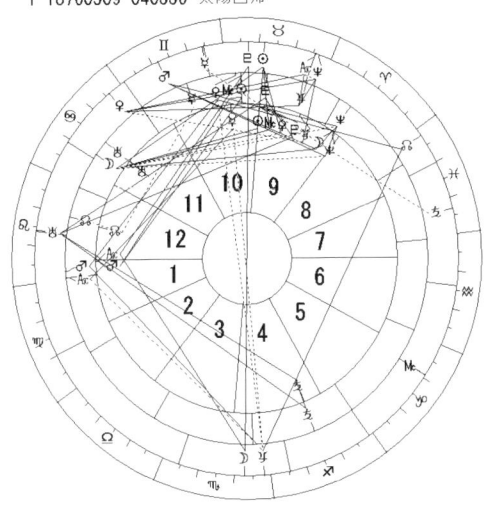

1878年太陽回帰図

N 18690509 113708 東京始源図
T 18780509 153347 太陽回帰

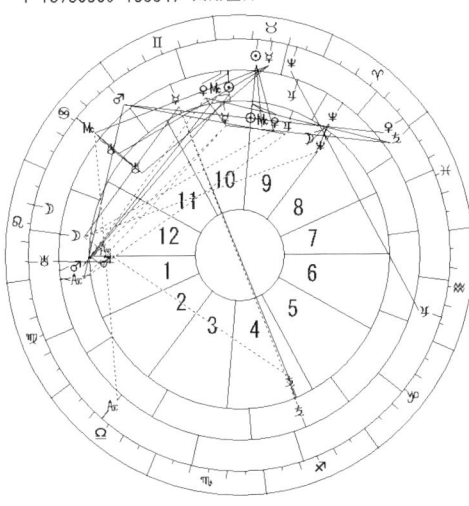

ます。士族反乱の最後となる最大の内乱です。しかし、政府軍はこれに対し準備ができていましたので、時間はかかりましたが西郷の自刃によって終わることになります。

*
1878年
*

☉p（進行太陽）が♂p（進行火星）に□（スクエア、90°）です。そして、♂n（出生火星）の上に♅t（経過天王星）が来ています。政権中枢（☉太陽）で暴力的♂（火星）な突発事件（♅天王星）です。1878年5月14日大久保利通暗殺です。

*
1881年
*

☉p（進行太陽）が☿n（出生水星）と♂（コンジャンクション、合、0°）になるあたりで、士族の反乱と農民の一揆の平定の先にある国家論としての立憲政体、国会というものに論議が進んでいます。☽p（進行月）が☉p（進行太陽）が☿n（出生水星）に対して△（トライン、120°）となっています。国民☽（月）に大きく関わる方向論として民権運動の活発化と国会の開設が決まりました。また官有物の払い下げにも絡んで政府内部の権力抗争により明治14年の政変が起こります。

*
1883年
*

☉n（出生太陽）は♆t（経過海王星）と♂（コンジャンクション、合、0°）、♅t（経過天王星）と△（トライン、120°）です。この年、保守派であった岩倉具視が死去、直後にドイツより帰朝した伊藤博文が政権を掌握、内政改革に着手し立憲政治への道を歩みました。

1881年太陽回帰図

N 18690509 113708 東京始源図
T 18810509 090026 太陽回帰

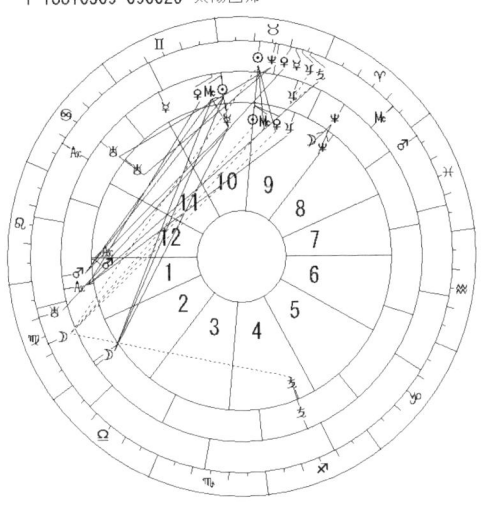

1883年太陽回帰図

N 18690509 113708 東京始源図
T 18830509 204014 太陽回帰

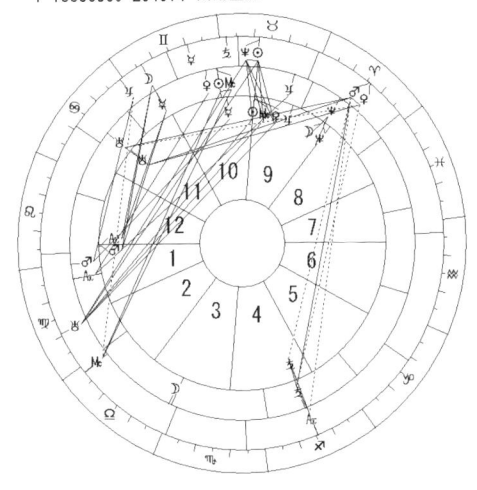

ワーク3──東京の進行・経過判断

*
1891年
*

☉p（進行太陽）は♄t（経過土星）と□（スクエア、90°）であり、♀p（進行金星）は♄n（出生土星）と☌（衝、180°）となっています。♀t（経過金星）は♅n（出生天王星）と、♃t（経過木星）は♂t（経過火星）とそれぞれ□（スクエア、90°）の困難を示しています。

♄t（経過土星）と☉p（進行太陽）はともに支配星の関わりで☿n（出生水星）と関連していて、選挙の関係と捉えることができます。開設した国会、衆議院は軍事費の問題で解散され、第2回総選挙で政府による警官や暴力団まで動員しての選挙干渉が行われたにもかかわらず、野党が過半数を占めました。野党は軍事費よりは租税の縮小を主張して政府と対立したのです。富国強兵による周辺国の植民地化と列強への参画を国策とする政府の方針に対してブレーキがかけられたのです。しかし、♄t（経過土星）が動き□（スクエア、90°）から外れると、野党は分裂し、予算も天皇の勅命で軍拡に動きます。♄t（経過土星）の□（スクエア、90°）は、天皇が統帥権を持っている間に太陽回帰の中であと2回起こり、それぞれ厳しい状況を作っています。

国家にとって厳しい状況は他にもあります。北の大国ロシアを♄t（経過土星）と捉えることもできますし、そこから訪れる皇帝代理を♃t（経過木星）と考えることができるでしょう。つまり大津事件です。シベリア鉄道の起工式に出席のために日本に立ち寄ったロシア皇太子ニコラス・アレクサンドロヴィッチが、警備の巡査に斬りつけられ負傷したという事件であり、これを口実にロシアが乗り出せば日本は植民地となること必定の事態です。それ程、国力の違いがありました。皇太子を示す星は対外の室である7室を動いている♃t（経過木星）で、♂t（経過火星）と□（スクエア、90°）なのは剣難とも取れます。斬りつけたのは滋賀県庁を京都に向けて5月11日13時30分に出発後500メートルほどのところということですから、この時のホロスコープを経過として出してみると、♂t（経

1891年太陽回帰図

N 18690509 113708 東京始源図
T 18910509 190939 太陽回帰

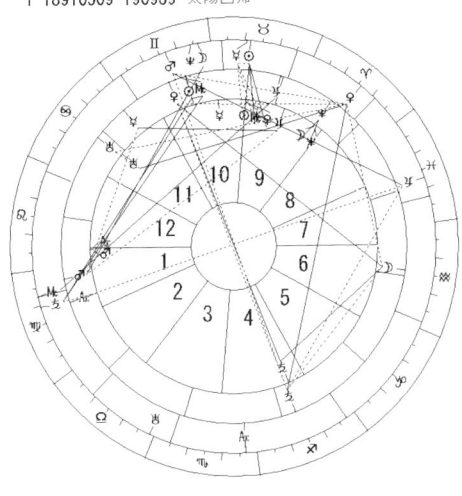

1891年の大津事件

N 18690509 113708 東京始源図
T 18910511 103500 大津事件

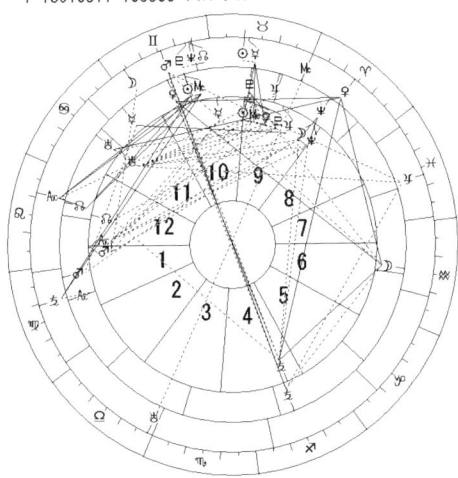

ワーク3——東京の進行・経過判断

過火星）は♀p（進行金星）と♄n（出生土星）の☌（衝、180°）に乗ります。その上で☌（衝、180°）に対して♀t（経過金星）と☽p（進行月）が調停の座相を作り、緊張状態を呼び起こして現実のものにしたのです。

　幸いにして、京都で療養する皇太子の元へ天皇の名代に内相外相を付けて急行させ、天皇みずからも伊藤らを連れて見舞いし神戸まで送ったり、見舞い品や見舞い状を山にしたことで、一応誠意は通じたか、ロマノフ朝第14代にしてロシア帝国最後の皇帝となる皇太子のご機嫌を損ねることなく、事件は収束しました。皇太子の来日理由を日本の軍事情勢視察と疑ったというのが襲撃理由となっていますが、それに乗って行動を起こしてしまうのが二流三流の国の証です。ロシアは鼻にも引っかけていないというのが実際のところでしょう。皇太子はこの事件から3年半で即位、ロシア革命で1917年3月退位、1918年7月にエカテリンブルクへ移され、イパチェフ館で赤軍により一家全員銃殺という未来が待っています。

＊
1894年
＊

　Asct（経過アセンダント）と♂p（進行火星）が一緒になり、そこへ☿p（進行水星）と☿t（経過水星）によってレッサー・トライアングルです（→P.414 note）。大規模な軍事行動ではありませんが、小出しの計画と計略で順調に展開することができます。7月25日の豊島沖海戦を端緒に陸軍も進撃を始め、当初の奇襲攻撃計画どおりに事を運んだのです。この時点で日本海軍は清国の海軍と対峙できる自信はなかったものの、有利に事態を展開できたことにより、海軍としての自信を付けたようです。

　しかし、問題がないわけではありません。Ascp（進行アセンダント）は♄p（進行土星）と□（スクエア、90°）で、国の置かれている環境に制限と困難があることを示しています。このAscp（進行アセンダント）に対して、♅n（出生天王星）と♅t（経過天王星）がレッサー・トライアングルですから、周囲の状況について幸運（仕掛けた戦争の勝利と多額の賠償金の獲得）がありながら、制限（三国干渉、1895年4月23日）がかかる

1894年太陽回帰図

N 18690509 113708 東京始源図
T 18940509 123924 太陽回帰

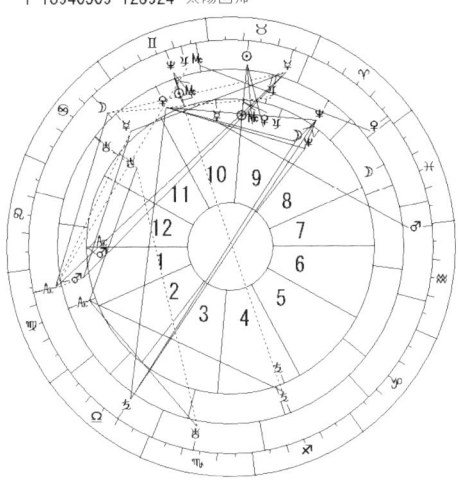

1895年太陽回帰図

N 18690509 113708 東京始源図
T 18950509 182850 太陽回帰

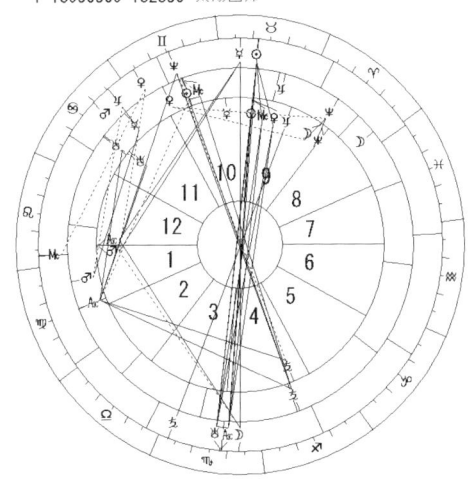

ワーク3──東京の進行・経過判断

ことになります。そして、♄t（経過土星）は☽n（出生月）と♆n（出生海王星）に対して☍（衝、180°）で、3室と9室、近場と遠方で緊張状態を作っています。日本の勝利による近場の台湾・遼東半島の分割に対して、遠方の列強からの干渉が行われます。

note:
☽ レッサー・トライアングル（小三角形）
　3個の感受点が、120度・60度・60度の座相で二等辺三角形を作る。グランド・トラインの小型版。

1895年

Asc p（進行アセンダント）は前年に引き継いでT字スクエアであり、Asc n（出生アセンダント）もT字スクエアのきびしい座相です。1895年12月4日、三国干渉の結果、日本は遼東半島を還付します。返さざるをえなかった状況で、外国列強に対する自国の力の程度をまざまざと自覚する結果となりました。そして三国干渉を仕組んだロシアとは必ず相対することを念頭に富国強兵と臥薪嘗胆のスローガンが国内に充満することになります。対ロシア戦に向けての挙国一致がここに出現します。☉n（出生太陽）に対する♅t（経過天王星）の☍（衝、180°）を憶えておいてください。

1902年

☉p（進行太陽）に対する♅t（経過天王星）の☍（衝、180°）です。Asc p（進行アセンダント）と絡んでT字スクエアです。日露戦争は宣戦布告で軍が動き出す始まり方ではありません。ロシアは極東支配の方針を固め、満州そして朝鮮半島と勢力を広げようとしていました。陸軍も次第に南下させて1903年4月には鴨緑江下流の竜岩浦まで占領し清に租借を求

1902年太陽回帰

N 18690509 113708 東京始源図
T 19020510 105616 太陽回帰

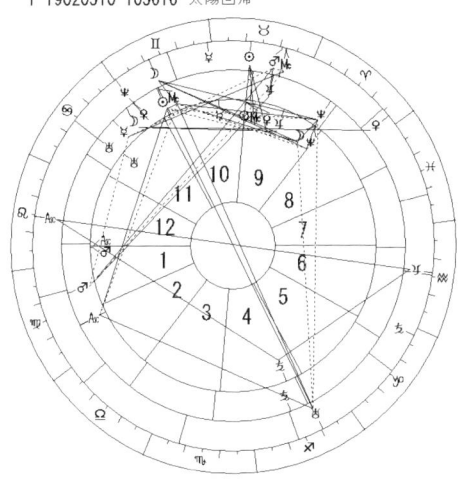

1903年太陽回帰

N 18690509 113708 東京始源図
T 19030510 164624 太陽回帰

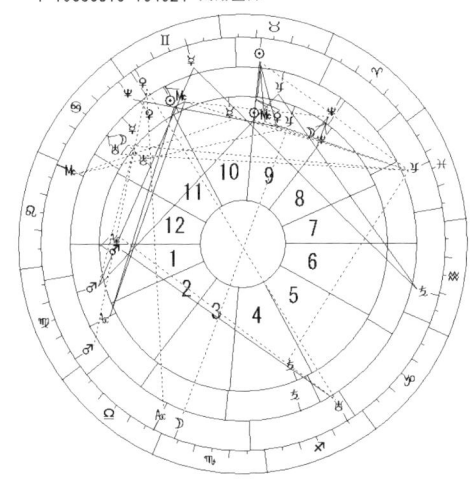

ワーク3——東京の進行・経過判断

めています。満州を支配する意志です。日本軍も対露戦を避けえないものとして準備と諜報活動を活発化させています。11室（友好国）の☿p（進行水星）がレッサー・トライアングルを作っているのは日英同盟により、国際的に有利な立場を作ることができたことを示しています。

1903年

☽p（進行月）と♅p（進行天王星）が♂（コンジャンクション、合、0°）です。戦争に突入します。

1904年

大規模な戦闘は1904年の回帰図の範疇に入ります。♂n（出生火星）と♂t（経過火星）が☿t（経過水星）と座相を作っています。♂p（進行火星）に対して☽t（経過月）も座相を作り、情報戦も含めてかなりの死傷者を出す戦闘が想像されます。月は国民を表します。

開戦後、戦いは膠着するかに見えましたが二〇三高地の攻略で日本軍に有利となります。しかし、奉天を目指す日本軍は25万の兵に7万の死傷者を出し、軍団としては崩壊状態であり、余裕のあるロシア軍はバルチック艦隊の壊滅でやっと講和勧告を受け入れ休戦となりました。戦いは勝ったのではなく負けなかったということなのです。結果として賠償金を取ることができず、莫大な借金に韓国の支配と遼東半島の租借、南満州鉄道を手に入れて大陸への手がかりを掴みました。

1914年

11室♅n（出生天王星）に対して♀p（進行金星）が通過しています。独武装商船の捜索撃破の要請が英国から出されたのを幸いに第一次大戦に全面参戦、アジアにおける独植民地をすべて日本の支配下に置くことに成

1904年太陽回帰

N 18690509 113708 東京始源図
T 19040509 223800 太陽回帰

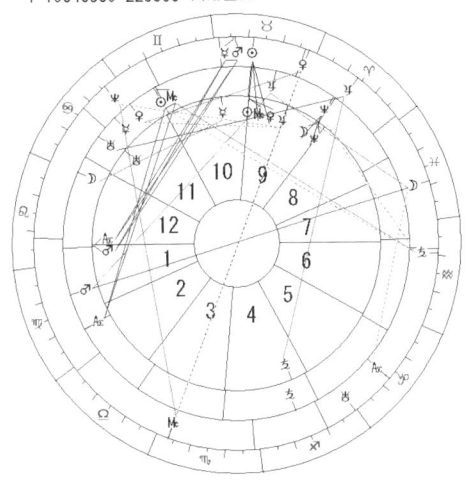

1914年太陽回帰

N 18690509 113708 東京始源図
T 19140510 084118 太陽回帰

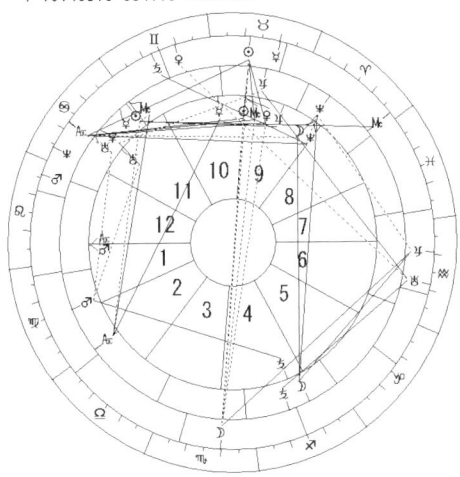

ワーク3——東京の進行・経過判断

功しました。この事件が対英関係を決定的に冷却する方向に動かし、日本はロシアに接近することになります。

＊
1923年
＊

♂t（経過火星）が♄n（出生土星）と☍（衝、180°）です。この座相は東京始源図の回帰図ではここだけです。これに対して☽t（経過月）と♅t（経過天王星）でT字スクエアを作っています。4室の定位は♋（蟹座宮）で支配星は☽（月）ですから、より重大な意味がある回帰図です。また、♄n（出生土星）に対して、♀t（経過金星）と♆t（経過海王星）でグランド・トラインです。つまり5つの経過感受点の焦点となっているのが♄n（出生土星）です。

1923年9月1日の事件です。これだけから地震と断じるのは難しい感じがします。しかし、8室（死の室）に☽（月、国民）が凶角を持っているというのは、死者多数の事件であることを予測させます。

＊
1930年
＊

♅n（出生天王星）と♆n（出生海王星）、Ascp（進行アセンダント）、☽t（経過月）、♅t（経過天王星）によるT字スクエアまたは弱いグランド・クロスの配置が来ました。世界恐慌が日本に波及し、昭和恐慌となります。この不景気を大陸への進出で乗り切ろうとする基本的な方法論が、今後の運命の展開を決めていきます。

1923年太陽回帰

N 18690509 113708 東京始源図
T 19230510 125651 太陽回帰

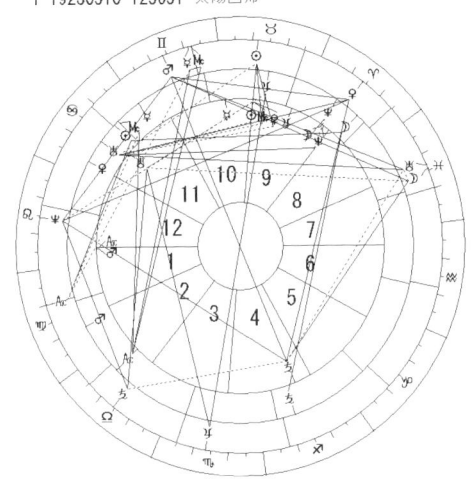

1930年太陽回帰

N 18690509 113708 東京始源図
T 19300510 054625 太陽回帰

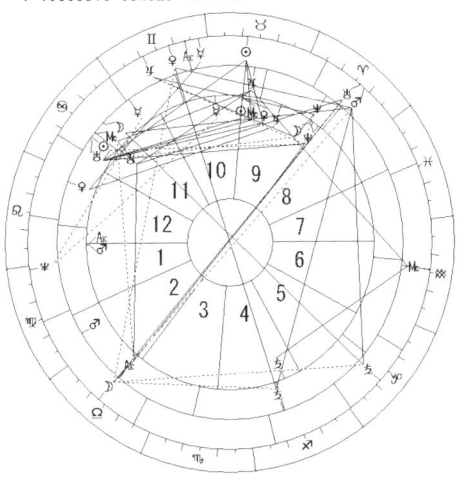

ワーク3——東京の進行・経過判断

*
1931年
*

　☉p（進行太陽）と♅p（進行天王星）の♂（コンジャンクション、合、0°）に対し、ホロスコープ内の感受点がかなりの集中をしています。昭和恐慌の突破口として満州の支配に軍部が乗り出します。軍部だけでなく、一般人（☽t、経過月）も満州に希望を求めて渡っていきます。

*
1935年
*

　☉n（出生太陽）に対して、♃p（進行木星）と♃t（経過木星）が緊張状態です。同時にAscp（進行アセンダント）もT字スクエアを作り困難な状況を作っています。政府を転覆させて軍政を行おうとする二・二六事件です。天皇は蜂起した隊を反乱軍として鎮圧を命じます。しかし、蜂起軍の意図した軍政へと事態は動いていき、武力行使の方向へひた走ることになります。

*
1939年
*

　☉n（出生太陽）に対して☽p（進行月）と♅t（経過天王星）で緊張状態を作ります。今まで♅（天王星）はロシアや戦争を表すものとして働いてきましたが、今回も同様ソ連軍です。ノモンハンでの戦闘では、戦闘力そのものでも組織戦の方法論でも完敗します。戦闘規模でもその結果についても事件と呼ぶにはふさわしくないにもかかわらずノモンハン事件と呼ばれているのは、ソ連軍に負けたことを日本が認めたくないゆえということでもあります。

1931年太陽回帰

N 18690509 113708　東京始源図
T 19310510 112821　太陽回帰

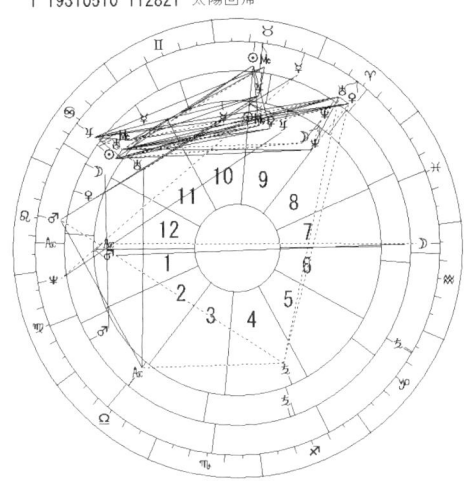

1935年太陽回帰

N 18690509 113708　東京始源図
T 19350510 102911　太陽回帰

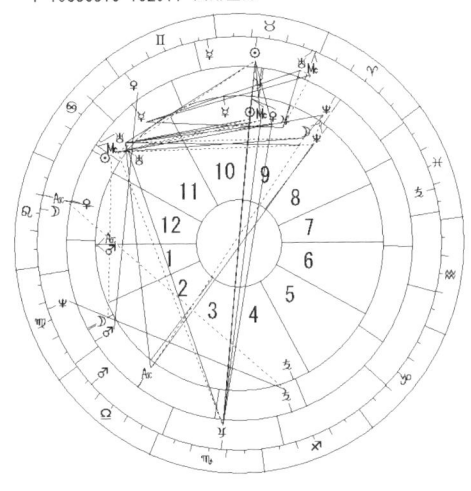

ワーク3――東京の進行・経過判断

1941年

☉n（出生太陽）に対して♄t（経過土星）が、Dsc に対して♂t（経過火星）があり、強力な座相を投げかけられています。特に♂t（経過火星）は在宮支配星の凶角を受けて軍事行動を行います。攻める方も攻められる方も、待ちに待った戦いということになってしまっています。

1942年

♄t（経過土星）と♅t（経過天王星）は☿n（出生水星）の上を通過します。♂t（経過火星）は☿p（進行水星）の上を通過します。この戦争の折々を制するのは情報です。♀p（進行金星）は☉n（出生太陽）に対して□（スクエア、90°）です。この戦争を制するのは最終的には経済力です。

日本海軍は６月ミッドウェー海戦で機動部隊を失い、陸軍も泥沼のような中国戦線に苦しむことになります。奇襲に奇襲を重ねて快進撃を続けていた日本軍の勢いが止まるときが来ました。消耗戦が始まったのです。

1945年

♄p（進行土星）に対し♅t（経過天王星）が☍（衝、180°）です。戦力は崩壊状態でありながらも徹底抗戦をしています。そこへ☉n（出生太陽）に対して♃t（経過木星）の△（トライン、120°）です。普通の時であれば幸運期です。ここで♅p（進行天王星）が入ってレッサー・トライアングルです。グランド・トラインは事態を固定化させてしまうのですが、レッサーですからやや柔軟性があって生き残る方向への選択が可能になったのでしょう。降伏を決断した理由は、軍が機能しなくなっている状況や原爆ではなく、ソ連の参戦にあると伝えられていますが、このホロスコー

1939年太陽回帰

N 18690509 113708 東京始源図
T 19390510 093958 太陽回帰

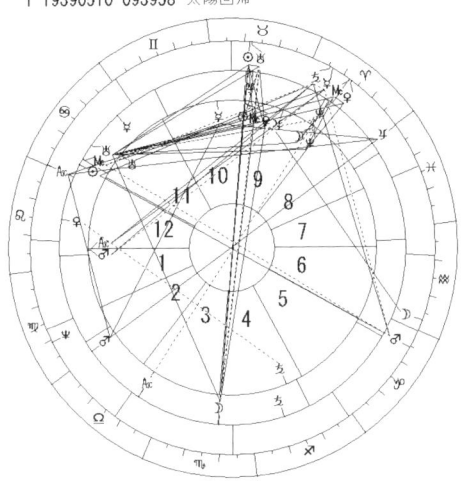

1941年太陽回帰

N 18690509 113708 東京始源図
T 19410509 212920 太陽回帰

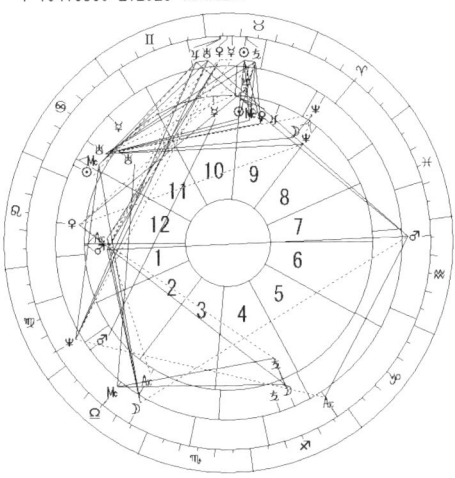

ワーク3——東京の進行・経過判断

プの♅（天王星）の様子を見ればさもありなんという感じです。

　ところで、♃p（進行木星）の動きは大変に遅くて、効果も長いのですが、☉n（出生太陽）に対して息の長い保護を与えています。何年も続く大幸運期なのです。その上に♃t（経過木星）の△（トライン、120°）で、大幸運の中の最高運です。政府や軍部の責任者達が絞首刑となっている中、天皇が☉（太陽）として在位し生命を全うできたことは、この部分に出ているのではないかと思います。

　8室の♂t（経過火星）は2室の♆t（経過海王星）と☍（衝、180°）で、ハウスカスプの星座宮の支配星と凶角です。この♆t（経過海王星）は♂p（進行火星）と☌（コンジャンクション、合、0°）ですので、財力としてはまったくなく、遺産も底をついてあるのは借金だけです。餓死するしかないという様子です。

note:
　この状況の中で、降伏するか徹底抗戦で行くかを選択するチャンスがあり、最高権力者として、このときは良い選択ができたことが日本という国にとっても幸運でした。2つの隣国はこの戦争の後に2つに分かれて別の国家を作っています。もし、徹底抗戦の道を選んでいれば、同じような道を辿ったことが推測されます。そうならなかったのは厳しい状況の中でも木星の加護のある幸運だったのでしょう。

*
東京始源図の転機と日本国の今後
*

　東京始源図は1945年を契機に重要な転機を迎えます。基本的には植民地獲得を目指す列強の外圧の中で、国を造る手段として富国強兵・尊皇で進めていった結果が、世界相手の大戦争にまで発展し、310万人の国民の死者となったのです。幕末の志士の死者数が問題にならないほどの桁違いの結果です。これだけの大事件であり、権力構造に変化が出ます。

　ホロスコープ作成のポイントとなった東京に入城した最高権力が無くなり、回復しなかったのですから、ホロスコープの有効性も論議の対象とな

1942年太陽回帰

N 18690509 113708 東京始源図
T 19420510 032416 太陽回帰

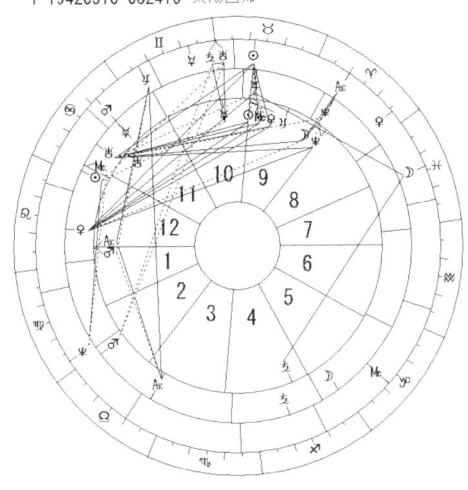

1945年太陽回帰

N 18690509 113708 東京始源図
T 19450509 205326 太陽回帰

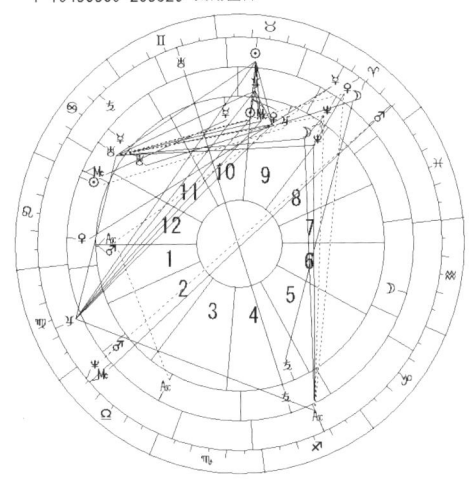

ワーク3——東京の進行・経過判断

ります。権力者がやってくるということでいえば、占領軍は1945年8月28日に第1陣が上陸して、横浜に占領軍司令部を設置します。厚木にマッカーサーがやってくるのが30日です。9月2日には降伏文書調印となります。しかし、国内は大日本帝国憲法を頂点とする法体制で動いています。それを超法規的処置でGHQの命令が優先された形で、大急ぎで新憲法を公布・施行、そして各種法律の改廃を行っていきます。そして、1952年4月28日22時30分にGHQが廃止されて、日本の主権が回復されます。新憲法により主権在民となっての回復です。

　天皇主権であるのならば、主権回復後はそのまま東京始源図で日本という国を見ることができますが、日本という国の始源図が、上記事件に移っていると考えることは自然です。ということは、以降の歴史に、この東京始源図は登場しないのでしょうか。

　わたくしはそうは考えません。北の大国ロシアは変遷はありましたが未だに存在しますし、清は中国となって昔のように侮れません。ペリーのアメリカは一番武力の強い国になっています。東京始源図のときと異なるのは、列強が植民地を広げる闘争をしていないことくらいでしょうか。事項によっては、そのまま使えることがあると思います。国の基本は憲法なのですが、他の国と違い日本の憲法は、天皇も国民も実質、主権では無かった時期に公布・施行されています。言い方を変えれば、日本という国は、1枚のホロスコープですべてを解読できる存在ではなく、部門ごとにそれぞれの始源図を持っていると見るべきです。やはり諸外国から見たら不思議な国なのでしょう。

C O L U M N

運命学雑考 その2

　術としての優劣はその占術の性格や対象もあって一概には言えませんし、術を使う人間の問題もありますから、東洋占術と西洋占術の優劣を簡単に競うことはできません。しかし、思想・哲学の点では東洋占術の方が有利であることは否定できない事実です。

　ところで東洋占術の底流にある思想・哲学はホロスコープ占星術に応用できないものでしょうか。他の「人生、如何に生きるか」の命題に答える思想・哲学そしてそれらを生活に展開した宗教を取り入れることはできないでしょうか。これが皆さんに与えられた課題です。

　どの占術を気に入るか、どれが一番上達するかは個性の問題だと考えます。ただ、単なる占い師ではなく、実力を付け人を指導できるまでになったら、最低限押さえておくべき占術があります。

　占術には2つの部門があります。ある個人（集団）の「運命」の解析を行うものと、ある出来事の変化を知るものの2つです。前者は人間を徹底的に分析して、人間の構造と本質を追い求める分野で運命学につながる部分です。たとえば、その人の性格はもちろん、体質、器量、運期等を知るために使います。後者は前者のような人間そのものよりも、問題となった事象の動き、変化を捉えようとする分野です。

　自分あるいは依頼者はどのような「運命」を持っているかを知るのが前者です。そして、今抱えている問題がどうなるかを知るのが後者です。2つの領域を占者は必要とするのです。

　ホロスコープ占星術では出生占星術とホラリーがこの2つの分野にあたります。

索引

Stargazer 操作用語

1 重円 47
1 重円ショートカット 52
3 重円 53
3 重円ー経過円メニュー 58
3 重円ー出生円メニュー 56
3 重円ショートカット 71, 72, 73
3 重円ー調波メニュー 61
5 重円 74
Arab.part 63
sgwd2006 メニュー 24
YOD 時期表 89
相性座相 98
アラビック・パート 63
印刷 46
回帰時期表 91
外字変換 107
感受点移動 63
基本設定 25, 32
経過グルグル 59
計算地 39
古典メソッド 65
サビアン時期表 90
サビアンシンボル 42
サビアン表 65
時期表データ 30, 44
時期表データの印刷 93
時期表プログラム 82
時期表読込 44
四柱推命 105
紫微斗数 106
宿曜 106
出生グルグル 56
出生データ 30, 34
出生データ入力 38
出生データメンテナンス 34, 36
出没時間 65
初期操作 24
進行経過時期表 82
進行経過時期表 2 85
セントリック・チャート 97
チャーツ 76
天体配列 62
天文暦 63
日蝕計算 102
ハーフサム 64, 95
ハーフサム時期表 90
バックアップ 109
プラネタリウム 103
プログラムメニュー 24
ヘルプメニュー 43
ボイドタイム時期表 88

占星術用語

【英数字】

3 感受点の組合せの意味一覧 284
ASC 156
AscnSign 248
Campanus 242
Coch 244
CPS 275
Egypt 244
Equal...245
Geodetic.Coch.............................247
Geodetic.Pla................................247
HN 294
MC 157
NPT 概念図 120
Placidus 242
POS 157
Regiomontanus............................243
Solor 246
SolorSign 246

428

Void	375
X	163
YOD	172

【あ】

相性	361
愛情	341
アスペクト	119, 164
アスペクト一覧	175
アスペクト区分早見表	166
アセンサイン法	248
アセンダント	156
アディ調波	293
アフリクト	167
アラビック・パート	157, 158
アングル	241
アンチ・バーテックス	156
イージィ	167
イーストポイント	157
イコール	245
意志	341
一月一年黄経法	274
一度一年法	274
一日一年SG法	273
一日一年伝統法	273
射手座宮	216
緯度	308
イングレス図	277, 369
魚座宮	225
運進法の考え方	338
エキザルテーション	184
エジプシャン法	244
掩蔽	376
牡牛座宮	195
オーブ	169
乙女座宮	207
牡羊座宮	192
オポジション	165

【か】

海王星	150
海王星の発見	321
回帰	276
カウンター・パラレル	165

下降点	156
カスプ	239
火星	138
蟹座宮	201
カルマ	159
感受点	119, 124
感受点記号一覧	121
気質	341
逆行	120, 315, 375
キャデント	241
キャンパナス法	242
協定世界時	301
許容度	169
ギリシャ神話の系譜図	125
キローン	162
金星	135
矩	165
クインカンクス	165
クインタイル	165
グランド・クロス	170
グランド・トライン	171
グリニッジ時	307
グレゴリオ暦	302
経過	120
経過法	276
経度	308
月相再配置図	277
原子時	301
減退	184
合	165
幸運	341
交換	174, 375
黄経	309
降交点	159
高尚	184
恒星	314
黄道	309
個人四季図	277
個性	341
コッホ法	244
固定春分点	311
根	232
コンジャンクション	165
コンパリズン	361

コンポジット・プログレス・システム ……275

【さ】

財運 …………………………………341
歳差 ………………………… 311, 312
サイドリアル ………………………311
サイン ………………………… 119, 184
サイン・ハウス・天体対応一覧………238
サイン一覧 …………………………186
サウス・ノード ……………………159
サクシデント ………………………241
座相 ………………………119, 121, 164
蠍座宮 ………………………………213
サビアン ……………………………233
サビアンシンボル概要一覧…………234
サロスの周期 ………………………130
三分 …………………………………165
三要素 ………………………………184
シーソー型 …………………………270
ジオデテック法 ……………………247
四季図 ………………………………277
軸が満たされている ………………281
始源図 ………………………118, 367, 377
時刻の表し方 ………………………304
視差 …………………………………312
獅子座宮 ……………………………204
室 …………………………119, 121, 237
シニスター …………………………168
支配星 ………………………………184
支配星配列 …………………………232
習慣 …………………………………341
宗教哲学 ……………………………341
秋分点 ………………………………311
主星 …………………………………124
出生 …………………………………120
出生時間の修正 ……………………360
出生図 ………………………………118
ジュノー ……………………………161
趣味・娯楽 …………………………341
旬 ……………………………………351
順行 …………………………………315
春分点 ………………………………311
春分点移動 …………………………312
衝 ……………………………… 165, 168

昇交点 ………………………………159
上昇星 ………………………………376
上昇点 ………………………………156
象徴星 ………………………………331
章動 …………………………………311
情熱 …………………………………341
小惑星 ………………………………156
職業関係 ……………………………341
シングルトン ………………………268
新月図 ………………………………372
進行 …………………………………120
進行回帰 ……………………………276
進行座相 ……………………………272
進行法 ………………………………272
真春分点 ……………………………311
身体の弱点 …………………………341
身体配置 ………………………229, 238
水星 …………………………………132
彗星 …………………………………316
スクエア ……………………………165
スプラッシュ型 ……………………267
スプレー型 …………………………270
性格 …………………………………341
星座宮 ………………………119, 121, 184
精神思想 ……………………………341
セカンダリー ………………………272
赤緯 …………………………………309
赤道 …………………………………309
セクスタイル ………………………165
セスクイコードレート ……………165
接近 …………………………………168
セプタイル …………………………165
セミ・スクエア ……………………165
セミ・セクスタイル ………………165
セミボード …………………………173
セレス ………………………………160
占星点 ………………………………156
ソーラ・アーク・ディレクション…272
ソーラ・リターン …………………276
ソーラ・レボリューション ………276
ソーラーサイン法 …………………246
ソーラー法 …………………………246
ゾディアック ………………………233
損傷 …………………………………184

【た】

ダーク・ムーン	159
大三角	171
大十字	170
タイト	169
太陽	126
太陽回帰	276, 278
ダイレクション法	274
調停	172
調波	292
知力	341
月	129
月回帰	276, 278
T字スクエア	172
ディスポジター	232
ディセンダント	156
ディフィカルト	167
ディレクション	272
デーカン	351
デカネート分割	228
デクスター	168
デサイル	165
デトリメント	184
天球	310
天宮図	118
天体会合表	371
天王星	147
天王星の発見	319
天の赤道	309
天の南極、北極	309
天秤座宮	210
天文暦	317
等分法	245
度数	312
土星	144
トライン	165
ドラゴンズ・ティル	159
ドラゴンズ・ヘッド	159
トロピカル	311

【な】

ナチュラル・ハウス	253
南中点	157

二区分	184
日周運動	314
入宮	369
人間関係	341
ノース・ノード	159
ノード	159

【は】

バーテックス	156
パート・オブ・スピリット	157
パート・オブ・フォーチュン	157
ハーフサム	279
ハーフサム軸別分類	283
ハーモ数	292
ハーモニック	292
バイ・クインタイル	165
ハウス	119, 237
ハウス座標系	253
ハウス対向図	168
ハウス内天体の意味一覧	255
ハウスの区分	241
ハウスのグループ	240
ハウス分割法	242
白道	372
バケット型	268
パラス	160
パラレル	165
バンドル型	267
ファイナル・ディスポジター	232
フォール	184
双子座宮	198
プライマリー	272
プラシーダス法	242
プラネット	119
分割調波	296
平均春分点	311
ベスタ	161
ペルセポネ	162
ボイド	375
方向配置	229
ボウル型	268
補完	168
ホラリー	119, 366, 374
ホロスコープ	118

【ま】

マイナー・アスペクト 164
満月図 372
マンディーン 119, 366
水瓶座宮 222
ミッド・ポイント 279
ミューチャル・リセプション ... 174, 232, 375
冥王星 153
冥王星の発見 322
メジャー・アーク 275
メジャー・アスペクト 164
木星 141

【や・ら・わ】

山羊座宮 219
ユリウス暦 302
ヨード 172
四素子 184
リターン 276
離反 168
留 315
旅行関係 341
リリス 159
ルーラー 158, 184
ルナー・リターン 276
ルナーマップ 372
レクチファイ 360
レジオモンタナス法 243
レボリューション 276
レボリューション・メソッド 278
ロコモーティブ型 270
六今 165
ワイド 169
惑星 315

ギリシャ神話人名

アストレーア 208, 211
アテーナー 160
アフロディーテー 136, 226
アポローン 127, 132
アルテミス 130
アレース 138
イーオー 196
イシュタル 135
ウラヌス 147
エウローペー 197
エロース 226
オディプス 206
オリオン 214
ガイア 147
カストル 199
ガニメーデス 223
カルキノス 202
クロノス 144
ケイローン 162, 217
ケンタウルス 217
コレー 208
スフィンクス 205
ゼウス 141, 193, 196
セレーネー 129
タルタロス 147
ティターン 126
ティフォーン 220, 226
デーメテール 160, 208
ハーデス 153, 208
パーン 220
パエトーン 215
ヒドラ 202
ヒューペリーオーン 126
フェトン 215
プルートー 153
プルートーン 153
ヘーパイトス 138
ヘーラ 161, 196
ヘーリオス 126
ヘカテー 129
ヘスティアー 161
ヘラクレス 202, 205
ペルセポネー 160, 162, 208
ヘルメス 132
ポセイドン 150
ポルックス 199

ネットワークの窓口

　Stargazer は、商用パソコン通信サービス「NIFTY SERVE」の占いフォーラム FFORTUNE（その後 FFORTW、占いフォーラム西洋＆ソフト館）とともに始まり、親しまれ、育てられてきました。占いに関心を持たれる方にとって FFORTW とその弟分の FFORTE（占いフォーラム東洋＆企画館）は、資料と集まる方々そのものが宝の山となっていました。時代は「パソ通」から「インターネット」に至って、母体となった NIFTY も @Nifty と変わり、親しまれたフォーラムのシステムは今は存在しません。しかし、占いフォーラムはインターネットへ飛び出し、NIFTY から独立しました。同じようにわたくしもメンテナンス URL を更新し現在に至っています。

占星術支援ソフトウェア Stargazer のページ
Stargazer の作者★秋津★の Web ページ。Stargazer のメンテナンスも行います。
http://homepage1.nifty.com/sg/index.htm

Stargazer 占星暦のご案内ページ
占星術を学んでいく際に手元に置いて、すぐ確認できる印刷版の占星暦が、書籍の形で入手できます。このサイトからメールにてご注文下さい。
『Stargazer 占星暦』
（Stargazer 占星暦出版事務所・アルマナック発行、監修＆データ制作：小曽根秋男）
http://homepage3.nifty.com/Almanac/

占いフォーラム fortune
http://www.uranaiforum.net/
http://www.uf22.net/

　今後も改良が続くことは明らかですので、Stargazer のページのチェックはぜひお願いしたいと思います。

小曽根秋男：★秋津★

あとがき

　未だに疑問に思っていることがいくつかあります。皆さんご存じのように、春分点は移動しています。その春分点の位置を基準にして30度おきに星座宮が作られています。この移動する春分点を使わない場合は、恒星基準となる星座を使うわけですが、春分点基準の星座宮の方が良く当たるというのが実感です。しかし、春分点は動いていきます。現在1星座分近く違ってきているわけですが、これはこのままどんどん動いていきます。これから先、春分点が水瓶座に入り、山羊座に入ってもその春分点から牡羊座宮を始めることになります。逆に遡って、獅子、蟹、双子、牡牛、牡羊と春分点は移動してきています。春分点が背景の恒星に対して動いていくのはともかく、その名称からつかむイメージは正しいのでしょうか。春分点が魚座にある時代は宗教の時代と考えられ、水瓶座に入ると人間性と新技術の時代と言われますが、本当にその考えでよいのでしょうか。

　他にも、天王星発見以前の支配星配列は、獅子座宮と蟹座宮が太陽と月であって、それから順に水星、金星、火星、木星、土星と並んでいます。なぜ、この配列なのでしょうか。今も副支配星として見るやり方もある方法ですが、その方法論の根底には何があるのでしょうか。また、海王星以遠の太陽系領域で冥王星よりも大きな天体が発見されている今、星座宮1つに星を1つ対応させることができないわけではありません。星座宮の数12と対応させる12天体を選ぶべきなのか。その論議の先には古典に帰って日月五惑星のみを使う方法から、12天体による12星座宮の支配星を決

める考え方まで、幅広い方法論が存在しています。

　星座宮とその支配星ということからも、本質そのものに関わった存在意義を問われる疑問がいくつも存在していますし、論議と検証が必要なことであると考えます。論理的な整合性よりも実占による成果を重視すべきであるという、わたくしなりの見解はありますが、充分な検証がもっと必要と思いますので、それは後日のこととしましょう。

　本書は、前書きにも書きましたように、Stargazer のマニュアル部分にも重点を置きました。そのために占星術の解説は可能な範囲で割愛しています。しかし、占星術を学んでいく上で必要な内容は外していません。進行法や経過法とその応用、そしてさまざまな技法、これらを駆使できるソフトの添付によって、他にない独自性を出していると自負しています。なるべく解りやすいように考えたつもりですが、内容が内容ですので、どうしても不親切で難解になってしまう部分が含まれています。しかし、それを乗り越えていただくのもひとつの勉強かな、などと言い訳をしておきましょう。

　わたくしも占星術に引き寄せられて、星と運命の関係を垣間見るところまで来てしまいました。入り口は通ったけれど、中があまり広くて迷い気味というところでしょうか。入ってみて、まだまだ先は長いぞということが実感として出てきたというところでしょうか。それでありながら、師と仰いでいたお二人の訃報により、後を付いていけばよかった今までとは様

子が変わってしまいました。しかし、これは世の常です。皆さんにも回ってきたボールは、できる限り遠くに受け継いでいってほしいと願っています。まして、わたくしが辿り着いたところは、興味を持っていれば、いつかは辿り着くところです。誰でも皆というわけにいきませんが、諦めなければ、かなりの方がやってくることが可能なところです。わたくしが辿り着いたところですからね。そして、皆さんがここに来たときには、次の目標となることができるように、わたくしもさらにがんばっていきたいと思います。

　なお本書の刊行には、旧著と同じように、多くの方々のご支援をいただきました。ご協力いただいた方々へこの場を借りてお礼を述べたいと思います。また、占星術のパートナーでもありたびたび天才的な技能を発揮する最愛の妻、里美は、草稿を読み、仮刷りをチェックしながら、生活一般の雑務を遂行し、支えてくれました。その辛抱強い貢献に感謝します。

　最後になりましたが、技術評論社書籍編集部の佐々木由美氏には多量の原稿を整理、巻き起こる各種難問を調停、さらに数々のわたくしのわがままを通していただき、一方ならぬご苦労をおかけしたことをお詫びし、その努力にお礼を申し上げます。

小曽根秋男

Stargazer ご利用の注意

Stargazer for Windows by Delphi（別称 SG、SGWD）は、小曽根秋男が著作権を持つフリーウェアです。

[お願い]

1. 本書付属の CD-ROM の使用により生じたいかなる結果についても、技術評論社および著者は責任を負いかねますのでご了承ください。
2. Stargazer はフリーウェアという形をとっていますが、作者は著作権利を放棄したわけではありません。作者に了解のない改変、変造は認めません。
3. ソフトウェアそのものや操作方法等も含めて営利の対象にすることも認めません。
4. Stargazer for Windows by Delphiで使用されている SGWD 外字、および本書の本文中で使用されている占星フォントは、そのデータと書体デザインについて、小曽根秋男が著作権を所有しています。
5. 他人へ占断結果を伝える際に必要に応じて出力物を渡すことは認めていますが、出力物を使用した出版物やホロスコープの不特定多数対象の頒布等は、作者の了解が必要です。この件で作者に連絡をご希望の方は、まず以下の使用許諾（インストール時に承諾いただく内容と同一です）を一読ください。その上で、作者ホームページにアクセスし「メンテナンス会議室──Stargazer関連掲示板」に直接書き込みください。

【第6刷】追補
CD-ROM には Stargazer for Windows by Delphi 2006 の最新バージョンである Stargazer SA も収録されています。CD-ROM の sgwdSA フォルダ内にある sgwdSA32_126_Installer.exe を実行するとインストーラーが立ち上がります。2006 と同様にインストールができます。2006 と同時に使用することもできます。

占星術支援ソフトウェア Stargazer のページ

http://homepage1.nifty.com/sg/index.htm

Stargazer for Windows by Delphi の使用の許諾（以下、本使用許諾）

許諾対象ソフトウェア（以下、本ソフトウェア）：Stargazer for Windows by Delphi
ソフトウェア著作権利所有者（以下、権利者）：小曽根秋男（★秋津★）

[ユーザーの権利（使用権）]

1) 本ソフトウェアをインストール、複製あるいは使用した権利者以外の方（以下、ユーザー）は、本使用許諾に同意したものと見なす。
2) 本ソフトウェアはその出力物（画面出力、時期表等を含む）を含む。
3) 本ソフトウェアは、権利者が所有権を有する。権利者は、ユーザーに対して本ソフトウェアの非独占的な使用権を本使用許諾によって付与する。
4) 本ソフトウェアでは、権利者以外から本ソフトウェアの使用許諾を得ること、無許可の第三者が再配布することを、厳密に禁止する。
5) ユーザーは、この使用条件に明記されている場合を除き、本ソフトウェアを使用、配布もしくは送信することはできない。
6) ユーザーは、法律の定める場合を除き、本ソフトウェアをリバースエンジニアリング、デコンパイル、ディスアセンブリすることはできない。
7) ユーザーは、本ソフトウェアを第三者に使用許諾、賃貸または貸与することはできない。
8) ユーザーが本ソフトウェアを使用し占断による利益を得ることはできる。
9) ユーザーは本ソフトウェアの使用法を権利者に無許可で第三者に有償で伝えることはできない。
10) 本ソフトウェアを有料の講座、学習会にて使用する場合、有償にて使用許諾することがある。
11) ユーザーは、認められた使用許諾範囲内でのみ使用し、かつ、この使用条件に定める義務を守るよう適切な措置を講じるものとする。
12) ユーザーがこの使用条件に違反した場合には、所有者はユーザーに対する使用許諾を終了することができる。この場合、ユーザーは本ソフトウェアのすべての複製物ならびにその出力物を速やかに破棄するものとする。

[権利者の責任の制限]

　権利者は、ユーザーの本ソフトウェアの使用あるいは使用不能から生じた損害（直接・間接を問わず、事業利益の損失による損害、事業中断、事業情報の喪失、またはその他の金銭的損失を含む。）に関して、権利者が事前にそのような損害の可能性を知らせられていたとしても、一切の責務が無く、ユーザーに補償をしない。

[準拠法]

　本使用許諾から生じる、もしくは本使用許諾に関連する両当事者のすべての権利義務を、規制、解釈、実施するために、日本国の法律を適用することに同意するものとする。

🍓 著者　小曽根 秋男（こそね あきお）

東京生まれ、幼少より天文を趣味として成長する。高校に通う頃から占星術、運命学、神秘学、宗教方面に興味を展開。占星術支援ソフトの開発に取りかかり、現在の Stargazer に至る。東京理科大を中退後、一時就職。その後、北海道教育大学を卒業。卒論は恒星大気の分光学的研究。現在、高校教諭。北海道在住。

🍓 ご協力いただいた方々（敬称略）

銭天牛　（1934年生、2000年没）
　　　　　ジャーナリスト出身で異能異彩のプロ占星術師。著者夫妻の仲人を務めた。現在ご子息が襲名して活躍中。

石川源晃　（1921年生、2006年没）
　　　　　日本を代表する、押しも押されもせぬ占星学の理系大家。

山中康司　金融占星術のスペシャリストとして活躍中。

栗丸　『Stargazer 占星暦』出版事務所アルマナックを主催。

高橋徹　翻訳家、マヤ暦研究家として活躍中。

Lumi　占いフォーラムを主催。執筆業でも活躍中。

本書は、『Stargazer for Windows ではじめる パソコン占星学』（弊社刊、1998年）を全面的に改訂し三訂新版としたものです。
本文中に記載されている製品の名称は、すべて関係各社の商標または登録商標です。

🍓 スタッフ

装丁・本文デザイン	平塚 光明 (PiDEZA)
本文レイアウト	中川 めぐみ (PiDEZA)、川田 昌史、小沼 郁代
カバー・本文イラスト	やまもと ちかひと
カバー撮影	広路 和夫
編集担当	佐々木 由美 (技術評論社)
技術評論社ホームページ	http://www.gihyo.co.jp/

■本書に関するご質問

電話でのお問い合わせは、一切お断りいたします。

本書に関するご質問については、本書に記載されている内容に関するもののみとさせていただきます。FAX か書面にて下記までお送りください。本書の内容と関係のないご質問につきましては、一切お答えできませんので、あらかじめご了承ください。

なお、ご質問の際には、書名と該当ページ、返信先を明記してくださいますよう、お願いいたします。

問い合わせ先	宛　　先	〒162-0846　株式会社技術評論社　書籍編集部 『新版 Stargazer で体験する パソコン占星学』係
	FAX番号	03-3513-6183

お送りいただいたご質問には、できる限り迅速にお答えできるよう努力いたしておりますが、場合によってはお答えするまでに時間がかかることがあります。また、回答の期日をご指定なさっても、ご希望にお応えできるとは限りません。あらかじめご了承くださいますよう、お願いいたします。

新版 Stargazerで体験する パソコン占星学
すたーげいざー　　　　　　　　　　　　　　せんせいがく

2006年　10月25日　初版　第 1 刷発行
2024年　 4月17日　初版　第12刷発行

著　　者　　小曽根　秋男
発 行 者　　片岡　巖
発 行 所　　株式会社技術評論社
　　　　　　東京都新宿区市谷左内町21-13
　　　　　　電話　03-3513-6150　販売促進部
　　　　　　　　　03-3513-6166　書籍編集部
印刷／製本　　株式会社加藤文明社

定価はカバーに表示してあります

本書の一部または全部を著作権法の定める範囲を越え、無断で複写、複製、転載、テープ化、ファイルに落とすことを禁じます。

©2006 小曽根 秋男

造本には細心の注意を払っておりますが、万一、乱丁（ページの乱れ）や落丁（ページの抜け）がございましたら、小社販売促進部までお送りください。送料小社負担にてお取り替えいたします。

ISBN 4-7741-2887-2 C3044　Printed in Japan